浙江省普通高校"十三五"新形态教材

商业智能与商业分析系列教材

商务统计实验教程

SPSS 25.0应用

主编 沈 渊 吴丽民

ZHEJIANG UNIVERSITY PRESS
浙江大学出版社

国家一级出版社
全国百佳图书出版单位

·杭州·

前　言

党的二十大报告提出："加快发展数字经济，促进数字经济和实体经济深度融合"，"推进教育数字化，建设全民终身学习的学习型社会、学习型大国"。因此，对经济、文化等重要数据进行统计、分析，将统计理论与中国实践相结合，对于加快建设数字中国，发展数字贸易，促进教育数字化，实施国家文化数字战略有重要意义，能够更好地培养学生精进严谨的职业精神和科学高效的工作作风。

资料包

SPSS 软件是 IBM 公司推出的一款非常优秀、强大的数据统计分析大型软件，是世界上公认的标准统计软件，由于其功能强大、操作简单、易学易用，深受广大用户，尤其是学生的青睐。

本书以 IBM 公司 SPSS Statistics 25.0 for Windows(以下简称 SPSS 25.0)中文版为平台进行介绍，通过"知识准备"部分阐述相关统计学原理，以实验项目的形式介绍 SPSS 软件的操作与应用方法。每一个实验均设计了实验目的、实验内容、实验步骤、实验结果与分析、实验总结和实验作业等环节。

本书共分为 11 章 31 个实验，分别是 SPSS for Windows 概述、SPSS 数据挖掘系统、数据的基本操作、基本统计分析、参数检验、方差分析、相关和回归分析、聚类分析与判别分析、主成分分析和因子分析、信度分析、SPSS 在社会经济综合评价及实证分析中的应用。

本书中涉及的所有数据文件，均按照相关章节编号，方便读者查找。配套数据文件的格式为. sav，适用于 SPSS 17.0～SPSS 25.0 各个版本。本书涉及的所有数据文件可扫描"资料包"二维码下载。

本书的主要特点为：(1)结构清晰，易学易用；(2)由浅入深，循序渐进；(3)图文并茂，直观形象；(4)兼顾统计学原理与 SPSS 操作应用两部分内容，在具体讲解其操作方法之前，对其原理和适用条件做了详细的介绍；(5)每种类型的统计分析都给出了具体例子及 SPSS 软件操作应用的方法，并对输出结果做了详细的阐释，每个实验后均配备了实验作业；(6)以二维码形式提供电子拓展资料，包括知识链接、数据文件和实验视频等。

本书由沈渊、吴丽民担任主编。沈渊编写第二、五、九章；吴丽民编写第八、十、十一章，林骁邦编写第一章，罗兴武编写第三章，周航编写第四章，戚筱雯编写第六章，林与川编写第七章。沈渊、吴丽民负责本书的统稿和最后的定稿工作。

由于 SPSS 软件涉及很多统计学基本原理、方法、操作步骤等，因此，在本书的编写过程中参阅了较多国内外已经出版的相关资料(详见参考文献)。在此，谨向这些作者表示由衷的感谢！

浙江财经大学、浙江大学出版社对本书的立项和出版给予了支持和帮助,在此表示衷心的感谢!

由于编者水平有限,书中难免存在错误、纰漏之处,敬请广大读者、同仁批评指正。欢迎读者通过电子邮箱 SPSSpub@126.com 与我们联系。

编　者
2022 年 11 月

目 录
CONTENTS

第一章　SPSS for Windows 概述

▶ **本章学习目标**

- 了解 SPSS 软件发展历程
- 了解 SPSS 25.0 的特点与新增功能
- 理解 SPSS 25.0 功能模块
- 了解 SPSS 25.0 界面基本操作

🎥 SPSS 统计
分析软件简介

第一节　SPSS for Windows 简介

　　SPSS 软件是 SPSS 公司的核心产品。SPSS 公司由斯坦福大学的研究生诺曼·H. 尼厄、C. 哈德莱·哈尔和戴尔·H. 本特,基于 1968 年自行开发的统计分析软件系统,于 1975 年合伙组建。SPSS 原是 Statistical Package for Social Science 的缩写,2000 年为适应软件应用范围的扩大和服务的深度开发,SPSS 公司将该软件更名为 Statistical Product and Service Solution。2009 年,SPSS 公司再次更新产品系列名称,试图用 PASW(Predictive Analytics Software)这个名称将各项产品集成到统一的产品线中。1994—1998 年,SPSS 公司陆续并购了 SYSTAT 公司、BMDP 软件公司、Quantum 公司、ISL(Integral Solutions Limited)公司等,将这些公司的主打产品收纳到自己旗下。1992 年,SPSS 公司在纳斯达克证券交易所上市,2009 年,被 IBM 公司以 12 亿美元收购。

　　SPSS 是世界上公认的历史最悠久的统计分析软件。早期主要应用于企事业单位,1984 年推出第一个 PC 版本后,产品在个人用户市场中迅速发展。1992 年,SPSS 发布了 PC 操作系统 Windows 版本。SPSS 不仅具有强大的统计分析功能和相应的绘图功能,而且为用户提供了编程功能和二次开发支持,已经广泛应用于社会科学、自然科学、工程技术和医学等各个领域的统计分析工作。SPSS 已经成为全球通用的统计分析软件之一,有适合于 Mac、Windows、UNIX 等多种操作系统,以及针对不同语言开发的产品。SPSS for Windows 采用 Windows 的视窗结构,系统地建构数据统计分析功能模块与操作方法,具有兼容性好、功能强大、使用方便和容易学习的特点。

SPSS 自开发以来,功能不断增强,服务日益深化,版本不断更新。本教材以 IBM SPSS 25.0 中文版为基础,按完全窗口菜单运行方式编写[①]。

第二节　SPSS 25.0 的特点与新增功能

SPSS 软件之所以深受各领域人士的青睐,与其操作简单、界面友好等特点是分不开的,如图 1-1 所示。而 SPSS 25.0 在以往版本基础上又增加一些新的功能,这使得 SPSS 软件的操作更为简单、快捷,功能更加强大,能更好地适应不同用户的需求。

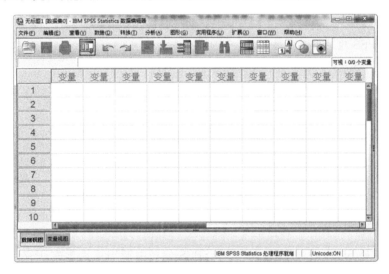

图 1-1　IBM SPSS Statistics 数据编辑器界面

一、SPSS 25.0 的特点

SPSS 与 SAS、SYSTAT 被公认为世界三大数据分析软件,为各个领域的科研工作者及其他用户所钟爱,原因在于它有以下特性。

（一）提供多种实用分析方法

SPSS 提供了多种高层次统计及分析方法,如统计特征描述、非参数检验、生存分析等。除此之外,SPSS 还具有强大的绘制图形、编辑图形的功能。

（二）易于学习,易于使用,操作简单

对于 SPSS 25.0 而言,除了数据输入工作要使用键盘之外,其他的大部分操作均可以使

---

① SPSS 有完全窗口菜单、程序和批处理 3 种运行方式。完全窗口菜单运行方式通过对菜单、对话框和图标按钮的操作进行,不需要编写程序。程序和批处理两种运行方式需要编写 SPSS 程序,使用者需要具有一定的编程能力。

用"菜单""对话框"来完成。同时 SPSS 还具备命令行方式的优点,采用菜单式操作与"语法"程序运行完美结合的方式,使熟悉 SPSS 语言的用户可以直接在语句窗口输入命令,并提交系统执行。还可以通过单击对话框中的"粘贴"按钮,自动生成"语言"程序代码,提交系统运行后就可实现指定功能,并以文件形式保存,从而降低了用户的工作量。这样用户就不必记忆大量的命令,使操作更简单,也使 SPSS 软件变得更加易学易用。

（三）兼容多种数据文件格式,具有强大的图表功能

SPSS 软件可以与很多软件进行数据传输,DAT、SLK、DBF 等多种文件格式都可以在 SPSS 软件中打开。SPSS 软件还具有强大的图表功能,该软件分析所生成的图形可以保存为多种图形格式。

（四）自主选择模块

用户可以根据自己的需要和机器的配置情况,自由选择模块来安装。

（五）内置 SaxBasic 语言

SPSS 软件内置了 SaxBasic 语言,该语言与"语法"命令语言混合编程,可以提高效率,便于高级用户的使用。

二、SPSS 25.0 的新增功能

SPSS 软件面向各行各业的应用人员,在软件设计上突出统计方法的成熟性、实用性、易用性、界面易操作性及与文字处理软件等的交互性。SPSS 25.0 版本中加入了一些新特性和功能,使性能更快,对一些语法也进行了改进,并与 IBM 服务系统进行整合。IBM 为 SPSS 25.0 的用户提供了大量的信息和文档,包括插件、工具、命令语法参考和各个模块的指南等。SPSS 25.0 具有以下新的功能。

（一）高级统计模块中的贝叶斯统计功能

新的贝叶斯统计函数,包括回归、方差分析和 t 检验。贝叶斯统计数据正变得非常流行,因为它解决了标准统计数据带来的许多误差。贝叶斯统计没有使用 p 值拒绝或不拒绝零假设,而是对参数设置了不确定性,并从观察到的数据中获取所有相关信息。贝叶斯程序和标准统计测试一样容易运行。只需点击几次,就可以运行线性回归、ANOVA（analysis of variance,方差分析）、单一样本 t 检验、独立样本 t 检验、配对样本 t 检验、二项比例推理、泊松分布分析、皮尔逊相关性系数检验和对数线性模型来测试两个分类变量的独立性。

（二）新图表模板,可实现在 Word 等微软家族软件中的编辑功能

这个新功能,通俗地说,就是 SPSS 输出的图表,可以不用在原始的输出界面进行编辑修改,而直接保存到 Word 等软件里面再进行修改。可以把大多数图表复制成微软的图形对象,这样就可以在 Microsoft Word、Power Point 或 Excel 中编辑标题、颜色、样式,甚至图表类型。另外,SPSS 还提供了图表构建器,也就是图表的模板,可以选择模板创建并发布质量图表。还可以在构建图表时指定图表颜色、标题和模板,且默认的模板即使不对其修改,也能生成漂亮的图表。所有图表功能都可在基本版本中找到。

（三）将高级统计分析扩展到混合、genlin 混合、GLM 和 UNIANOVA

SPSS 25.0 对最受欢迎的高级统计功能中的大部分功能加以增强。在混合线性模型

（混合）、广义线性混合模型（genlin 混合）、一般线性模型（general linear model，GLM）和UNIANOVA（univariate analysis of variance，单变量方差分析）等方面都有增强。

（四）使用语法编辑器快捷方式更好地编写、编辑和格式化语法

对于编辑或者使用语法的用户来说，增加了一些功能来简化、格式化和编辑语法。例如，可以加入行、重复行、删除行、删除空行、上下移动行，以及修剪前导或尾随空格等。

第三节　SPSS for Windows 的功能模块

SPSS 25.0 有基础工具、高级工具、分类数据、分类树、复杂抽样数据、联合分析、数据检查、精确检验、地图分析、缺失值分析、程序设定、回归模型、统计表格和预测工具 14 个功能模块，供用户选择安装。

基础工具的主要功能包括：变量定义与数据录入（date），原始数据显示（list），显示 SPSS格式的系统文件信息（sysfile info），定义程序运行条件（fit），数据排序（sort），数据行列转换（flip），数据的汇总（aggregate），变量自动赋值（autorecode），等级排序及计算正态分数百分比等分析（rank），数据的矩阵处理（matrix data），矩阵转化（mconvert），频数表分析（frequencies），均数、标准差等描述性统计及 Z－分数转换（descriptives），数值分布形式探究（examine），列联表（crosstabs），多变量数据的处理（mult response），均值及均值差别的显著性检验（means），t 检验（t-test），单因素方差分析（oneway），方差分析（ANOVA），参数检验（npar tests），相关分析（correlations），偏相关分析（partial correlation），回归分析（regression），曲线模型的拟合（curvefit），时间序列研究中的自动相关分析（ACF），非参数资料的相关分析（nonpar correlation），结果输出（report），统计图制作（graph），曲线绘制（plot），高分辨率的统计制图（SP chart），时间序列资料的统计制图（TS plot）。

高级工具的主要功能包括：高级矩阵转换（matrix）、多变量方差分析（MANOVA）、logistic 模型（logistic）、依照所需概率做拟合最优化分析（probit）、对数线性模型及最优化检验（loglinear）、多因子系统模式的对数线性模型（hiloglinear）、非线性分析（nonlinear）、寿命表方式的生存分析（survival）、Kaplan-Meier（卡普兰-梅尔）生存时间模型（Kaplan-Meier）、Cox（考克斯）回归模型（Cox regression）。

最常用的基础内容和高级工具中的部分内容如下。

一、描述统计分析模块

在对数据进行统计分析的时候，首先要对数据进行描述性统计分析，这样就可以对变量的分布特征及内部结构获得一个直观的感性认识，以决定采用何种分析方法，更深入地揭示变量的统计规律。SPSS 25.0 中的描述统计命令包括一系列的分析功能，如频数、描述、集中趋势和离散趋势、分布分析与查看、正态性检验与正态转换、均值的置信区间估计等。在描述分析或探索分析方面包括频率分析（frequencies）、描述分析（description）、探索分析（explore）、列联表（交叉表）分析（crosstabs）、TURF 分析（total unduplicated reach and frequency，累计不重复到达率和频次）、比率统计（ratio statistics）、P－P 图（P-P plots，即

proportion-proportion plots)、Q - Q 图(Q-Q plots,即 quantile-quantile plots)等。这些分析的结果(统计量和图形)有助于我们了解数据的分布特征。

需要特别指出的是,交叉表分析是一个非常流行的分析工具,其优势在于可以表达多个分类变量交叉计数的资料,分析手段采用独立性检验或构造模型的方法。交叉表分析经常用来判断同一个调查对象的两个特性之间是否存在显著关系。

二、比较平均值模块

利用样本对总体的分布特征进行统计推断是统计学的基本任务之一,这种推断常常表现为对总体分布的未知参数进行估计。在所有数字特征中,均值是反映总体一般水平的最重要特征。调查得来的样本,能否认为是来自某个确定均值的总体? 这就需要比较样本均值与总体均值之间的差异,这类数据数理统计学的假设检验问题,其实质仍然可以归结为均值比较问题。均值比较是对于两个或者多个总体的样本均值进行比较,研究各总体之间的差异的方法。例如,两个教师分别承担两个行政班级的同一门课,比较这两个班的学习状况的差异就涉及均值比较问题。这也是最常见的统计分析问题,在数理统计中,正态总体的参数估计、参数的假设检验等基本上都属于均值比较问题。

SPSS 中提到的"比较均值"命令就是专门处理这类问题的。SPSS 25.0 中的比较平均值模块包括均值比较、单一样本 t 检验、独立样本 t 检验、配对样本 t 检验、单因素方差分析等。若要比较检验计算一个或多个自变量类别中因变量的分组均值,就要对相关的单变量进行统计,若仅仅计算均数和标准差,均值过程并无特别之处;但若用户要求按指定条件分组计算均数和标准差,如分专业同时分性别计算各组的均数和标准差等,则用均值过程更加简单快捷。另外,均值过程通过执行单因素方差分析来查看均值是否不同。

(1)单一样本 t 检验(one-sample t test)。相当于数理统计中的单个总体均值的假设检验,根据样本观测值,检验抽样总体的均值与指定的常数之间的差异程度。

(2)独立样本 t 检验。用于检验两个独立样本是否来自具有相同均值的总体,相当于检验两个正态总体的均值是否相等,即检验是否成立,这个检验是以 t 分布为理论基础的。在SPSS 独立样本的 t 检验过程输出的统计量中,除了包括每个变量的样本大小、均值、标准差及均值的标准差这些普通的描述性统计量外,还包括差值的均值、标准误差、置信区间、莱文(Levene)方差齐性检验及均值相等的合并方差、独立方差的 t 检验统计量等。

(3)配对样本 t 检验。用于检验两个相关的样本是否来自具有相同均值的正态总体,配对样本检验实际上是先求出每对观测值之差,然后求各差值的均值。检验配对变量是否有显著性差异,实际就是检验差值的均值与零均值之间差异的显著性,如果差值与零均值没有显著性差异,那么表明配对变量均值之间没有显著性差异,这个检验使用的同样是 t 统计量,仍然以 t 分布为其理论基础。

(4)单因素方差分析。用于检验由单一因素影响的一个或几个相互独立的因变量对各水平分组的均值之间的差异是否具有统计意义,并可以进行两两组间均值的比较(也被称作组间均值的多重比较),还可以对该因素的若干水平分组中哪些组的均值间不具有显著性差异进行分析。

三、相关分析与回归分析模块

连续性变量的数据是实际工作中常用到的数据,单独一个连续变量可以用一般的频数表和图示来分析其特性,或者用均值及标准差等描述性统计量来考察其分布特征。但是,实际工作中所遇的问题常常涉及两个或两个以上的连续型变量,这就需要讨论两个或者两个以上变量之间的关系问题。

在统计学上,两个连续型变量的关系多以线性关系来进行分析,线性关系分析用直线方程来估计两个变量关系的强度,比如常见的相关系数就是刻画两个变量线性相关关系的指标:相关系数越大,表示线性关系越强;相关系数越小,表示线性关系越弱,此时可能变量间没有联系,或是非线性关系。同时,回归分析也是分析变量间关系的一种重要方法,其研究的变量分为因变量与自变量,因变量是随机变量,自变量也称为因素变量,是可以加以控制的变量。当回归分析要研究变量间线性关系时,称为线性回归分析,反之称为非线性回归分析。回归分析又可按照影响因变量的自变量的个数分为一元线性回归和多元线性回归。在实际中,相关分析与回归分析经常一起使用,用来分析和研究变量之间的关系。

SPSS 25.0 中的相关分析模块包括简单相关分析、偏相关分析、距离相关分析等。SPSS 25.0 的回归分析模块包括自动线性建模(automatic linear modeling)、线性回归(linear regression)、曲线估计(curve estimation)、偏最小平方回归(partial least squares regression)、二元 logistic 回归(binary logistic regression)、多元 logistic 回归(multinomial logistic regression)、有序回归(ordinal regression)、概率单位(probability unit)、非线性回归(nonlinear regression)、权重估计法(weight estimation)、两步最小二乘回归(2-stage least squares regression)及最优尺度回归(optimal scaling regression)等。

四、非参数检验分析模块

统计中的检验方法分为两大类:参数检验和非参数检验。比较平均值分析模块介绍的检验方法为参数检验,需要预先假设总体的分布,在这个严格假设的基础上才能推导各个统计量从而对原假设(H_0)进行检验。SPSS 软件中还提供了多种非参数检验的方法:χ^2 检验、二项分布检验、单样本 Kolmogorov-Smirnov(科尔莫戈罗夫-斯米尔诺夫)检验(KS 检验)、两个独立样本的检验、两个相关样本的检验、多个独立及相关样本检验等。非参数检验方法不需要预先假设总体的分布特征,而直接对样本所代表的总体的分布或分布位置进行假设检验。

非参数检验分析模块包括单样本非参数检验(one-sample nonparametric tests)、两个或多个独立样本非参数检验(two or more independent samples nonparametric tests)、两个或多个相关样本非参数检验(two or more related samples nonparametric tests)、卡方检验(chi-squared test)、二项检验(binomial test)、游程检验(runs test)、单样本 Kolmogorov-Smirnov 检验(one-sample Kolmogorov-Smirnov test)。两个独立样本非参数检验(nonparametric two-independent samples test)包括曼-惠特尼 U 检验(Mann-Whitney U test)、摩西极端反应检验(Moses extreme reactions test)、Kolmogorov-Smirnov Z 检验(Kolmogorov-Smirnov Z test)、Wald-Wolfowitz(沃尔德-沃尔福威茨)游程检验(Wald-Wolfowitz runs test)。多个独立样本非参数检验(nonparametric test for several independent samples)包括 Kruskal-Wallis(克鲁斯卡尔-沃利斯)H 检验(Kruskal-Wallis H test)、中位数检验(median test)和 Jonckheere-Terp stra(约克海尔-塔帕斯特拉)检验(Jonckheere-Terpstra test)。两个相关样本非参数检验(two related samples nonparametric tests)包括 Wilcoxon(威尔科克森)符号秩检验(Wilcoxon signed ranks test)、符号检验

(signed test)、McNemar(麦克尼马尔)检验(McNemar test)、边际同质性检验(marginal homogeneity test)。多个相关样本非参数检验(nonparametric test for several related samples)包括 Friedman(弗里德曼)检验(Friedman test)、Kendall(肯德尔)W 检验(Kendall's W test)和 Cochran(科克伦)检验(Cochran's Q test)等。

五、分类与降维分析模块

分类与降维分析模块包括聚类分析(K-means 聚类分析、分级聚类分析、两步聚类分析、快速聚类分析)、因子分析与主成分分析、判别分析等。

（一）聚类分析

聚类分析也称群分析,它是研究样品(指标、变量)分类问题的一种多元统计分析方法。聚类分析用于解决事先不知道应将样品或指标分为几类,需要根据样品或变量的相似程度,进行归组并类的问题。在现实中,存在大量的分类问题,随着生产力和科学技术的发展,分类不断细化,以往仅凭经验和专业知识来定性分类的方法已经不能满足实际的需要,也不能做出准确的分类,必须将定性和定量分析结合起来去分类。

（二）因子分析与主成分分析

人们在对现象进行观测时,往往会得到大量指标(变量)的观测数据,这些数据在带来现象有关信息时,也给数据的分析带来一定的困难;另一方面,这些众多的变量之间可能存在相关性,实际测到的数据包含的信息有一部分可能是重复的。因子分析与主成分分析就是在尽可能不损失信息或者少损失信息的情况下,将多个变量减少为少数几个潜在的因子或者主成分,这几个因子或主成分可以高度概括大量数据中的信息。

（三）判别分析

这是一种处理分类问题的统计方法。在生产活动、经济管理、科学实验中,人们常常需要判断所研究现象或事物的归属问题。判别分析首先需要对研究的对象进行分类,然后选择若干对观测对象能够较全面描述的变量,接着按照一定的判断标准,建立一个或多个判断函数,用研究对象的大量资料确定判断函数中的待定系数,来计算判断指标。

六、SPSS 一般线性模型分析模块与广义线性模型分析模块

一般线性模型(GLM),分析模块包括单变量方差分析(univariate analysis of variance)、多元方差分析(multivariate analysis of variance)、重复测量方差分析(repeated measures analysis of variance)和方差分量分析(variance components analysis)。广义线性模型(generalized linear models)分析模块包括广义线性模型(generalized linear models)和广义估计方程(generalized estimating equations)。混合模型(mixed models)包括线性混合模型(linear mixed models)和广义线性混合模型(generalized linear mixed models)。对数线性模型(loglinear)包括一般对数线性分析(general loglinear analysis)、对数线性分析(logit loglinear analysis)和选择对数线性分析(selection loglinear analysis)。

七、生存分析模块

生存分析就是要处理、分析生存数据。生存分析模块包括寿命表(life tables)、Kaplan-

Meier 法(Kaplan-Meier)、Cox 回归(Cox regression)模型和含时间依赖协变量的 Cox 回归(time-dependent Cox regression)模型等。

八、信度分析和尺度分析模块

信度又叫可靠性,是指测验的可信程度,它主要表现为测验结果的一贯性、一致性、再现性和稳定性。一个好的测量工具,对同一事物反复多次测量,其结果应该始终保持不变才可信。

尺度分析是市场调查、分析数据的统计方法之一。用于反映多个研究事物间相似(不相似)程度,通过适当的降维方法,将这些相似(不相似)程度在低维度空间中用点与点之间的距离表示出来,有助于识别那些影响事物间相似性的潜在因素。主要包括以下分析模块。

(1)贝叶斯统计分析模块:单样本正态、单样本二项式、单样本泊松、相关样本正态、独立样本正态、皮尔逊相关性、线性回归、单因素 ANOVA、对数线性模型。

(2)标度分析模块:可靠性分析、多维尺度分析、多维邻近尺度分析、多维展开分析。

(3)多重响应分析模块:交叉表、频数表。

(4)报告分析模块:各种报告、记录摘要、图标功能(分类图标、条形图、线型图、面积图、高低图、箱线图、散点图、质量控制图、诊断和探测图)。

第四节　SPSS 25.0 界面基本操作

一、SPSS 25.0 的启动与退出

(一)SPSS 25.0 的启动

(1)开机启动 Windows 7 之后,选择"开始"处的"所有程序",然后单击"所有程序"处的 IBM SPSS Statistics 25,最后选择 IBM SPSS Statistics 25,即可开始运行 SPSS 25.0;或者在 SPSS 软件安装结束后,在桌面创建 SPSS 25.0 的快捷方式,双击快捷方式即可运行。

(2)双击打开 SPSS 25.0,弹出 SPSS 软件的文件对话框,如图 1-2 所示。

图 1-2　SPSS 启动操作对话框

8

(二)SPSS 25.0 的退出

SPSS 25.0 有以下几种退出方法。

(1)鼠标单击 SPSS 窗口右上角的叉状图标,即可退出。

(2)用鼠标选择"菜单"中的"退出"命令,即可退出。

(3)在 SPSS 窗口左上角的控制菜单上双击鼠标左键,即可关闭 SPSS 窗口。

二、SPSS 的数据编辑窗口

SPSS 的数据编辑窗口有数据视图和变量视图两个可切换的视图。数据视图和变量视图分别如图 1-3 和图 1-4 所示。

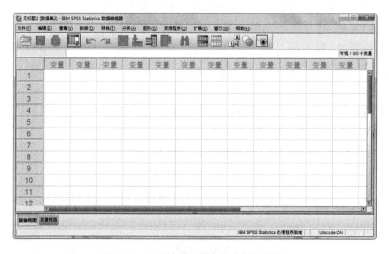

图 1-3 SPSS 数据编辑窗口数据视图

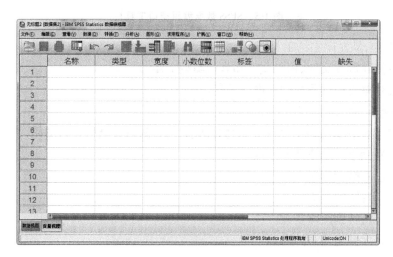

图 1-4 SPSS 数据编辑窗口变量视图

(一)数据视图

1.标题栏

显示文件名。文件未保存时,标题栏上显示为"无标题 n"(n 为数字,表示第 n 个未标题的文件)。

2. 菜单栏

显示"文件(F)""编辑(E)""查看(V)""数据(D)""转换(T)""分析(A)""图形(G)""实用程序(U)""扩展(X)""窗口(W)"和"帮助(H)"等 11 个下拉式主菜单的名称。

(1)文件(F)菜单:实现文件的调入、存储、显示和打印等功能。

(2)编辑(E)菜单:实现文本内容的选择、复制、剪贴、寻找和替换等功能。

(3)查看(V)菜单:实现对数据编辑窗口的各栏目是否显示的选择功能。

(4)数据(D)菜单:实现数据变量定义,数据格式选择,观测量选择、排序、加权,数据文件转换、连接,数据汇总的功能。

(5)转换(T)菜单:实现数值计算、重新赋值、缺失值替代等功能。

(6)分析(A)菜单:运用统计方法分析和输出数据、图表等。

(7)图形(G)菜单:制作统计图。

(8)实用程序(U)菜单:供用户进行命令解释、字体选择、获取文件信息、定义输出标题、窗口设计等。

(9)扩展(X)菜单:供用户应用 SPSS 辅助软件进行深入分析。

(10)窗口(W)菜单:实现窗口管理的功能。

(11)帮助(H)菜单:实现调用、查询和显示文件等功能。

3. 工具栏

列出的是 SPSS 常用工具的图标(见图 1-5)。单击工具选项的图标,可激活相应工具的功能。

图 1-5　SPSS 数据编辑窗口工具栏

在图 1-5 中,从左向右的工具图标如下所示。

打开:打开数据文件、语句文件和其他类型文件。

保存:对编辑修改后的内容进行保存。

打印:打印输出数据编辑区的报表。

恢复对话框:单击显示最近打开的对话框,可重新对对话框进行编辑。

撤销:撤销上一步或几步的操作。

恢复:还原撤销的操作结果。

转到个案:转到个案号。

转到变量:转到所需变量。

变量:显示变量信息。

运行描述统计:描述统计分析。

查找:查找和替换。

拆分文件:单击后将打开"拆分文件"对话框,可在该对话框中对文件进行分组(拆分)。

选择个案:单击后打开"选择个案"对话框,可在该对话框中设定条件、范围及样本的随机性,进而筛选出所有满足条件的个案。

值标签:单击后,已经设定标签的变量将被所对应的数值标签替代。再次单击该按钮,可恢复显示。

使用集合:将变量分组定义为集合后,可单击该按钮,在打开的"使用集合"对话框中,选择在数据编辑区显示的变量集合。

定制工具栏:显示窗口(W)和数据编辑器。

(二)变量视图

在变量视图(见图1-4)中,从左向右描述变量的11个特性,分别为名称、类型、宽度、小数位数、标签、值、缺失、列、对齐、测量、角色。

1.名称

总长度不超过8个字符。必须以字母、汉字或数字开头,最后一个字符不能为句点。英文字母不区分大小写。

2.类型

变量类型有数值、逗号、点、科学计数法、日期、美元、设定货币和字符串8种,常用的是数值型、字符型、日期型和逗号型。

3.宽度

表示变量取值所占的宽度(位数),系统默认为8。

4.小数位数

表示小数点后的位数,默认为小数点后2位。

5.标签

表示附加说明变量名称的含义。

6.值

通过变量标签设定变量取值的具体含义。

7.缺失

选择缺失值的处理方式,包括不处理、离散缺失值等。

8.列

表示变量在数据视图中所显示的列宽,默认为8。

9.对齐

用来设定数据的对齐格式,默认为右对齐。

10.测量

变量有3种测度:标度、名义、有序。

11.角色

包括"输入""目标""两者""无""区分""拆分"。

三、SPSS 的结果输出窗口

SPSS 的结果输出窗口如图1-6所示,用于显示统计分析结果、图表和信息说明等内容。该窗口的内容以 Output(.spo)的形式保存。

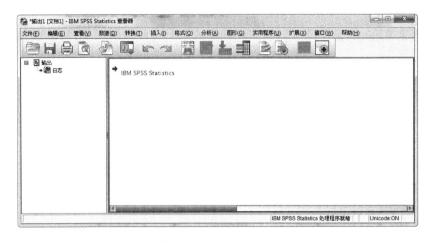

图 1-6　SPSS 输出窗口

（一）工具栏

结果输出窗口的工具栏如图 1-7 所示。点击工具栏上的图标选项，可激活相应工具的功能。

图 1-7　SPSS 结果输出窗口工具栏

在图 1-7 中，从左向右的工具图标如下所示。

打开：可打开结果文件（＊.spo）。

保存：可保存输出结果。

打印：打印输出区的报表和图形。

打印浏览：打印前预览结果输出区的报表、图形和页面。

导出：将结果输出区的报表、图形导出到 Html 文件、文本文件、Excel 文件、Word 文件、PowerPoint 文件中。

重新调用最近使用的对话框：单击后可显示最近打开的对话框，重新对对话框进行编辑。

撤销：撤销上一步或几步的操作。

恢复：恢复撤销的操作结果。

转到数据：单击后转换至变量编辑窗口。

转到个案：转到个案号。

转到变量：转到所需变量。

变量：显示变量信息。

创建编辑自动脚本：单击后将调出脚本页面，可创建或编辑自动脚本。

运行脚本：单击后将运行现有脚本，输出结果。

指定窗口：单击后将转到指定窗口。

定制工具栏：显示窗口（W）和数据编辑器。

（二）结果浏览区

工具栏下面的窗口区域,左侧为大纲视图(结构视图),右侧显示详细的统计结果(表、图和文本)。左右两侧一一对应,选中一侧的元素,另一侧的相应元素即被选中。

在 SPSS 25.0 中文版的结果输出窗口中,大纲视图的图标均有中文标注,本教材不再叙述。

第二章　SPSS数据挖掘系统

> **本章学习目标**

- 理解 SPSS 数据挖掘的基本思想与原理
- 掌握 CRISP-DM 方法论
- 掌握 SPSS 数据挖掘方法
- 了解 SPSS 数据挖掘在经济管理数据分析中的应用

数据挖掘是对大量的原始数据进行选择、分析和建模,从中发现以前没有发现的趋势和模式的过程。数据挖掘采用与文本文件同样的分析技术。通过数据和文本挖掘得到的信息对企业战略决策有很大的帮助。因此,数据挖掘使得人们可以利用数据做出更加明智的业务决策。本章将详细叙述数据挖掘的过程、工具、用法,以及 SPSS 软件系统在数据挖掘中的功用等,为利用 SPSS 软件系统进行数据挖掘打下基础。

第一节　数据挖掘概述

一、数据挖掘的含义

数据挖掘
产生的背景

数据挖掘是按照既定的业务目标,对大量的企业数据进行探索,揭示隐藏在其中的规律性并进一步模型化的先进、有效的方法。数据挖掘是在大型数据中发现隐含模式和关系的过程,能够解决一般的问题。例如,当你拥有越来越多的顾客信息,有可能需要更多的时间和精力才能分析和得出有意义的结论。数据拥有大量有价值的信息,却经常由于缺少相应的人力、时间或技术而未被开发。数据挖掘则用清晰的商务定向和强大的分析技术来快速、完全地挖掘同样的数据,提取有价值的、有用的信息。

当然,并非所有的信息发掘任务都被视为数据挖掘。例如,使用数据库管理系统查找个别的记录,或通过因特网的搜索引擎查找特定的网页页面,则是信息检索(information retrieval)领域的任务。虽然这些任务是重要的,可能涉及使用复杂的算法和数据结构,但是它们主要依赖传统的计算机科学技术和数据的明显特征来创建索引结构,进而有效地组织和检索信息。尽管如此,数据挖掘技术也已用来增强信息检索系统的能力。

二、数据挖掘与 OLAP

在比较成熟的系统中,数据分析过程都是以数据仓库为基础,OLAP(on-line analytical processing,在线分析处理)是和数据挖掘相辅相成的分析模式。数据仓库将来自各种数据源的数据,根据不同的主题进行存储,并对原始数据进行抽取、转换和加载等一系列筛选和清理工作。OLAP 将数据通过多维视角和多种层次向用户进行多方式的呈现。数据挖掘则应用不同的算法,向用户揭示数据间的规律性,从而辅助商业决策。

OLAP 及其报告是用于理解过去所发生事情的重要工具。数据挖掘则是用于了解将来可能发生的事情的方法。数据挖掘用预测性模型(包括统计和机器学习技术,如神经网络等)来预测将来。

例如,OLAP 通过数据查询和分析报告层层深入地告诉你上个月总体的销售情况和各项产品的销售情况。数据挖掘则会告诉你下个月谁可能会买你的产品。为了实现商业效益的最大化,将产品开发和数据挖掘相结合,可以发现如何使产品更具个性化从而最大限度促进销售的方法。

OLAP 和数据挖掘的主要区别在于:在辅助决策时,前者是由基于用户而建立的一系列假设来驱动,通过 OLAP 来证实或者推翻这些假设,是一个演绎推理的过程;数据挖掘是通过归纳的方式,在海量数据中主动找寻模型,自动发掘隐藏在数据中的价值信息。相对于 OLAP,数据挖掘把更多的主动权交给了挖掘工具,在一定程度上,可以看成人工智能的初级应用。此外,OLAP 限于结构化数据,侧重与用户的交互、快速响应,以及提供多维视图,而数据挖掘还可以分析诸如文本的、空间的和多媒体的非结构化数据。

此外,两者又相辅相成。OLAP 的分析结果可以补充到系统知识库中,给数据挖掘提供分析信息并作为数据挖掘的依据;数据挖掘所发现的知识可以指导 OLAP 的分析处理,拓展 OLAP 的深度,以便发现 OLAP 所不能发现的、更为复杂而细密的信息。

三、数据挖掘和统计学

数据挖掘并不是对统计学的代替。实际上,统计学是对数据挖掘的很好的补充。经典的统计学技术,如回归分析可以与数据挖掘技术、神经网络一起应用。统计学也可用于验证数据挖掘结论。

显然,统计学和数据挖掘有着共同的目标:发现数据中的结构。事实上,由于它们的目标相似,一些人(尤其是统计学家)认为数据挖掘是统计学的分支。这是一个不切实际的看法。因为数据挖掘还应用了其他领域的思想、工具和方法,尤其是计算机学科,如数据库技术和机器学习,而且它所关注的某些领域和统计学家所关注的有很大不同。

相对于统计学而言,准则在数据挖掘中起着更为核心的作用,数据挖掘所继承的学科,如计算机学科及相关学科也是如此。数据集的规模常常意味着传统的统计学准则不适合数据挖掘问题,不得不重新设计。当数据点被逐一应用以更新估计量时,适应性和连续性的准则常常是必需的。目前,一些统计学的准则已经有所发展,但还需要更多地融入机器学习。

另外,统计学很少会实时分析,然而数据挖掘问题常常需要对信息加以及时关注。例如,银行各项业务随时都会面临各类情况,3 个月才能出一份可能存在欺诈风险的报告对银行来说已经没有太大意义了。银行的债务会随时间、竞争环境、经济波动而变化,这就更需要对数据进行及时的分析。

四、数据挖掘的目的

数据挖掘通过数据了解企业的过去和现在,得出预测,帮助企业管理层制定科学可行的公司发展战略或策略。例如,数据挖掘会预测出潜在消费者和大客户,以便企业提供有针对性的服务,从而保持竞争优势。

五、数据挖掘应用

数据挖掘几乎可以用来解决所有与数据相关的商务问题,一般较常见的应用领域有零售业、制造业、财务金融保险、通信业,以及医疗服务业等。例如,如何对消费者进行细分,从而维护大客户,争取新客户;如何实现交叉销售并提升销售额;如何提高客户的忠诚度;如何提高投资回报率和降低成本等。

六、数据挖掘流程

SPSS 数据挖掘产品和服务,根据跨行业数据挖掘标准流程(cross industry standard process for data mining,CRISP-DM)来保证及时、可靠的结果。CRISP-DM 为数据挖掘过程的每一阶段的任务和目标提供指导。

CRISP-DM 包括以下几个阶段。

(1)商业理解(business understanding):明确了解所面临的商务挑战。

(2)数据理解(data understanding):决定什么数据可以用于数据挖掘,以得到结论。

(3)数据准备(data preparation):以合适的格式来准备数据,回答商务问题。

(4)建立模型(modeling):设计数据模型来满足要求。

(5)模型评估(evaluation):用结果逆向检测项目目标。

(6)结果部署(deployment):使项目结果服务于决策者。

第二节　成功的数据挖掘

数据挖掘是一个完整的过程,该过程从大型数据库中挖掘先前未知的、有效的、实用的信息,并利用这些信息做出决策或丰富已有知识。CRISP-DM 在数据挖掘项目中能够起到很大的指导作用,从而有助于项目的成功。

首先,没有一定的方法指导,数据模式最终可能并不适用于企业自身的情况,因此以一定的原则来指导数据挖掘非常必要。

其次,为了使项目成果更有效,在开始前要了解如何评估结果。以有限的目标和计划开始,当达到成功时,再移向更复杂的计划。

最后,一个数据挖掘项目的成功是需要集体努力的。数据挖掘既要求企业用户了解问题和数据,懂得分析,也需要为数据拥有者提供入口。一个数据挖掘分析者、一个数据库分析者及一个市场经理组成的团队,因为各自角色的不同,因而有不同的目标,此时,寻找方法使他们能合作良好是很重要的。

一、CRISP-DM方法论介绍

商用数据挖掘是一个从商业中来到商业中去的过程,分析师或客户首先提出一个商业问题,然后在企业或者组织中需要结合三方面的资源——高质量的数据、业务知识和数据挖掘软件进行数据挖掘,以便从大量数据中获取有业务价值的信息,继而将这些信息以某种形式嵌入业务流程中,从而实现业务目标。例如提高销售收入或者利润,降低成本,提升运行效率等。

在这个过程中,尽管数据挖掘的各种算法是数据挖掘过程的核心,但并不是全部,要保证数据挖掘项目的成功,还有很多决定性的因素,例如商业问题如何界定、数据如何选取、生成的模型如何嵌入现有的业务流程中等问题,都将直接影响数据挖掘是否能够取得商业上的成功。

在使数据挖掘过程更加标准化的过程中,产生了很多指导数据挖掘过程的方法论,CRISP-DM就是其中的优秀代表。CRISP-DM整个方法论如图2-1所示,它将整个数据挖掘过程分解为商业理解、数据理解、数据准备、建立模型、模型评估和结果部署等6个步骤。该方法论认为:数据挖掘过程是循环往复的探索过程,6个步骤在实践中并不是按照直线顺序进行,而是经常会回到前面的步骤。例如在数据理解阶段发现现有的数据无法解决商业理解阶段提出的商业问题时,就需要回到商业理解阶段重新调整和界定商业问题;到了建立模型阶段发现数据无法满足建模的要求时,则可能要重新回到数据准备的环节;到了模型评估阶段,当发现建模效果不理想的时候,也可能需要重新回到商业理解阶段审视商业问题的界定是否合理,是否需要做些调整。

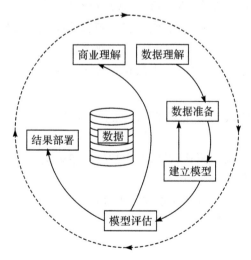

图 2-1 CRISP-DM 数据挖掘过程

图 2-2 是在 CRISP-DM 方法论中,各个阶段的任务与输出的参考模型,其中粗体字部分是各个阶段要完成的任务,宋体字部分是完成这些任务应有的输出内容。在进行实际的数据挖掘过程中,分析师不一定需要对每个任务和输出都做书面记录,但是应该对这些内容予以充分关注,从而保证项目成功完成。

商业理解	数据理解	数据准备	建立模型	模型评估	结果部署
确定商业目标 商业背景 商业目标 成功标准	**数据的初步采集** 数据初步采集 报告	**选择数据** 数据进入、剔除 的逻辑与标准	**选择建模技术** 模型技术 模型要求与 假设	**结果评价** 数据挖掘结果 评价 确认数据挖掘 模型	**规划部署方案** 制订并部署方 案计划
形势评估 资源需求 假设和限制 风险和应对 专业术语 成本和收益	**数据描述** 数据描述报告	**数据清洗** 数据清洗报告	**生成检验设计** 检验设计	**过程回顾** 数据挖掘过程 的回顾	**模型监测及维护** 监控和维护计划
确定数据挖掘目标 数据挖掘目标 数据挖掘成功 标准	**数据探索性分析** 数据探索性分 析报告	**数据构建** 衍生变量 生成新的记录	**建立模型** 模型参数设置 模型描述	**下一步工作内容** 列出可能的行 动方案	**最终报告** 生成最终报告 最终报告演示
项目实施计划 项目计划 工具和方法评估	**验证数据质量** 数据质量报告	**数据整合** 数据合并	**评估模型** 模型评估 修正模型参数		**项目回顾** 项目经验总结
		数据格式化 重整流数据			
		数据集 数据集描述			

图 2-2 CRISP-DM 的任务与输出参考模型

(一)商业理解

商业理解阶段主要完成对商业问题的界定,以及对企业内外部资源进行评估和组织,将产生如下主要文档(结果)。

(1)商业目标。包括商业背景、商业目标、成功标准等。

(2)形势评估。包括企业资源需求、假定和限制、风险与应对、专业术语、成本和收益等。

(3)确定数据挖掘目标。包括数据挖掘目标、数据挖掘成功标准等。

(4)项目计划实施。包括项目计划、工具和方法评估等。

(二)数据理解

数据理解阶段主要完成对企业数据资源的初步认识和清理,将产生如下主要文档(结果)。

(1)数据的初步采集。收集原始数据,产生数据初步采集报告。

(2)数据描述。产生数据描述报告。

(3)数据探索性分析。产生数据探索性分析报告。

(4)验证数据质量。产生数据质量报告。

(三)数据准备

数据准备阶段主要完成在建立数据挖掘模型之前的数据最后准备工作。数据挖掘模型要求数据被整合到一张二维表中,而在现实生活中,数据往往被存储在企业不同的部门、不同的数据库或者数据库中的不同数据表中。这一步骤将把这些数据集整合在一起,生成可以建立数据挖掘模型的数据集和数据集描述。这个阶段将产生如下文档(结果)。

(1)选择数据。不是所有数据都适合数据挖掘,在数据准备阶段要确定数据挖掘应该包含及剔除的数据,以及相关的逻辑与标准。

(2)数据清洗。在建立模型之前,必须对数据进行适当的清洗,即对不符合实际情况的数据进行调整或者剔除,并生成数据清洗报告。

(3)数据构建。衍生出新的变量,并生成新的记录。

(4)数据整合。对相关的数据进行合并处理。

(5)数据格式化。重整数据流,使之适合数据挖掘的需要。

(6)数据集。完成数据集描述。

(四)建立模型

建立模型是数据挖掘工作的核心阶段,按照大类来分,数据挖掘模型可以分为数据描述和汇总(data description and summarization)、细分(segmentation)、概念描述(concept description)、分类(classification)、预测(prediction)和相关性分析(dependency analysis)等。这一步骤具体产生如下文档(结果)。

(1)选择建模技术。通过模型的要求与假设,选择模型技术并进行评估。

(2)生成检验设计。从技术角度分析如何对模型效果进行检验。

(3)建立模型。完成模型参数的设置,建立模型并对模型做适用性描述。

(4)评估模型。根据对模型使用的评估来修正模型参数。

(五)模型评估

模型评估是数据挖掘整个流程中非常重要的环节,这一步将直接决定模型是否达到了预期的效果,是可以发布应用,还是必须重新进行调整。模型评估可以分为两个层面:一是技术层面,主要由建模人员从技术角度对模型效果进行评估;二是商业层面,主要由业务人员对模型在现实商业环境中的适用性进行评估。这一阶段将产生如下文档(结果)。

(1)结果评估。通过对比之前设定的成功标准,评估产生的数据挖掘模型,从中筛选出被认可的数据挖掘模型。

(2)过程回顾。通过数据挖掘过程的回顾,查找是否存在疏忽和遗漏之处。

(3)下一步工作内容。列出所有可能的行动方案,以决定下一步工作内容。

(六)结果部署

结果部署阶段是运用数据挖掘结果解决现实商业问题的过程。这一阶段实现数据挖掘的商业价值,具体产生如下文档(结果)。

(1)规划部署方案。制订方案计划并加以部署。

(2)模型监测及维护。随着商业环境的变化,模型的适用性和效果也可能发生变化,必须建立对模型进行监测和维护的机制。

(3)最终报告。生成最终报告并加以演示。

(4)项目回顾。总结项目中的经验教训,为以后的数据挖掘项目进行经验积累。

二、SPSS 数据挖掘

（一）SPSS 可达到的商务目标

SPSS 通过完整的数据挖掘方案——从理解商务问题到向决策者提供方案，可使数据挖掘过程更流畅并加速。SPSS 利用已证实的 CRISP-DM 方法将数据挖掘能力带给各种水平的用户，达到广泛的商务目标，具体如下。

(1)增加商务单元，提高总利润率。

(2)理解顾客期望和需求。

(3)明确重要客户并获得新的客户。

(4)提高客户忠诚度。

(5)提高投资回报率，降低成本。

(6)增加销售额。

(7)预测信贷风险。

(8)提高网站收益率。

(9)提高商店交易量，优化货架安排。

(10)监测业绩。

（二）SPSS Base

当收集了数据以后，需要为分析它们而做准备。SPSS Base 是一个服务于数据收集、管理、分析、报告和开发的，由标准组件组合构成的全系列产品线，也是数据挖掘程序的关键工具。

首先，SPSS 可以让你更快访问和分析大型数据库，并且可以处理其他分析工具无法处理的大规模数据，因为 SPSS 事实上完全取消了一般分析工具普遍存在的文件大小的限制。无论使用共用数据库，还是从 Web 下载数据，访问和管理数据都变得比以前更加轻松。

只要把 SPSS 和 SPSS Server(选件)连在一起，就可以让服务器去做繁重的计算工作，从而以尽可能快的速度进行分析。

进行数据分析之前，需要准备数据以便分析。SPSS Base 包含的众多技术和功能特性使数据准备简单易行。利用 SPSS Base，可以轻松地实现数据字典的建立(如值标签和变量类型)，并且利用定义数据属性工具，可使分析前进行的数据准备工作更加快捷。SPSS 使人们能够轻松地识别重复观测，以便在数据分析前删除它们。而且，SPSS 能使分析连续型数据的准备工作简单易行。可以在一个 SPSS 会话中同时打开多个数据集，这样既节省时间，又精简了数据文件合并的步骤。这也确保了在多个数据集间，复制数据字典的连贯性等。

在数据分析方面，除了一般常见的摘要统计和行列计算，SPSS Base 还涵盖了在基本分析中最受欢迎的统计功能，如集合、计数、交叉分析、分类、描述性统计、因子分析、回归及聚类分析等，而且还可以把分析结果回写到数据库。

当然，SPSS 在图形用户界面方面也有着巨大的优势，可以很简单地用交互式图表清晰地表达分析结果。利用图表构建程序——SPSS 的全新的图表创建程序，能够更轻松地创建常用的图表。只要把变量和元素拖到图表创建面板，就可以创建图表。可以随意地利用库中存在的模板快捷地创建图表，也可以同时预览将要生成的图表。利用图形生成语言

(graphical programming language,GPL),用户能够创建更多图表。

在 SPSS OLAP 方面,OLAP 改变了常规的创建和共享信息的方式。与其他 OLAP 系统相比,SPSS Report OLAP 含有更多的分析功能,提供了一个快速、灵活的途径来创建、发布和处理用于特别决策判断的信息。

SPSS 从数据采集、分析到结果的呈现,都做了全新的改进。可以建立个性化的工作界面,通过宏程序来完成反复分析、格式化与报表生成等工作。只需轻按一下按键,便可自动完成一系列的工作任务。

第三节　SPSS Clementine

一、SPSS Clementine 简介

Clementine 是 ISL 公司开发的数据挖掘平台。1999 年,SPSS 公司收购了 ISL 公司,对 Clementine 产品进行重新整合和开发,现在 Clementine 已经成为 SPSS 公司的又一亮点。

SPSS Clementine
简介

数据挖掘可以帮助你更清楚地了解企业的现状,更深入地洞察企业的未来。Clementine 数据挖掘平台可以帮助企业进行数据挖掘:通过分析、整合多种类型的数据,可以为企业提供全面深入的运营信息,同时对客户资料也将有更完整的分析。Clementine 可以使企业在以下方面受益。

(1)维护客户关系,增加潜在客户。

(2)提升客户的生命周期价值。

(3)识别风险和欺诈,并将其危害性降到最低。

(4)缩短产品开发过程中质量维护的周期。

(5)支持科学研究。

作为一个数据挖掘平台,Clementine 结合商业技术可以快速建立预测性模型,进而将其应用到商业活动中,帮助人们改进决策过程。强大的数据挖掘功能和显著的投资回报率使得 Clementine 在业界久负盛誉。与一些仅着重于模型的外在表现,而忽略了数据挖掘在整个业务流程中的应用价值的其他数据挖掘工具相比,Clementine 功能强大的数据挖掘算法,使数据挖掘贯穿于业务流程的始终,在缩短投资回报周期的同时极大地提高了投资回报率。

二、SPSS Clementine 主界面

为解决各种商务问题,企业需要以不同的方式来处理各种类型迥异的数据,不同的任务类型和数据类型就要求有不同的分析技术。Clementine 提供了出色、广泛的数据挖掘技术,确保可用最恰当的分析技术来处理相应的问题,从而得到最优的结果以应对随时出现的商业问题。庞杂的数据表格有可能会掩盖改进的时机,Clementine 能较好地执行标准的数据挖掘流程,找到解决商业问题的最佳答案。SPSS Clementine 12.0 主界面如图 2-3 所示。

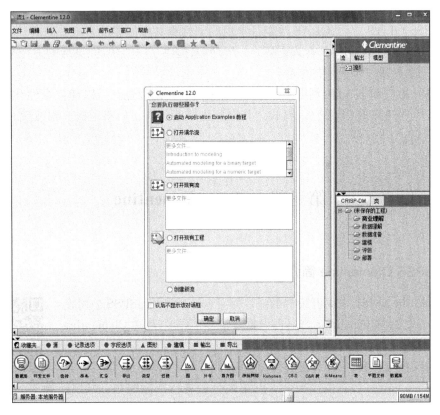

图 2-3　SPSS Clementine 12.0 主界面

　　Clementine 在数据挖掘流程的每一个环节中都支持 CRISP-DM 这一行业标准。与以往仅仅局限在技术层面上的数据挖掘方法论不同,CRISP-DM 把数据挖掘看作一个商业过程,并将其具体的商业目标映射为数据挖掘目标。这可以帮助公司把注意力集中在使用数据挖掘解决业务问题上,而不是集中在为每个项目设计一个新流程上。Clementine 提供的 CRISP-DM 项目管理器可以帮助企业有效管理每个项目。这不但规避了许多常规错误,而且其显著的智能预测模型有助于快速解决出现的问题。

SPSS 数据
挖掘过程

数据文件 2-1

第四节　SPSS 数据挖掘的过程

　　CRISP-DM 程序模型为数据挖掘项目的生命周期进行了系统性的规划。它包括一个数据挖掘项目所要经历的各个阶段、每阶段的任务,以及这些任务之间的关系。从本质上来说,这些任务之间是否存在联系,取决于使用者的目的、背景及其利益诉求。

　　数据挖掘项目的周期由 6 个阶段组成。从图 2-2 中可以看出数据挖掘过程的各个阶段之间的顺序并不是固定不变的。接下来,我们利用一个数据挖掘的案例来简要说明数据挖掘中的每一个阶段(基本数据见数据文件 2-1)。

此案例讨论的是 2019 年我国 31 个省(区、市)城镇居民人均消费支出(见表 2-1),数据挖掘的主要目的是利用统计资料研究城镇居民消费支出结构,为政府决策部门进行消费宏观决策提供参考。这里严格按照 CRISP-DM 过程来进行此项目的数据挖掘。

表 2-1 2019 年我国 31 个省(区、市)城镇居民人均消费支出

序号	地区	食品烟酒/元	衣着/元	居住/元	生活用品及服务/元	交通通信/元	教育文化娱乐/元	医疗保健/元	其他用品及服务/元
1	北京	8950.96	2391.05	17234.78	2568.89	5229.18	4738.36	3973.91	1271.04
2	天津	9719.19	2194.82	7701.54	2051.05	4596.06	4062.02	3179.26	1306.77
3	河北	6024.21	1805.83	5879.88	1537.10	2992.37	2588.12	2056.27	599.27
4	山西	5072.91	1801.44	4333.34	1264.75	2776.45	2937.87	2383.41	588.83
5	内蒙古	6688.39	2457.94	4844.66	1614.41	3797.06	2817.53	2348.60	813.94
6	辽宁	7355.70	2029.85	5445.90	1621.00	3394.53	3691.87	2827.80	988.38
7	吉林	5841.36	1979.22	4571.20	1358.35	3174.89	3147.66	2525.25	796.34
8	黑龙江	5814.02	1873.15	4319.29	1092.65	2612.35	2925.70	2840.89	686.86
9	上海	11272.50	2161.58	16253.10	2215.25	5625.91	5966.43	3331.61	1445.20
10	江苏	7981.36	1930.61	8787.22	1711.19	4051.54	3605.56	2419.86	841.81
11	浙江	10161.64	2258.80	9977.21	2075.20	5368.01	4342.24	2300.28	1024.48
12	安徽	7420.99	1763.46	5262.16	1465.80	2870.46	2802.45	1658.22	537.84
13	福建	9536.70	1659.44	8954.90	1556.80	3715.12	3066.29	1691.54	764.75
14	江西	6604.43	1568.86	5370.43	1507.00	2771.55	2781.40	1559.33	551.27
15	山东	6964.93	2042.40	5883.30	2083.40	3762.19	3171.34	2183.81	640.11
16	河南	5549.77	1706.49	5189.51	1528.84	2691.33	2673.86	2081.08	550.70
17	湖北	7334.30	1886.72	5929.36	1868.99	3283.90	2966.97	2471.35	680.18
18	湖南	7499.62	1843.75	5447.84	1660.42	3425.18	4172.16	2305.23	569.78
19	广东	10757.48	1480.82	8961.55	1894.85	4597.13	3984.46	1882.96	864.87
20	广西	6577.67	973.57	4468.16	1256.45	3175.99	2609.00	2071.04	459.05
21	海南	8690.48	968.78	5499.47	1237.13	3605.51	3135.29	1597.33	582.66
22	重庆	8035.08	2015.32	4734.23	1746.22	3317.80	2893.94	2359.07	683.80
23	四川	8279.38	1729.62	4741.63	1525.35	3453.45	2667.57	2293.30	677.11
24	贵州	6061.24	1610.58	3976.74	1305.10	3413.00	2635.34	1850.80	549.58
25	云南	6357.12	1415.71	5202.47	1416.77	3517.89	2917.63	2048.23	579.03
26	西藏	9682.12	2419.30	5226.11	1758.32	3621.80	1265.80	965.81	697.42
27	陕西	6376.31	1816.06	4641.23	1610.71	2890.84	3036.82	2528.52	613.79
28	甘肃	6995.97	1920.13	5621.78	1455.04	3050.16	2554.83	2224.23	631.73

续　表

序号	地区	食品烟酒/元	衣着/元	居住/元	生活用品及服务/元	交通通信/元	教育文化娱乐/元	医疗保健/元	其他用品及服务/元
29	青海	6904.15	1940.96	4654.37	1368.89	3294.97	2436.37	2509.81	689.66
30	宁夏	5858.86	2104.47	4326.51	1529.13	4076.99	3188.15	2342.25	734.59
31	新疆	7421.57	2234.81	4558.97	1708.49	3667.68	2724.15	2495.47	783.08

一、商业理解

此阶段主要是理解项目目标,以及从商业角度理解客户需求,进而把这些理解转化为数据挖掘的目标,并制订达到目标的初步方案。所以,在案例中,相关政府部门的目标为:深入了解各地区城镇居民消费支出结构,为各类消费提供预测和宏观政策上的指导。具体从食品烟酒、衣着、居住、生活用品及服务、交通通信、教育文化娱乐、医疗保健、其他用品及服务 8 个因子进行聚类分析。

二、数据理解

数据理解阶段始于数据的收集工作,这部分工作由相关统计部门完成。通过数据可以了解城镇居民消费支出特点,更好地分析各地区消费支出结构,为地方政府预算及行业发展提供科学依据。

三、数据准备

数据准备阶段主要是将原始数据集转换为最终要进行数据挖掘的数据集,数据的准备工作有可能重复进行。此过程中要对原始数据进行制表、整理,数据变量的选择、转换等,必要时为了适应建模工具而进行数据清洗等。数据准备工作在整个数据流程中所耗费的精力和时间是最多的,所以此阶段的工作尤为重要。

四、建立模型

根据数据理解阶段的初步判断,要对各地区进行分类,显然可以利用统计学的聚类分析来实现此数据挖掘。因此,本项目的目的是通过 K-均值聚类分析,将原始变量分别聚类成 3 类和 4 类,比较两种方法的效果。K-均值聚类分析原理与 SPSS 软件操作,详见第八章"聚类分析与判别分析"。

五、模型评估

此前阶段已经建立了一个或多个高质量的模型。但是在进行最终的模型部署之前,更加彻底地评估模型,回顾构建模型执行过程中的每一个步骤是非常必要的,这样可以确保这些模型能够达到预期目标。

（一）K-均值聚类分析的类成员

首先,对数据进行 K-均值聚类,将样本聚类为 4 类或 5 类,其 K-均值聚类分析的类成员汇总分别如表 2-2 和表 2-3 所示。

表 2-2 显示聚类为 4 类的类成员汇总。在类成员汇总表中,第三列聚类给出了每个个

案所属的类,第四列显示的是个案和所属类中心的距离。表 2-2 中给出了最终 K-均值聚类分析的分类结果。从中可以看出:北京、上海为第 1 类,天津、江苏、浙江、福建、广东为第 2 类,海南、重庆、四川、西藏为第 3 类,其余地区为第 4 类。

表 2-2　K-均值聚类分析(4 类)类成员汇总

序号	地区	聚类	距离	序号	地区	聚类	距离
1	北 京	1	0	17	湖 北	4	1297.443
2	天 津	2	1578.377	18	湖 南	4	1649.363
3	河 北	4	1127.613	19	广 东	2	1297.134
4	山 西	4	1693.822	20	广 西	4	1132.297
5	内蒙古	4	898.341	21	海 南	3	1203.959
6	辽 宁	4	1394.400	22	重 庆	3	1046.838
7	吉 林	4	917.653	23	四 川	3	726.031
8	黑龙江	4	1368.886	24	贵 州	4	1291.463
9	上 海	1	0	25	云 南	4	630.481
10	江 苏	2	1730.945	26	西 藏	3	1926.623
11	浙 江	2	1662.806	27	陕 西	4	598.646
12	安 徽	4	1180.165	28	甘 肃	4	891.764
13	福 建	2	1299.080	29	青 海	4	775.306
14	江 西	4	981.463	30	宁 夏	4	1329.328
15	山 东	4	1296.010	31	新 疆	4	1215.061
16	河 南	4	1197.919				

表 2-3 显示聚类为 5 类的类成员汇总。在类成员汇总表中,给出了 5 类的最终 K-均值聚类分析的分类结果。从中可以看出:北京为第 1 类;天津、江苏、浙江、福建、广东为第 2 类;上海为第 3 类;海南、重庆、四川、西藏为第 5 类;河北、山西等其余地区为第 4 类。

表 2-3　K-均值聚类分析(5 类)类成员汇总

序号	地区	聚类	距离	序号	地区	聚类	距离
1	北 京	1	0	8	黑龙江	4	1368.886
2	天 津	2	1578.377	9	上 海	3	0
3	河 北	4	1127.613	10	江 苏	2	1730.945
4	山 西	4	1693.822	11	浙 江	2	1662.806
5	内蒙古	4	898.341	12	安 徽	4	1180.165
6	辽 宁	4	1394.400	13	福 建	2	1299.080
7	吉 林	4	917.653	14	江 西	4	981.463

续　表

序号	地区	聚类	距离	序号	地区	聚类	距离
15	山　东	4	1296.010	24	贵　州	4	1291.463
16	河　南	4	1197.919	25	云　南	4	630.481
17	湖　北	4	1297.443	26	西　藏	5	1926.623
18	湖　南	4	1649.363	27	陕　西	4	598.646
19	广　东	2	1297.134	28	甘　肃	4	891.764
20	广　西	4	1132.297	29	青　海	4	775.306
21	海　南	5	1203.959	30	宁　夏	4	1329.328
22	重　庆	5	1046.838	31	新　疆	4	1215.061
23	四　川	5	726.031				

(二)K-均值聚类的最后聚类中心

表 2-4 所示为 4 类的最终聚类中心。可以看出,第 1 类的相对指数较高,第 4 类最低。

表 2-4　K-均值聚类(4 类)的最后聚类中心

消费支出结构	聚类			
	1	2	3	4
食品烟酒	10111.730	9631.275	8671.766	6536.177
衣着	2276.316	1904.897	1783.256	1838.768
居住	16743.9400	8876.4873	5050.3614	4996.3633
生活用品及服务	2392.0677	1857.8185	1566.7555	1512.6654
交通通信	5427.5454	4465.5731	3499.6399	3231.9896
教育文化娱乐	5352.3948	3812.1119	2490.6496	2938.9611
医疗保健	3652.7609	2294.7797	1803.8790	2265.5801
其他用品及服务	1358.1199	960.5348	660.2490	652.2011

表 2-5 所示为 5 类的最终聚类中心。可以看出,第 1 类的相对指数较高,第 5 类最低。

表 2-5　K-均值聚类(5 类)的最后聚类中心

消费支出结构	聚类				
	1	2	3	4	5
食品烟酒	8950.961	9631.275	11272.499	6536.177	8671.766
衣着	2391.050	1904.897	2161.582	1838.768	1783.256
居住	17234.7807	8876.4873	16253.0994	4996.3633	5050.3614
生活用品及服务	2568.8859	1857.8185	2215.2496	1512.6654	1566.7555

消费支出结构	聚类				
	1	2	3	4	5
交通通信	5229.1827	4465.5731	5625.9080	3231.9896	3499.6399
教育文化娱乐	4738.3594	3812.1119	5966.4301	2938.9611	2490.6496
医疗保健	3973.9129	2294.7797	3331.6089	2265.5801	1803.8790
其他用品及服务	1271.0423	960.5348	1445.1975	652.2011	660.2490

最终聚类的类中心数据可以为后续分析及解释分类结果(如分类数的合理问题)等提供一定的数据。

(三)K 均值聚类的方差分析

表 2-6 所示为各指数在不同类中的均值比较情况,各数据项的含义依次为:组间均方、组间自由度、组内均方和组内自由度。从该方差分析表可以看出聚类为 4 类时,8 个因子之间组间差异都很显著。

表 2-6　K-均值聚类(4 类)的方差分析

消费支出结构	聚类		误差		F	显著性
	组间均方	组间自由度	组内均方	组内自由度		
食品烟酒	20123821.529	3	668522.783	27	30.102	0
衣着	128624.304	3	126250.534	27	1.019	0.400
居住	97114656.330	3	383404.207	27	253.296	0
生活用品及服务	570739.457	3	51534.182	27	11.075	0
交通通信	4391089.977	3	179714.146	27	24.434	0
教育文化娱乐	4833021.513	3	259007.258	27	18.660	0
医疗保健	1556099.250	3	185492.539	27	8.389	0
其他用品及服务	394896.391	3	18467.469	27	21.383	0

表 2-7 所示聚类为 5 类时,8 个因子之间的组内差异。从方差分析表来看,聚类为 4 类的结果不如聚类为 5 类的效果好。由此可见,应该采用聚类为 5 类的分析。

表 2-7　K-均值聚类(5 类)的方差分析

消费支出结构	聚类		误差		F	显著性
	组间均方	组间自由度	组内均方	组内自由度		
食品烟酒	15766558.455	4	590590.227	26	26.696	0
衣　着	103050.168	4	130093.718	26	0.792	0.541
居　住	72956454.517	4	379617.865	26	192.184	0
生活用品及服务	443686.921	4	51111.293	26	8.681	0

续　表

消费支出结构	聚类		误差		F	显著性
	组间均方	组间自由度	组内均方	组内自由度		
交通通信	3312991.355	4	183599.479	26	18.045	0
教育文化娱乐	3813285.835	4	239966.045	26	15.891	0
医疗保健	1218643.744	4	184693.128	26	6.598	0.001
其他用品及服务	299963.547	4	18594.487	26	16.132	0

由于已选择聚类使不同聚类中个案之间的差异最大化,因此 F 检验应该只用于描述目的。实测显著性水平并未因此进行修正,所以无法解释为针对"聚类平均值相等"这一假设的检验。

六、结果部署

模型的创建并不是项目的最终阶段,尽管建模是为了增加更多关于数据的信息,但是这些信息仍然需要以一种用户能够使用的方式被组织和呈现。在很多的案例中,部署节点的往往是用户而不是数据分析师。然而,对用户而言,预先了解需要执行的活动从而正确地使用已经构建的模型是非常重要的。

对于此案例,根据聚类结果,可以把地区分为 5 类。

(1)高消费水平地区。北京为第 1 类,城镇居民消费水较高,尤其是衣着、居住、生活用品及服务、医疗保健等方面,与其他地区比较,名列前茅。

(2)次高消费水平地区。上海为第 3 类,在食品烟酒、交通通信、教育文化娱乐等方面的消费水平,均高于其他地区。

(3)中等消费水平地区。主要是沿海经济发达地区,为第 2 类,包括天津、江苏、浙江、福建、广东。这些省(区、市)经济相对比较发达,收入水平相对较高,因此总体消费支出较高。

(4)一般消费水平地区。主要是第 4 类的省(区、市),包括河北、山西、内蒙古、辽宁、吉林、黑龙江、安徽、江西、山东、河南、湖北、湖南、广西、贵州、云南、陕西、甘肃、青海、宁夏、新疆。

(5)低消费水平地区。主要是第 5 类省(区、市),包括海南、重庆、四川、西藏。尽管这些地区总体消费水平较低,但是在食品烟酒、生活用品及服务等方面消费水平相对较高,反映出这些省(区、市)城镇居民消费支出的特点。

根据各地区城镇居民消费水平的聚类分析,可以为政府相关部门提供消费水平差异性的客观数据,分析差异性的成因,并给出提高消费水平的政策建议等。例如,可以从提高居民收入、完善我国社会保障体系、缩小各地区消费差异、稳定物价水平等方面加以改进。

第三章 数据的基本操作

- 掌握建立数据文件的方法与操作
- 掌握编辑数据文件的方法与操作
- 掌握数据加工的方法与操作

在应用 SPSS 进行数理统计分析前,首先要建立数据文件,并对所建立的数据文件进行简单的编辑和整理,在此基础上,后续的统计分析才是有效的。SPSS 能够与各种数据库或数据文件进行连接,在很大程度上为建立数据文件提供了方便。同时,SPSS 所提供的强大的数据编辑功能,能够统一地对数据进行分组、转换等操作,简化了复杂的数据处理流程。

SPSS 数据文件管理的主要功能都在"文件"菜单下,即在"文件"菜单下可以实现新建文件、保存文件等功能,而对于数据编辑,SPSS 则提供了"编辑"菜单、"数据"菜单和"转换"菜单。

第一节 知识准备

一、数据基本操作概述

(一)建立数据文件

在进行数据处理之前,首先要建立数据文件。建立数据文件的方式主要有 4 种,包括人工输入数据、打开 Excel 等数据文件、使用数据库查询和导入数据文件。

📖 数据和转换
菜单项详细功
能介绍

(二)编辑数据文件

在多数情况下,先要对数据进行一些整理(如排序、选择个案、合并、汇总等)才能将其用于最终的统计分析。在 SPSS 中,数据文件的编辑功能主要集中在"数据(data)"菜单项中。

测度含义
及选择原则

1. 数据的排序

数据编辑窗口中个案数据的顺序是由数据输入时的先后顺序决定的,一般是随机的。但在实际数据处理过程中,有时需要将个案数据按照某种顺序进行排列,以便进行观察和分类,此时就要用到 SPSS 中的排序命令。

SPSS 的排序功能就是根据用户的一个或多个变量的变量值的大小,按照升序或降序将个案数据进行重新排列。用户指定的变量称为排序变量,当排序变量只有一个时的排序称为单值排序,当排序变量有多个时的排序称为多重排序。

2. 选择个案

在数据处理过程中,有时需要从数据文件中选取一部分个案,将筛选出的个案进行统计分析和处理,而未被选取的个案将不参与之后的操作。

3. 合并数据文件

在 SPSS 中,数据文件的合并是指将一个已储存在磁盘上的 SPSS 数据文件与当前 SPSS 数据编辑窗口中的数据文件进行合并,并在当前数据编辑窗口中显示合并后数据的过程。故实行两个 SPSS 数据文件合并时,首先应打开当前数据编辑窗口中的一个数据文件,然后再实行与另一数据文件的合并。

SPSS 数据文件的合并方式分为两种:纵向合并和横向合并。

4. 数据分类汇总

数据分类汇总就是按照用户指定的分类变量对个案进行分组,并对每组个案的各变量值计算指定的描述统计量(如求和、平均值等)。

(三)数据加工

数据加工就是对变量进行转换,产生计数变量。在 SPSS 中,数据变量的变换和计算功能主要集中在"转换(transform)"菜单项中。

(四)数据文件的保存或导出

在对数据进行保存时,可以直接将数据保存为许多类型的数据文件,还有一种适用范围更广更专业的数据保存方式,这种方式就是导出到数据库。

二、数据加工的概述

(一)SPSS 基本运算

SPSS 基本运算有:算术运算(即数学运算)、关系运算、逻辑运算。这些运算是通过相应的操作运算符号来实现的。运算符号及其意义如表 3-1 所示。

表 3-1　运算符号及其意义

算术运算符号及意义		关系运算符号及意义		逻辑运算符号及意义	
＋	加法	＝(EQ)	等于	&.(AND)	与
－	减法	＞(GT)	大于	|(OR)	或
＊	乘法	＜(LT)	小于	～(NOT)	非
/	除法	＞＝(GE)	大于等于		

算术运算符号及意义		关系运算符号及意义		逻辑运算符号及意义
＊＊	乘幂	＜＝(LE)	小于等于	
（　）	括号	～＝(NE)	不等于	

（二）SPSS 表达式

利用运算符将常量、变量、函数连接在一起而形成的式子称为表达式。根据表达式中连接运算符的不同分成算术表达式、关系表达式和逻辑表达式。

1. 算术表达式

算术表达式,即数学中的数学表达式,例如,"$\lg[\text{ABS}(X \times Y)] + e^{\frac{X+Y}{2}}$"。算术表达式的结果为数值型变量,算术表达式运算的优先顺序依次为:括号、函数、幂(乘方)、乘或除、加或减。运算中乘除法属于同一级运算,加减法属同一级运算,在同一优先级中计算按从左至右的顺序执行。

2. 关系表达式

关系表达式,也称比较表达式,它用关系运算符将两个量或表达式连接起来,建立起它们之间的比较关系。例如,"$x \geq 0$",如果比较关系成立,比较表达式的值为"true"(真),用 1 表示,否则为"false"(假),用 0 表示。参与比较的两个量必须是同类型的量,无论这两个量是数值型还是字符型,比较结果都是逻辑常量。例如,如果 $x=5, y=3$,则表达式为"$x \geq y=1$";如果 $x=3, y=5$,则表达式为"$x \geq y=0$"。

3. 逻辑表达式

逻辑表达式,即布尔(Boolean)运算符。逻辑运算符与逻辑型的变量或其值为逻辑型的比较表达式构成逻辑表达式。逻辑表达式的值为逻辑型常量。在逻辑表达式中,运用逻辑运算符时,括号内外的算符等价,例如"A|B"等价于"A OR B"。逻辑运算真值如表 3-2 所示。

表 3-2　逻辑运算真值

逻辑运算	逻辑值			
A	1	1	0	0
B	1	0	0	0
A&B	1	0	0	0
A|B	1	1	1	0
～A	0	0	1	1

由表 3-2 可知,只有当 A、B 的逻辑值均为 true 时,逻辑表达式"A&B"的值才为 true。例如,逻辑表达式"$A \geq B \& C > 0$",如果 $A=8, B=5$,而且 $C > 0.6$,则其逻辑表达式为true,表达式的值为1。逻辑表达式"～A"(非 A)是取逻辑值的反值,如 A 为 true,则"～A"的逻辑值为 false。例如,逻辑表达式"～A=0",即 A 不等于 0。如果 A=0,表达式的逻辑值为 false;若 A 不等于 0,则其值为 true。

与算术表达式一样,可以使用几个逻辑运算符及括号构成较复杂的逻辑表达式,在逻辑运算中优先级的规定如下。

(1)最高级为 NOT,其次为 AND,最后为 OR。

(2)同一级运算中,按照从左至右的顺序执行。

(3)表达式中有括号,则括号内的运算最优先。

(三)SPSS 内部函数

SPSS 25.0 有 190 多个内部函数,其中包括数学函数、逻辑函数、缺失值函数、字符串函数、日期函数等。函数表达方法是在函数名(即函数的几个关键字)后的括号中列出自变量和参数,不同的函数对自变量和参数要求不同,调用之前必须明确对自变量和参数的要求,要给参数赋予恰当的数值。

SPSS 的数学函数均为数值型函数,各函数的自变量可以是符合取值范围要求的数值表达式。数学函数(设 arg 表示自变量)包括以下类型。

(1)算术函数。如三角函数、指数函数和对数函数、四舍五入函数 $RND(arg)$、截尾函数 $TRUNC(arg)$ 等。设自变量 $arg=-5.6$,则四舍五入函数 $RND(-5.6)=-6$。

(2)统计函数。即数理统计中的统计量,SPSS 有 7 个统计函数,如用于计算变量均值的 Mean$(arg1,arg2,\cdots)$ 函数、标准差 Sd$(arg1,arg2,\cdots)$ 函数、变异函数 CFVAR$(arg1,arg2,\cdots)$ 等。

(3)概率函数。SPSS 25.0 中给出了概率统计中几乎所有常见的随机变量的分布函数、密度函数、逆分布函数、随机数生成函数、非中心分布函数等。SPSS 提供了约 80 个概率函数,它们以函数名的前缀来区分,各种前缀如表 3-3 所示。

表 3-3　概率函数中的前缀

前缀	概率函数
CDF. rv_name$(q,a,\cdots)$	随机变量的累积分布函数
IDF. rv_name$(q,a,\cdots)$	连续型随机变量的逆分布函数
PDF. rv_name$(q,a,\cdots)$	随机变量的概率密度函数
RV. rv_name$(q,a,\cdots)$	随机数生成函数
NCDF. rv_name$(q,a,\cdots)$	非中心分布函数
NPDF. rv_name$(q,a,\cdots)$	非中心概率密度函数

表中 rv_name 代表随机变量名,CDF. rv_name$(q,a,\cdots)=P(\xi<q)=p$,即对指定的自变量值 q,它返回服从相应概率分布的随机变量 $\xi<q$ 的概率 p。前缀为 IDF 的称为逆分布函数,即分布函数的反函数。前缀为 PDF 的称为随机变量的概率密度函数。

同名分布函数和概率密度函数的关系为

离散型随机变量情况下:CDF. rv_name $(q,a,\cdots)=\sum_{k<q}$ PDF. rv_name $(k,a,\cdots)$　(3-1)

连续型随机变量情况下:CDF. rv_name $(q,a,\cdots)=\int_{-\infty}^{q}$ PDF. rv_name $(x,a,\cdots)\mathrm{d}x$

(3-2)

同名逆分布函数与累积分布函数的关系为

如果 CDF. rv_name$(q,a,\cdots)=p$,那么 IDF. rv_name$(q,a\cdots)=q$

例如,有如下函数

$$\text{PDF. NORMAL}\ (q,a,b) = \frac{1}{\sqrt{2\pi b^2}}\exp\left[-\frac{(x-a)^2}{2b^2}\right] \tag{3-3}$$

$$\text{CDF. NORMAL}\ (q,a,b) = \frac{1}{\sqrt{2\pi b^2}}\int_{-\infty}^{q}\exp\left[-\frac{(x-a)^2}{2b^2}\right]\mathrm{d}x \tag{3-4}$$

式(3-3)、式(3-4)分别是均值为 a、标准差为 b 的正态分布的概率函数和累积分布函数。

前缀为 NCDF 的分布函数被称为非中心分布函数,它返回到服从非中心概率分布的随机变量 $\xi < q$ 的概率 p。非中心分布是多元统计分析中的研究课题,非中心分布只有非中心的贝塔分布、χ^2 分布、Student t 分布和 F 分布。

各种概率函数都依赖数目不等的分布参数,不同分布的参数有不同的取值范围。因此,在调用分布函数时,必须给它们赋予恰当的数值。而且同名的累积分布函数、密度函数、逆分布函数的参数取值是完全一致的。

第二节　建立与编辑数据文件

一、实验目的

(1)理解建立数据文件的原理和方法。

(2)掌握编辑数据文件的菜单功能。

(3)熟练应用 SPSS 软件编辑数据文件。

二、实验内容

某单位将进行薪酬改革,2012 年员工的工资与绩效评分等资料如表 3-4 所示(基本数据见数据文件 3-1)。为了了解不同性别、不同工作性质员工的收入状况、绩效评分等,以便为决策者制定合理的薪酬体系提供科学依据,请进行以下实验。

数据文件 3-1

(1)建立数据文件。

(2)变量排序。

(3)选择个案。

(4)合并数据文件。

(5)数据分类汇总。

表 3-4　某单位员工的工资及绩效评分

员工序号	性别	年收入/元	工作性质	绩效评分/分
1	男	27300	一般员工	82
2	女	40800	一般员工	76
3	男	46000	管理人员	60
4	女	103750	经理	90

续　表

员工序号	性别	年收入/元	工作性质	绩效评分/分
5	女	42300	一般员工	66
6	女	26250	管理人员	72
7	女	38850	一般员工	80
8	男	21750	管理人员	65
9	女	24000	一般员工	90
10	女	16950	一般员工	84
11	女	21150	一般员工	60
12	男	31050	一般员工	70
13	男	60375	经理	80
14	男	32550	一般员工	85
15	男	135000	经理	80
16	男	31200	管理人员	85
17	女	36150	一般员工	87
18	男	110625	经理	70
19	女	42000	管理人员	75
20	女	92000	经理	80

三、实验步骤、实验结果与分析

(一)建立数据文件

1.准备工作

在 SPSS 25.0 中单击"文件"菜单下的"新建"按钮,如图 3-1 所示。同样,如果在"文件"菜单下的"新建"选项中,选择"数据(D)"—"语法(S)"—"输出(O)"—"脚本(C)",则可分别打开对应窗口,进而分别建立新的.sps、.spo、.rtf、.sbs 文件。

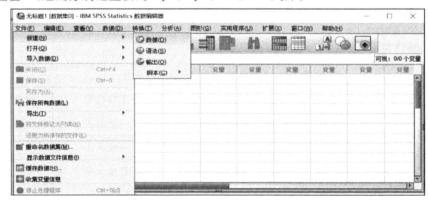

图 3-1　"文件"菜单下的"新建"选项

2.变量视图

打开 SPSS 左下方的"变量视图",如图 3-2 所示。

图 3-2 "变量视图"对话框

（1）名称：变量名是变量存取的唯一标志。单击"名称"列的单元格，即可直接输入变量名。

（2）类型：SPSS 中数据变量的类型有 8 种，其中有 3 种为基本的变量类型，即数值型、字符型和日期型。

单击"类型"列的单元格，选择变量类型，对应宽度单元格将显示默认的宽度和样式，如图 3-3 所示。

①数字（N）。数字型是 SPSS 最常用的变量类型，数字型的数据是由 0～9 的阿拉伯数字和其他数字符号（如逗号、圆点、美元符号等）组成的。本例中"员工序号""年收入""绩效评分"为数字型变量。

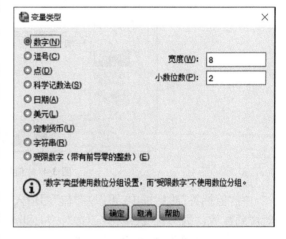

图 3-3 "变量类型"对话框

②日期（A）。日期（A）数据主要用来表示日期或者时间，日期型数据有很多显示格式，SPSS 以菜单的方式显示供用户选择。例如，dd-mmm-yyyy，"dd"表示 2 个字符位的日期，"-"为数据分隔符，"mmm"表示 3 个字符位的英文月份的缩写，"yyyy"表示 4 个字符位的年份。

③字符串（R）。字符串类型也是 SPSS 中较常用的数据类型，它是由字符串组成的。字符串变量的默认最大显示宽度是 8 个字符位，它不能够进行算术运算，并应区别大小写字母。本例中"性别""工作性质"为字符串变量。

（3）宽度（W）：选择变量类型时，可以在"变量类型"对话框中调整对应的宽度，默认的变量宽度为 8。用户也可以单击"宽度（W）"列的单元格，然后即可在单元格重新输入数值或者单击上下箭头调节变量宽度。

（4）小数位数（P）：小数位数限制数值型、逗号型等变量类型数值小数点后的位数。选择变量类型时，可以在"变量类型"对话框中调整对应的小数点后位数，默认的小数点后位数为 2。用户也可以单击"小数位数（P）"列的单元格，然后即可在单元格重新输入数值或者单击上下箭头调节小数点后位数。字符型不能限制小数点后位数。

(5)标签:通过变量标签,可以对变量含义进行详细的说明,添加变量名的可视性和分析结果的可读性。例如,在输入调查问卷数据时,由于变量名对于长度有一定的限制,因此变量名就可以用调查问卷的题目号表示,在变量标签中输入完整的问题来进一步解释变量含义。但变量名标签也有长度的限制,其总长度限制在 120 个字符内,并且在统计分析结果显示时,一般不能显示太长的变量标签信息。"标签"属性可以省略定义。

(6)值:通过值标签,可以对变量数值进行详细的说明。例如,表示性别数据时,用数值"1"表示"男",数值"2"表示"女"。值标签对于有一定实际含义的数值变量来说是必不可少的。值标签在明确数值含义的同时,也增强了统计分析结果的可读性。单击"值"列的单元格,单元格右端将出现按钮,单击该按钮,将弹出"值标签"对话框(见图 3-4)。

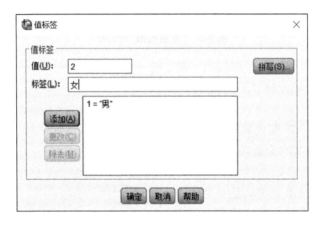

图 3-4 "值标签"对话框

在"值标签"对话框中,可以在"值"后输入变量中出现的数值,如"1",然后在标签中输入对应的数值("男")含义,单击"添加"按钮,即可将上述数值标签的定义添加到数值标签的主窗口中。如果需要进行"更改"或者"删除",可以在主窗口中选择需要更改或移除的数值标签,然后单击对应的按钮。数值标签编辑完成后,单击"确定"按钮,即可返回到数据编辑窗口的变量视图中。本例中性别的数值标签为:"1"表示"男","2"表示"女"。工作性质数值标签为:"1"表示"一般员工","2"表示"管理人员","3"表示"经理"。

(7)缺失:在数据处理过程中,常常会出现空数据或无效数据的情况,即有些数据项漏填了,或者有些数据明显是错误的。这些数据一般都应在数据处理初期时,标示为缺失值数据。

为了在统计分析时,区别对待缺失值和正常值,可以将缺失值填充或更换为特定的标记数据。单击"缺失"列的单元格,单元格右端将出现按钮,单击该按钮,将弹出"缺失值"对话框,如图 3-5 所示。

SPSS 中,缺失值的指定方法主要有以下两种。

①字符型或数值型变量:缺失值可以是 1~3 个特定的离散值。

②数值型变量:缺失值可以在 1 个连续的闭区间内或

图 3-5 "缺失值"对话框

者在 2 个连续的开区间内,并可同时指定 1 个离散值。

SPSS 系统默认的缺失值选项为"没有缺失值",此时,空数据用一个小圆点表示,但系统默认的缺失值一般只出现在数值型变量数据中。字符型变量中的空格不是系统缺失值。

(8)列:变量的列宽和数据的对齐格式都属于数据的列格式。显示在数据视图中的数据,其变量列宽即是变量类型所对应的变量宽度,默认的列宽为 8。变量的列宽随着变量显示宽度的改变而自动改变。

当变量的显示宽度小于变量的列宽时,需要对变量的列宽进行修改,否则,变量就无法完整地在数据视图中呈现。此时,用户可以单击"列"下方的单元格,即可在单元格中重新输入数值或者单击上下箭头调节宽度。

(9)对齐:数据的对齐格式也属于数据的列格式。显示在数据视图中的数据,主要有 3 种对齐方式:左对齐、右对齐、中间对齐。用户可以单击"对齐"列的单元格,然后单击单元格右方的小箭头,如图 3-6 所示,用户即可通过单击,选择需要的对齐方式。

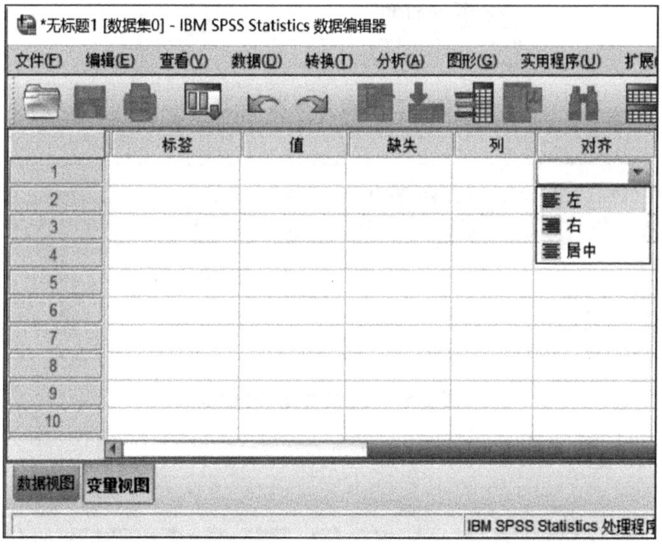

图 3-6　"对齐"选项

字符型数据默认为左对齐显示,数值型数据默认的对齐格式为右对齐。

(10)测量:统计分析数据的测度方法大致可分为定距度量和非定距度量,对应的数据即为定距数据和非定距数据。定距数据是指连续性数据(如年收入、绩效评分等)。非定距数据包括顺序尺度和名义尺度数据。有内在大小或高低的数据度量方式,即为有序尺度,如高、中、低职称或者老、中、青三代;不存在内在大小或高低顺序的数据,只包含名义上指代的度量方式即为名义尺度,如男、女性别或者职业等。

系统给出的数据的测度方式包括名义尺度和有序尺度两种。用户可以单击"测量"列的单元格,然后单击单元格右方的小箭头,单元格将显示"度量标准"选项,如图 3-7 所示。用户即可通过单击,选择需要的测度方式。默认的测度方式为度量。

(11)角色:为节省时间,提高效率,某些对话框允许使用预定义角色,然后自动将变量分配到变量列表中。一般情况下,该选项使用默认设置即可。

定义了变量的各种属性后,单击"Date View"按钮,回到数据视图中,就可以直接在表中输入数据,如图 3-8 所示。

图 3-7　"度量标准"选项

图 3-8　"变量视图"对话框

单击"数据视图",录入数据文件,如图 3-9 所示。

图 3-9　年收入与绩效评分数据文件

（二）变量排序

按照性别分类，对年收入进行升序排列。

1. 准备工作

在 SPSS 25.0 中打开数据文件 3-1. sav，执行"文件"—"打开"命令将数据调入 SPSS 25.0 的工作文件窗口。选择"数据(D)"—"个案排序(O)"命令，打开"个案排序"对话框，如图 3-10 所示。

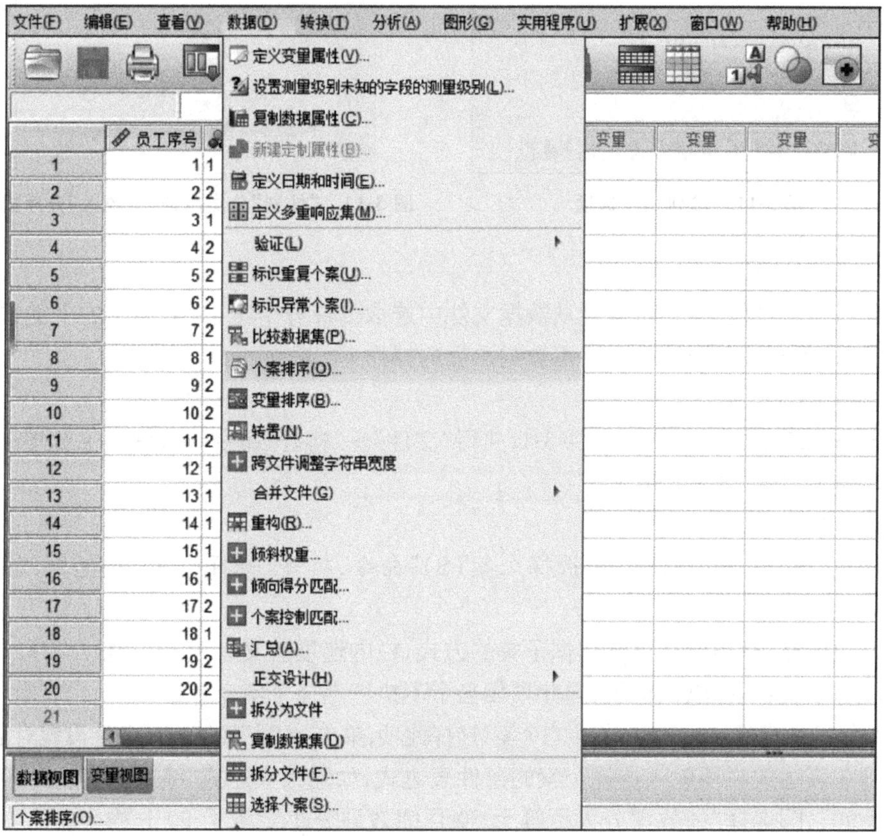

数据文件
建立

图 3-10　选择"数据"—"个案排序"

2. 排序

（1）选择排序变量。从源变量列表中选择一个或几个分类变量，单击中间的箭头按钮将它们移入"排序依据(S)"框中。本例排序变量为"性别"和"年收入"。

（2）确定排序顺序。在"排列顺序"栏中选择一种排序方式。本例选择升序(升序的顺序值由小到大升序排列，反之则为降序排列)，如图 3-11 所示。

（3）单击"确定"按钮，返回数据窗口，分类排序结果显示在数据窗口内，实验结果如图 3-12所示。

图 3-11 排列顺序选项

图 3-12 "性别"分类后的"年收入"升序排序

(三)选择个案

在数据处理过程中,有时需要从数据文件中选取一部分个案,对筛选出的个案进行统计分析等操作,而未被选取的个案将不参与之后的操作。

1.准备工作

在 SPSS 25.0 中打开数据文件 3-1,执行"文件"—"打开"命令将数据调入 SPSS 25.0 的工作文件窗口,如图 3-9 所示。

2.选择个案

(1)依次选择"数据(D)"—"选择个案(S)"命令,打开"选择个案"对话框,如图 3-13 所示。

(2)在"选择"栏中选择挑选数据子集的方式,栏内选项意义有以下几类。

①所有个案:系统默认选项,选此项相当于不执行选择个案命令。

②如果条件满足:选择满足条件的个案,选择此项,单击"如果"按钮打开条件设置对话框。

本例在表达式栏里输入选择个案的条件表达式,如输入表达式"绩效评分≥80& 绩效评分≤90",即选择"绩效评分大于等于 80 且绩效评分小于等于 90 分的个案"。单击"继续"按钮返回主对话框,单击"确定"执行选择个案,如图 3-14 所示。

图 3-13 "选择个案"命令

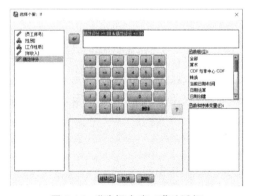

图 3-14 "选择个案:if"对话框

③随机个案样本:随机抽取个案样本。如果选此项,则单击"样本"按钮。随机样本有以下两个选项。

a.大约(A)。表示随机选取占全部个案接近某个百分比的个案。选择此项并输入一个数值,系统将自动产生伪随机数,随机地选取接近于指定数目的个案作为样本。本例选择60%的随机个案,如图3-15所示。

b.选择"正好为(E)"选项。在前后两个文本框中输入两个整数(前一个数值小,例如"5",后一个数值大,例如"10"),表示从前10个个案中随机选取5个个案作为样本,如图3-16所示。

图3-15 "选择个案:随机样本"的"大约(A)"选项　　图3-16 "选择个案:随机样本"的"正好为(E)"选项

④选择个案:范围。按时间或个案范围选择。如果选择此项,单击"范围"打开选择个案对话框,在"观测值"栏中输入选取样本的范围,例如,在"第一个个案"输入"5",在"最后一个个案"输入"15",点击"继续(C)"按钮返回对话框,如图3-17所示。单击"确定"执行选择个案,系统将第5号到第15号的个案选取为样本。

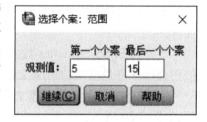

图3-17 "选择个案:范围"选项

⑤使用过滤变量:选择此项,从变量列表框中选择一个数值型变量作为过滤器变量移至矩形框中,单击"确定"执行选择。

(3)输出。在"输出"栏中制定未选中的个案的处理方式。

①过滤未选定的个案:在未被选中的个案号码前标记"/",以示与已选中个案的区别。

②将选定个案复制到新数据集:单击该按钮后,在窗口中输入新的数据文件的名字,SPSS将自动打开一个以新的数据文件的名字命名的数据编辑窗口,窗口中包括所有已被选中的数据。

③删除未选定个案:将未被选中的个案直接从数据文件中删除,此处理方法风险较大,不可恢复。

(4)在"选择个案"主对话框中,单击"确定"按钮,即可在数据编辑窗口根据不同的输出方式得到选择个案的结果数据文件。

(四)合并数据文件

SPSS中合并数据文件指的是将一个外部数据文件的个案或变量增加到当前工作文件中,将它们合并成一个文件。SPSS合并数据文件方式分为两种:添加个案和添加变量。

1.添加个案

这是指把一个外部文件与工作文件具有相同变量的个案增加到当前工作文件中。这相当于两个文件的"纵向合并"。这种合并要求两个数据文件至少应有一对属于相同的变量,即使它们的变量名不同。

(1)准备工作。在SPSS 25.0中打开数据文件3-1. sav和数据文件3-2.

📄 数据文件3-2

sav,执行"文件"—"打开"命令将数调入 SPSS 25.0 的工作文件窗口,如图 3-18所示。

(2)执行"数据(D)"—"合并文件(G)"—"添加个案(C)"命令,打开将"添加个案至……"对话框,如图 3-19 所示。

图 3-18　外部文件　　　　　　　　图 3-19　"添加个案至……"对话框

(3)选择添加个案的合并方式,SPSS 提供了以下两种方式。

①打开的数据文件(O):直接将打开的数据文件合并。本例选择直接将打开的数据文件合并。

②外部 SPSS Statistics 数据文件:选中"外部 SPSS Statistics 数据文件"后,单击"浏览"按钮,SPSS 将弹出"添加个案:读取文件"对话框。

(4)选定需要合并的数据文件,单击"继续"按钮,SPSS 将弹出"添加个案自……"对话框,如图 3-20 所示。

在"添加个案自……"对话框中,左侧的变量框显示的是新、老数据文件中不配对的变量名,分别用"＊"和"＋"来标记。右侧的变量框显示的是 SPSS 自动配对的变量名,即新工作文件中的变量。

(5)非成对变量配对。选中非成对变量框中欲配对的变量名,单击"│↘│"按钮进入"新的活动数据集中的变量"对话框中,表示题目具有相同的数据含义。用户也可以选择某个变量名,单击"更名"按钮修改变量名称后,再进行指定配对。本例中"员工序号"变量与"ID"变量进行配对,如图 3-21 所示。

图 3-20　"添加个案自……"对话框　　　　图 3-21　非成对变量配对

(6)单击"确定"按钮,即可实现"添加个案"的数据文件。实验结果如图 3-22 所示。

2.添加变量

这是指把一个外部文件中的若干变量添加到当前工作文件中。这相当于两个文件的"横向合并"。这种合并要求两个数据文件至少应具有一个共同的关键变量,而且这两个文件中的关键变量还具有一定数量的相等的个案数值。

(1)实现 SPSS 数据文件的横向合并应满足以下 3 个条件。

①两个数据文件必须至少有一个变量名相同的关键变量,如"姓名""序号"等,这个关键变量将作为两个数据文件横向对应拼接的依据,因此又被称为关键变量。

②两个数据文件必须事先按照关键变量进行升序排序或者多重升序排序。

③为了方便 SPSS 数据文件的横向合并,在不同数据文件中,数据含义不同的列、变量名也应以不同的名称命名。

(2)横向合并的操作步骤如下。

①准备工作。在 SPSS 25.0 中打开数据文件 3-1.sav 和数据文件 3-2.sav,执行"文件"—"打开"命令将数调入 SPSS 25.0 的工作文件窗口,并按照"年收入"升序排列。

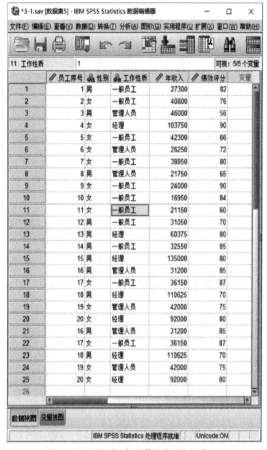

图 3-22 "添加个案"的数据文件

②选择"数据(D)"菜单下的"合并文件(G)"命令,单击"添加变量(V)"按钮,打开"变量添加至……"对话框,如图 3-23 所示。

③选择横向合并数据文件的方式。同样地,SPSS 提供了两种方式供用户选择。

一种是直接将已打开的数据文件合并,这样就无须将欲合并的数据文件的数据编辑窗口关闭。用户选中"打开的数据集"单选框,然后在下方的窗口中单击已打开数据文件的文件名即可。另一种是从外部的 SPSS 数据文件中合并,即选中"外部 SPSS Statistics 数据文件"后,单击"浏览"按钮,SPSS 将弹出"添加变量:读取文件"对话框。"添加变量:读取文件"对话框与打开数据文件的对话框相同。用户选中需要合并的数据文件,并单击"打开"按钮,即可返回"变量添加至……"对话框中。

④选定需要合并的数据文件后,单击"继续(C)"按钮,SPSS 将弹出"变量添加自……"对话框,如图 3-24 所示。

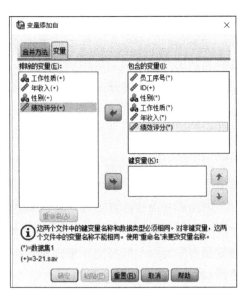

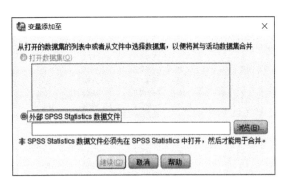

图 3-23 "变量添加至……"对话框　　图 3-24 "变量添加自……"对话框

"变量添加自……"对话框中,两个待合并的数据文件的所有变量将出现在"包含的变量(I)"列表框中,关键变量名将出现在"排除的变量(E)"列表框中。

在"包含的变量(I)"列表框中,所有的变量名后面会出现"＊"号或"＋"号。"＊"号表示该变量名是当前数据编辑窗口中的变量,"＋"号表示该变量名是用户指定合并的磁盘文件中的变量。SPSS 默认这些变量以原变量名称成为合并后新工作数据文件中的变量。如果用户不需要全部的原变量,则可以手工剔除变量:选中"包含的变量"列表框中的欲剔除的变量名,单击"❤"按钮,变量将进入"排除的变量(E)"列表框中。如果用户不满意原变量的名称,也可以选择某个变量名进入"排除的变量(E)"列表框后,单击"重命名"按钮修改变量名称,再单击"❤"按钮,将原变量以新的名字重新选回"包含的变量(I)"列表框中。

(3)合并方法。

①基于文件顺序的一对一合并变量:文件按照个案顺序匹配、合并变量,合并前提条件为两个文件已经排好顺序,文件中的个案顺序决定了个案的匹配方式。

②基于一个或多个键变量的值匹配个案:两个文件中存在具有相同名称和类型(字符串或数字)的一个或多个变量,具有相同名称和类型(字符串或数字)的变量可以被设置为"键变量",合并后的文件包含了两个文件中的所有键变量的键值。

③基于键值的一对多合并变量:一个文件包含个案数据,一个文件是查找表,来自查找表的个案与个案数据文件中具有匹配键值的个案合并,相同键值在个案数据文件中可以多次出现,查找表中的一个个案可以与个案数据文件中的多个个案合并。

(4)注意事项。

①个案数据文件中的所有个案都包含在合并文件中。

②如果查找表文件中的个案在个案数据文件中没有对应的具有匹配键值的个案,则不包含此类个案。

③查找表文件不能包含重复的键值。如果文件包含多个键变量,则键值是这些值的组合。

④选择完毕后,单击"确定"按钮,即可实现横向合并。

(五)数据分类汇总

数据分类汇总是按照用户指定的分类变量对个案进行分组,并对每组个案的各变量值计算指定的描述统计量(如求和、平均值等)。通过分类汇总,用户可以针对不同的组别了解每组的大致情况,并可以做出比较。

1.准备工作

在 SPSS 25.0 中打开数据文件 3-1. sav,执行"文件"—"打开"命令将数据调入 SPSS 25.0 的工作文件窗口,如图 3-9 所示。

2.数据汇总

(1)执行"数据(D)"—"汇总(A)"命令,打开"汇总数据"对话框,如图 3-25 所示。

对话框左边为源变量列表栏,右边为"分界变量(B)",它接纳在源变量列表框中选中的分组变量,分组变量可以是数值型变量也可以是字符型变量。"变量摘要(S)"栏对进入此栏的变量值按分组变量进行汇总。

(2)选择"分界变量(B)"与"变量摘要(S)"。本例中将"工作性质"移入"分界变量(B)","年收入"移入"变量摘要(S)"。

如果要改变系统默认的变量名,可以单击"变量名和标签"按钮。用户可以在对话框内输入汇总变量的名称和标签(见图 3-26),定义完毕后,单击"继续(C)"按钮,即可返回"汇总数据"对话框。

(3)选择函数。函数(F)用于定义汇总函数,计算指定的描述统计量。单击"函数(F)"按钮,弹出"汇总数据:汇总函数"对话框。SPSS 提供了 3 组函数,但每个汇总变量只能

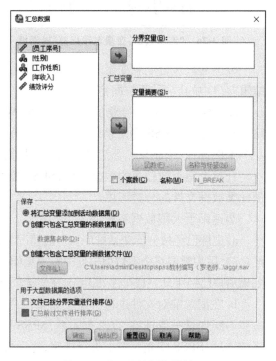

图 3-25　"汇总数据"对话框

选择一个描述统计量进行汇总。一般来说,第一组函数(摘要统计、特定值、个案数)最为常用,用户直接选中描述统计量对应的函数按钮即可。但用户如果选择第二组函数(百分比、分数、计数),用户除需选中选项外,还需在小窗口中输入需要统计的值、下限或上限的数值。进行汇总方式的选择后,单击"继续"按钮,即可返回"汇总数据"对话框。本例选择"年收入"中的均值选项,如图 3-27 所示。

(4)选择保存分类汇总的方式。分类汇总的结果既可以存入新数据文件,也可以替换当前数据文件。"汇总数据"对话框提供 3 种保存分类汇总结果的方式。

①保存。

a.将汇总变量添加到活动数据集(D):SPSS 将自动定义一个新变量,用以储存分类汇总的结果,新变量将自动添加到当前数据文件中。

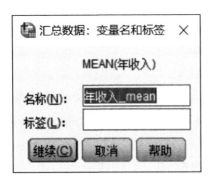

图 3-26　"汇总数据:变量名和标签"对话框　　　图 3-27　"汇总数据:汇总函数"对话框

b. 创建只包含汇总变量的新数据集(E):选中该选项,分类汇总的结果将覆盖当前数据编辑窗口中的数据,原数据将丢失。

c. 创建只包含汇总变量的新数据文件(W):可以单击"文件"按钮,指定汇总文件的保存路径和文件名,SPSS 将创建只包含汇总结果的新数据文件。

本例选择"创建只包含汇总变量的新数据文件(W)"选项。

针对个案个数较多的数据文件,SPSS 提供了"适用于大型数据集选项"栏(复选项),方便此类数据文件的分类汇总。

②适用于大型数据集选项。

a. 文件已经按分界变量排序。一般情况下,特别是个案个数较多的数据文件,在进行分类汇总前,用户需要将个案数据根据中断变量(即分组变量)进行排序,否则,分类汇总无法进行。如果用户已经手动完成排序,即可选择该选项,SPSS 将忽略排序的步骤,自动开始分类汇总。

b. 在汇总前对文件进行排序。如果用户选在"分类汇总"前,并未对数据文件中的数据按照中断变量进行排序,也没有关系,SPSS 提供了汇总之前先对文件进行排序的功能。选择该选项,SPSS 将先对数据进行排序,然后再进行分类汇总。

(5)选择完毕后,单击"确定"按钮,即可实现分类汇总。实验结果如图 3-28 所示。

图 3-28　工作性质分组的年收入均值

四、实验总结

"建立与编辑数据文件"的实验主要是 SPSS 软件中的"文件"与"数据"菜单部分功能的操作与应用,例如,建立数据文件、变量排序、选择个案、合并数据文件和数据分类汇总。因此,需要理解数值型变量与字符型变量的区别与应用,例如,数据分类汇总中的字符型变量只能作分类变量而不能成为汇总变量。合并数据文件中添加个案时,有时需要对变量进行配对处理等。

五、实验作业

[习题 3-1] 建立一个数据文件,记录你所在班级学生的下列情况:学号、姓名、年龄、籍贯、民族、家庭电话号码、出生年月日、评定成绩等级(优、良、中、合、差)等,给出正确的变量名、变量类型、标签及值标签、测度水平。

[习题 3-2] 某地区农科所为了研究该地区种植的两个小麦品种"中麦 9 号""豫展 1号"产量的差异,从该地区的两个村庄各选了 5 块田地,分别种植两个品种的小麦,使用相同的田间管理方法,收获后,测得各个地块生产的小麦的千粒重(克)数据资料如表 3-5 所示。

表 3-5 某地区小麦千粒重

| 序号(id) | 甲村 | | 序号(id) | 乙村 | |
	中麦 9 号/克	豫展 1 号/克		中麦 9 号/克	豫展 1 号/克
1	43.11	48.91	6	43.87	44.75
2	42.15	45.63	7	36.71	45.67
3	37.59	41.59	8	43.59	43.15
4	38.23	44.23	9	40.83	46.71
5	40.19	37.43	10	42.51	39.55

为了使用分类汇总命令,分别按照"小麦品种"和"村"对小麦的千粒重(克)进行分类汇总,试定义有关变量,并建立数据文件,完成分类汇总工作。

[习题 3-3] 某地 20 家企业年产值与年工资总额情况如表 3-6 所示。

表 3-6 某地 20 家企业年产值与年工资总额

序号(id)	部门	所有制类型	年产值/万元	职工人数/人	年工资总额/万元
1	工业	国有	2805.58	1235	812.63
2	交通	国有	1265.40	605	435.60
3	商业	集体	256.50	105	68.58
4	交通	个体	26.88	20	14.00
5	工业	集体	560.00	223	156.07
6	工业	国有	800.50	568	256.74
7	邮电通信	国有	2580.98	890	854.40

续　表

序号(id)	部门	所有制类型	年产值/万元	职工人数/人	年工资总额/万元
8	商业	个体	125.45	65	65.16
9	交通	个体	590.60	148	130.24
10	工业	国有	950.00	325	268.13
11	工业	集体	1556.00	485	394.20
12	交通	个体	950.00	354	257.90
13	工业	国有	335.00	105	82.43
14	工业	集体	2455.08	680	639.20
15	商业	股份制	1780.58	646	471.25
16	邮电通信	国有	2500.00	485	486.98
17	工业	国有	775.00	354	272.58
18	工业	股份制	3305.00	1015	912.00
19	商业	国有	498.08	202	139.20
20	交通	国有	965.58	246	159.95

根据上述资料建立数据文件,完成下列统计整理工作,并回答有关问题。

(1)调用"个案排序"命令分别对"年产值""职工人数""年工资总额"进行排序。许多 SPSS 文件中都定义一个表示观测量序号的 id 变量,按照自己的体会指出这个 id 变量的作用。

(2)调用"汇总"命令分别按"部门"和"所有制类型"作分类汇总。

[习题 3-4]　根据[习题 3-3]的数据文件进行"选择个案"实验练习,并回答下列问题。

(1)选择随机抽样方法,抽取约 30% 的个案作为样本,对此执行两次,所得到的样本是否相同?

(2)选择随机抽样方法,满足职工人数 300 人以上,观测值在 5~15 之间的样本。

第三节　数据加工

数据加工

一、实验目的

(1)理解 SPSS 内部函数的原理并加以应用。

(2)掌握数据转换菜单主要功能的操作与应用。

(3)熟练应用 SPSS 软件进行数据加工。

二、实验内容

浙江省 2000—2011 年生产总值与年末从业人数如表 3-7 所示,请进行以下实验。

表 3-7 浙江省 2000—2011 年生产总值与年末从业人数

年份	生产总值/亿元	年末从业人数/万人
2000	6141.03	2726.09
2001	6898.34	2796.65
2002	8003.67	2858.56
2003	9705.02	2918.74
2004	11648.70	2991.95
2005	13417.70	3100.76
2006	15718.47	3172.38
2007	18753.73	3405.01
2008	21462.69	3486.53
2009	22990.35	3591.98
2010	27722.31	3636.02
2011	32318.85	3674.11

三、实验步骤、实验结果与分析

（一）计算变量

应用"计算变量"菜单,计算人均生产总值,并计算从业人员人数大于 3000 万人的人均生产总值。

1.准备工作

在 SPSS 25.0 中打开数据文件 3-3.sav,执行"文件"菜单下的"打开"—"数据"命令,如图 3-29所示。

📄 数据文件 3-3

图 3-29 打开数据文件

2.打开"计算变量"对话框

执行"转换(T)"—"计算变量(C)"命令,打开"计算变量"对话框,如图 3-30 所示。

3.定义新变量及其类型

在"目标(T)"栏中定义目标变量。单击"类型和标签(L)"按钮,打开如图 3-31 所示的类型和标签对话框。

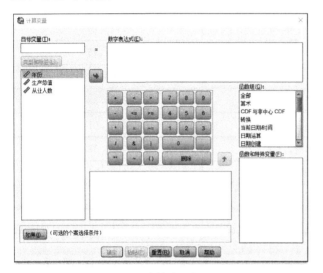

图 3-30 "计算变量"对话框

图 3-31 "计算变量:类型和标签"对话框

"计算变量:类型和标签"对话框提供了两种定义新变量标签的方法。

(1)标签(L):在框中给目标变量加注标签。

(2)将表达式用作标签(U):使用计算目标变量的表达式作为标签。

选择确定后,单击"继续(C)"按钮,返回主对话框。

4.输入计算表达式

使用计算器板或键盘将计算表达式输入"数字表达式(E)"栏中,表达式中需要的 SPSS 函数可从"函数(F)"栏中选择,通过双击鼠标左键或单击该栏上方的箭头按钮将选中者移入表达式栏。

本例将"生产总值/从业人数"输入"数字表达式"。实验结果如图 3-32 所示。

5.条件表达式(if…)及其对话框的使用

在"计算变量"对话框的左下方还有一个"如果(if)"按钮,单击该按钮,SPSS 将弹出"计算变量:if个案"对话框。在该对话框中,用户可以设定个案的条件,只有一部分满足某种条件的个案才能进行运算,而不满足条件的个案,其新变量值将显示为缺失。

本例中设定"从业人数≥3000"的条件,单击"继续(C)"按钮,即可返回"计算变量"对话框,如图 3-33 所示。

图 3-32 "人均生产总值"数据

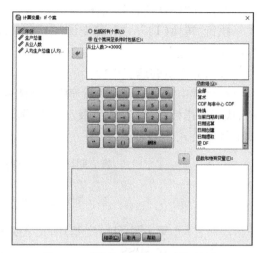

图 3-33 "计算变量:if 个案"对话框

在"计算变量"对话框中定义新变量和运算表达式后,单击"确定"按钮,即可生成新变量,完成数据转换。

6.生成新变量

单击"确定"按钮,即可生成新变量,实验结果如图 3-34 所示。

图 3-34 3000 及以上从业人数的人均生产总值

(三)环比发展速度与环比增长速度

应用"计算变量"菜单功能,计算"生产总值"的环比发展速度和环比增长速度。

1.准备工作

在 SPSS 25.0 中打开数据文件 3-3. sav,执行"文件"菜单下的"打开"—"数据"命令,如图 3-29所示。

2.打开"计算变量"对话框

执行"转换(T)"—"计算变量(C)"命令,打开"计算变量"对话框。"目标变量"栏中定义"cir_生产总值"。

3.计算变量的速度指标

统计学中定义的现象发展速度有环比发展速度和定基发展速度,如果 $X_i(i=0,1,2,\cdots,n)$,代表某指标在第 i 期的发展水平,即第 i 期的变量值,那么各环比发展速度和定基发展速度的计算公式分别为

$$第 i 期环比发展速度 = \frac{X_{i+1}}{X_i}, i=0,1,2,\cdots \tag{3-5}$$

$$第 i 期定基发展速度 = \frac{X_i}{X_0}, i=0,1,2,\cdots \tag{3-6}$$

$$第 i 期环比(定基)增长速度 = 第 i 期环比(定基)发展速度 - 1 \tag{3-7}$$

根据这些公式,在 SPSS 中可以按以下方法计算发展速度及增长速度。

在计算"生产总值"环比发展速度时,输入表达式:"(生产总值/LAG(生产总值))×100"。

表达式中使用了滞后函数 LAG(arg),这个函数的作用实际上是将各个案的数据按时间延迟一个时段,从显示屏显示相当于顺次向下移动一个单元格。因此,表达式"(生产总值/LAG(生产总值))×100"正好符合环比发展速度计算公式。表达式中乘以 100 是因为统计学要求速度指标需用百分比表示。

同理,在计算"生产总值"环比增长速度时,输入表达式:"(生产总值/LAG(生产总值))×100-100"。

4.生成新变量

单击"确定"按钮,即可生成新变量。实验结果如图 3-35 所示。

图 3-35 "生产总值"环比发展速度与环比增长速度

(三)变量重新编码

在统计分析中,经常会遇到为变量重新赋值或重新编码的问题。例如统计分组中,将年龄进行分组。"25 岁以下"的年龄赋予编码 1,"26~35 岁"的年龄赋予编码 2,"36~45 岁"年

龄赋予编码 3,"46 岁以上"的年龄赋予编码 4,那么年龄即被分为 4 个不同的组。从某种程度上来讲,编码可以作为分组的过程,一个组对应一个号码。

本例将"生产总值"重新编码:10000 亿元以下为 1,10001 亿~15000 亿元为 2,15001 亿~20000 亿元为 3,20001 亿~25000 亿元为 4,25001 亿~30000 亿元为 5,30001 亿~35000 亿元为 6,35001 亿元以上为 7。

1.准备工作

在 SPSS 25.0 中打开数据文件 3-3.sav,执行"文件"菜单下的"打开"—"数据"命令,如图 3-29所示。

2.打开"重新编码"对话框

执行"转换(T)"—"重新编码为相同的变量(S)"命令,另一个是"重新编码为不同变量(R)"命令。选择其中任意一个,打开"重新编码"对话框,如图 3-36 和图 3-37 所示。

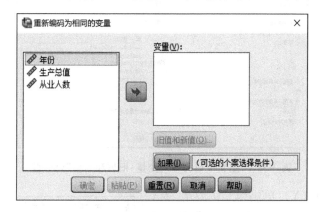

图 3-36　"重新编码为相同的变量"对话框

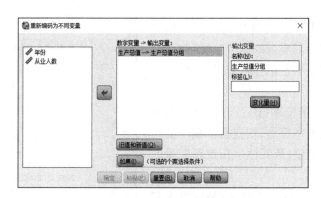

图 3-37　"重新编码为不同变量"对话框

这两个选项的对话框设置方法基本相同。不同点就是"重新编码为相同的变量"对话框中没有"输出变量"栏,从而不产生新变量,需要重新赋值的原变量的旧值将被指定的新值取代。本例仅以"重新编码为不同的变量"对话框说明,它将产生一个新的变量接纳原变量重新赋予的新值。

3.输出变量确定新变量名和标签

选择源变量列表中的"生产总值"变量移入该框中,栏标题改为"数字变量"—"输出变量",同时,输出栏被激活,在这里输出变量"生产总值分组",确定新变量和标签。

4.确定赋值条件

单击"如果"按钮,打开"如果"对话框,确定赋值条件。

5.设置旧值和新值

单击"旧值和新值"按钮,打开如图 3-38 所示的新旧变量对话框。在"旧值"栏中选中一选项,将原变量的有效值或原值的范围输入被激活的矩形框,在"新值"栏中,可以对将要赋给新变量的新值做出如下选择。

(1)在"新值"框里键入新值,单击"添加(A)"按钮到"旧—新(D)"显示框中,框里显示出"原值(原值的范围)—新值",如图 3-38 所示。

图 3-38 "重新编码为不同变量:旧值和新值"对话框

(2)系统缺失值(Y):单击"添加"按钮移入"旧—新"栏,表明原变量的旧值被定义为新变量的系统缺失值。

(3)复制旧值(P):表明在"旧值"栏中指定的原变量旧值仍作为新变量的值予以保留,而那些没有指定的值将不再包括在新变量的值之中,作为系统缺失值。

(4)输出变量为字符串(B):选择此项,无论原变量是数值型还是字符型,新变量都赋予值为字符型变量,并在"宽度(W)"框中指定新变量的宽度。

(5)将数字字符串转换为数字(M):当主对话框选择要重新赋值的变量为字符型变量时,这个选项才会被激活,它可以将数值作为字符串的字符型变量转换为数值型变量。

6.执行新值

各选项确定后,单击"继续(C)"按钮返回主对话框,单击"确定"执行原变量的重新赋值。实验结果如图 3-39 所示。

图 3-39 "生产总值"重新编码

个案排秩

（四）个案排秩

"秩"是数理统计学中的一个重要概念，是非参数统计中常用的统计量。个案的秩是将个案 $X_1, X_2, \cdots, X_n$ 按从小到大的次序或者从大到小的次序排列后，第 i 个个案 X_i 排在第 R_i 位上，就称 R_i 为 X_i 在个案 $X_1, X_2, \cdots, X_n$ 中的秩。

1. 准备工作

在 SPSS 25.0 中打开数据文件 3-3. sav，执行"文件"菜单下的"打开"—"数据"命令，如图 3-29 所示。

2. 打开"个案排轶"对话框

执行"转换(T)"—"个案排秩(K)"命令，打开"个案排秩"对话框。

3. 产生新的秩变量

从源变量清单中选择一个或几个变量至"变量(V)"框，将"生产总值"移到"变量(V)"栏，系统将对选中变量生成一个新的秩变量，它是在该变量的前面添加"r"而成，如图 3-40 所示。

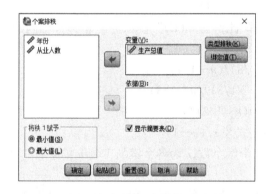

图 3-40　"个案排秩：变量(V)"对话框

4. 求秩顺序选择

将秩 1 指定给选项栏用于指定求秩顺序。

(1)最小值：从最小值开始按升序对个案排序。

(2)最大值：从最大值开始按降序对个案排序。

5. 秩类型选择

单击"类型排秩"按钮，打开"个案排秩：类型"对话框，如图 3-41 所示。

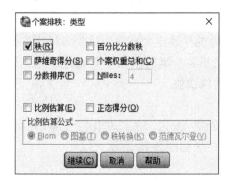

图 3-41　"个案排秩：类型"对话框

(1)类型排秩。

①秩(R):秩变量值为基本秩,系统默认选项。

②萨维奇得分(S):秩变量取值为根据指数分布得到的萨维奇得分。

③分数排秩(F):即小数秩,秩变量值为秩除以非缺失的个案权重之和的商。

④百分比分数秩:即百分秩,秩变量值为秩除以非缺失的个案权重之和的商乘以100后的值。

⑤个案权重总和(C):权重和,秩变量值为各个案权重之和。对同一分组中的所有个案,秩变量取值为一个常数。

⑥Ntiles:在矩形栏中填入一个大于1的整数,系统将按照输入的数值对个案做百分位数分组,新变量值为百分位数分组的组序号。例如,按系统默认的数4作百分位分组,一组大约包含了25%的观测值,各组中观测值的秩分别为所在组的组序号。

如果同时选择其中几个选项,系统将产生几个新变量,分别保存相应的各选项的不同类型的秩。

(2)比例估算(E)、正态得分(O)。

比例估算选项栏,选择"比例估算(E)"选项,并配合选择栏内的一种比例估计格式可以产生基于这些选项的相应秩。

①Blom:公式为$(r+3/8)/(n+1/4)$。

②图基(T):公式为$(r+1/3)/(n+1/3)$。

③秩转换(K):公式为$(r+1/2)/n$。

④范德瓦尔登(V):公式为$r/(n+1)$。

以上各公式中的n为个案个数,r为各个案从1到n排序后的秩。

6.绑定值处秩的确定

绑定值是指当两个或两个以上的数据相等时秩的处理方式。由于秩与数据排序是一一对应的,当数据相等时,它们对应的秩也相等。在"个案排秩:绑定值"对话框中,SPSS提供了以下4种处理相同秩的方式,如图3-42所示。

图3-42 "个案排秩:绑定值"对话框

(1)平均值(M):"绑定值"处的秩确定为排序后结处各秩的均值,这是系统默认的"绑定值"处的秩的处理方式。

(2)低(L):将"绑定值"处的秩确定为排序后结处各秩次序的最小值。

(3)高(H):将"绑定值"处的秩确定为排序后结处各秩次序的最大值。

(4)顺序秩到唯一值(S):指各个案的秩从1开始连续排列到不同的个案的个数,且"绑定值"处的秩取第一个出现的秩次值。

7.生成新变量

各选项确定之后,单击"确定"按钮。系统对指定变量、分组变量按所选选项计算秩,并产生新变量保存它们。实验结果如图3-43所示。

四、实验总结

"数据加工"实验主要是 SPSS 软件中的"转换"菜单部分功能的操作与应用,例如,计算变量、环比发展速度与环比增长速度、变量重新编码、个案排秩。因此,首先需要理解 SPSS 内部函数的含义,运用"计算变量"功能和调用 SPSS 内部函数计算算术函数、统计函数、概率函数值。其次,变量重新编码可以对连续型变量进行重新编码,以便变量分组或分类,从而进行数据分析。最后,理解"if"条件式在"计算变量"和"变量重新编码"功能中的原理、操作与应用。

五、实验作业

[习题 3-5] 1996—2011 年浙江省城镇单位在岗职工工资总额和在岗职工人数如表 3-8所示,建立数据文件,并使用 SPSS 的"计算变量"命令计算以下数据。

(1)人均平均工资。

(2)工资总额的环比发展速度与环比增长速度。

图 3-43　"生产总值"排秩

表 3-8　城镇单位在岗职工工资总额和在岗职工人数

年份	工资总额/亿元	城镇单位在岗职工人数/万人
1996	361.84	488.12
1997	402.01	479.38
1998	422.51	456.32
1999	456.04	428.93
2000	501.07	403.63
2001	589.48	373.80
2002	664.01	364.30
2003	797.54	382.46
2004	1016.42	439.99
2005	1311.93	513.03
2006	1591.84	577.44
2007	1937.41	627.93
2008	2359.05	690.87

续　表

年份	工资总额/亿元	城镇单位在岗职工人数/万人
2009	2752.31	736.01
2010	3305.34	796.37

[习题 3-6]　某地区农村家庭的户主年龄、文化程度、农业收入情况如表 3-9 所示,试分析并完成以下任务。

(1)建立相应的数据文件。

(2)对农业收入变量求秩,将秩值 1 赋给评分最高者,秩的处理方式为"低"。

(3)对文化程度为"初中"户主的农户,按户主年龄进行分组,分组标准为:25 岁以下、26~35 岁、36~45 岁、46~55 岁、56 岁以上。

表 3-9　家庭的户主年龄、文化程度与农业收入

序号	户主年龄/岁	文化程度	农业收入/(元/月)
1	49	小学	2500
2	65	小学	3000
3	60	高中及中专	5000
4	56	初中	2000
5	44	初中	3000
6	71	小学	1000
7	68	小学	3500
8	54	高中及中专	5000
9	48	初中	3000
10	32	高中及中专	8000
11	34	初中	7500
12	49	小学	1000
13	62	小学	1000
14	45	小学	2000
15	58	小学	1000
16	37	初中	2000
17	53	初中	1900
18	38	初中	1000
19	51	小学	1000
20	49	小学	2000

第四章　基本统计分析

- 掌握描述性统计分析、频数原理与实验方法
- 理解探索分析的原理与实验方法
- 掌握交叉列联表分析原理与实验方法
- 掌握实验结果的统计分析
- 了解基本统计分析在经济管理数据分析中的应用

用 SPSS 处理数据后的基本输出结果是各种统计量和统计图表,研究者分析与得出结论均建立在这些基本输出结果的基础上。对数据进行基本统计分析,是对其进行深入细致的统计分析的基础和前提。对基本统计量和基本统计图表的熟练掌握和运用,是 SPSS 软件使用者的基本功。本章介绍最基本的统计量、统计分析方法和统计图。

🔖 何为统计量

第一节　知识准备

一、频数分析定义与基本要求

（一）频数定义

频数(frequency),又称次数,是同一数据或同一事件出现的次数。

（二）频数分析基本要求

频数分析可以用来考察数据值的分布状况,即变量取值的分布情况,使研究者对所研究随机的变量的变化特征有更加深入的了解。要求明晰频率的概念、频数分布表和频数分布图的概念、SPSS 频率(频数)分析的操作及输出结果解读。

描述统计与
推论统计

二、描述性统计分析

数理统计的基本统计量包括描述数据集中趋势的统计量(均值及标准误、中位数和众数)、描述数据离散趋势的统计量(全距方差及最大和最小值、标准差)和描述数据分布状况的统计量(峰度、偏度和分位数)。有了这些基本统计量,研究者就掌握了数据的基本特征。通过这些基本统计量对数据进行基础统计分析后,研究者可以明确对数据做进一步分析的方向。

(一)基本统计量

1. 均值、中位数和众数

(1)均值(mean)是总体或样本数据的平均值,表示总体或样本某个统计特性值的平均水平。在统计研究中,由于样本的均值是总体均值的无偏估计,因此,人们通常用样本的均值代表(推测)总体的均值。

虽然样本是从总体中抽取出来的,但由于抽样的随机性,从总体中进行 n 次抽样,得到的 n 个样本事实上是不完全相同的,它们的均值是有差异的。样本数据是总体数据集的一个随机子集,样本数据的均值与总体数据的均值是有差异的。

描述样本均值与总体均值平均差异的统计量是均值标准误差(standard error of mean, S. E. mean),简称标准误。

(2)中位数(median)是总体数据中大小处于中间位置的数值。中位数将总体数据分为个数相同的两个子集,一个子集中的数据的数值都比它大,另一个子集中数据的数值都比它小。它事实上是二分位数。总体数据个数(N)为奇数时,中位数是$(N+1)/2$ 位置上的那个数。总体数据个数为偶数时,中位数的值是第 $N/2$ 位置和第$(N+1)/2$ 位置上的两个数的值的平均值。

(3)众数(mode)是总体中出现频数最高的数,众数可以有多个。

均值、中位数和众数都是表示数据集中趋势的统计量。均值受到极端数据的影响,中位数和众数不受极端数据的影响。总体数据呈对称的钟形分布时,均值、中位数和众数相等。总体数据呈偏态钟形分布时,中位数在均值和众数之间;呈右偏态时,均值>中位数>众数;呈左偏态时,均值<中位数<众数。

2. 全距、方差和标准差

(1)全距(range)是数据中最大值与最小值之间的绝对差值,表示数据的分布范围。全距值是粗略地表示数据离散性的一个统计量。全距越大数据离散性越高,全距越小数据离散性越低。有些文献又称其为极差或范围。

设 R、X_{max} 和 X_{min} 分别为总体的全距、最大值和最小值,那么

$$R = X_{max} - X_{min} \qquad (4\text{-}1)$$

(2)方差(variance)是总体所有数据与其均值的差值的平方的平均值。

(3)标准差(standard deviation)是方差的平方根。

方差和标准差是数据离散程度的平均测度。

设 N、μ 和 σ 分别为总体包含的个案数、均值和标准差,n、$\bar{x}$ 和 s 分别为样本的容量、均值和标准差,那么

$$\text{总体方差:} \sigma^2 = \frac{\sum(x_i - \mu)^2}{N} \tag{4-2}$$

$$\text{总体标准差:} \sigma = \sqrt{\sigma^2} \tag{4-3}$$

$$\text{样本方差:} s^2 = \frac{\sum(x_i - \bar{x})^2}{n-1} \tag{4-4}$$

$$\text{样本标准差:} s = \sqrt{s^2} \tag{4-5}$$

3.峰度与偏度

(1)峰度(kurtosis)是描述总体数据分布形态与正态分布形态相比较的陡平程度的统计量。峰度值等于 0 表明总体分布形态与正态分布形态陡平程度相同,大于 0 表明总体分布形态比正态分布形态更加陡峭,小于 0 表明总体分布形态比正态分布形态更加平缓。峰度的绝对值越大,表明总体分布形态的陡平性偏离正态分布形态越大。

$$\text{kurtosis} = \frac{1}{n-1}\sum_{i=1}^{n}(x_i - \bar{x})^4/\text{SD}^4 - 3 \tag{4-6}$$

(2)偏度(skewness)是描述总体分布形态对称性的统计量。偏度值等于 0 表明总体分布形态与正态分布形态呈现同样的对称性,大于 0 表明总体分布形态向右偏离正态分布形态,小于 0 表明总体分布形态向左偏离正态分布形态。偏度的绝对值越大,表明总体分布形态的对称性偏离正态分布形态越大。

$$\text{skewness} = \frac{1}{n-1}\sum_{i=1}^{n}(x_i - \bar{x})^3/\text{SD}^3 \tag{4-7}$$

4.四分位数、十分位数和百分位数

(1)四分位数(quartiles)是将全部数据按升序或降序分为四等份的 3 个数:q_1(第一四分位数)、q_2(第二四分位数,中位数)和 q_3(第三四分位数)。q_1 到 q_3 的距离称作四分位差。四分位差越大表明中间部分数据的离散性越大,四分位差越小表明中间部分数据的集中性越好。

(2)十分位数(deciles)是将全部数据按升序或降序分为十等份的九个数:$d_1, d_2, \cdots, d_9$。

(3)百分位数(percentiles)是将全部数据按升序或降序分为 100 等份的 99 个数:$p_1, p_2, \cdots, p_{99}$。

通过分位数可以判断数据在各区间内分布的情况。

(二)描述统计

数据描述统计是对数据进行基本分析,从总体上把握数据分布基本特征的统计方法。通常用均值及标准误、中位数、众数描述数据的集中趋势,用全距及最大值和最小值、方差、标准差描述数据的离散性,用峰度、偏度和分位数描述数据的分布情况。

三、茎叶图与箱图

SPSS 的数据探索通过绘制茎叶图和箱图,对数据的频数分布情况进行较为细致的考察,识别出极端值、界外值和奇异值,以及错误的数据,确定在对数据进行更为深入的分析前的处理方案;通过正态性检验,判断数据是否服从正态分布,以便决定是否使用只适用于服从正态分布的数据的分析方法;通过方差齐性

📖 茎叶图与箱图

检验,决定拒绝或不拒绝方差齐性假设,从而决定采用在方差齐性还是方差不齐性的假设条件下得出的数据处理结果。

四、交叉表

(一)交叉表(列联表)

考察数据在两个或两个以上的因素上的联合频数分布可使用二维交叉表或多维交叉表,还可以进一步对变量间的两两相关性进行分析。SPSS 交叉表分析相关性的方法涉及卡方统计检验、列联系数(contingency coefficient)和 ψ 系数(即 Phi and Crame's V,Phi 和克莱姆 V 系数)。

何为卡方分布

(二)卡方统计检验原理

1.定义

卡方统计检验,又称 χ^2 检验(chi-squared test)是一种常用于分类变量的假设检验。该方法主要用于两个或多个样本率或构成比的比较,此外也可以用于两变量间的关联性分析、频数分析的拟合优度检验。该检验以 χ^2 分布为理论依据,这一方法由统计学家卡尔·皮尔逊于 1900 年提出。

行×列表卡方检验是用来研究两个定类变量间是否独立,即是否存在某种关联性的方法。简单地说,假设两个变量是相互独立,互不关联的。通过构建行×列表 χ^2 统计量,对卡方值进行检验,如果卡方检验的结果不显著,则不能拒绝原假设,即两变量是相互独立、互不关联的;如果卡方检验的结果显著,则拒绝原假设,即两变量间存在某种关联。

2.行×列表的类型

行×列表的类型有以下几种。

(1)多个样本率比较时,有 R 行 2 列,称为 $R \times 2$ 表。

(2)两个样本的构成比比较时,有 2 行 C 列,称 $2 \times C$ 表。

(3)多个样本的构成比比较,或进行双向无序分类资料关联性检验时,有 R 行 C 列,称为 $R \times C$ 表。

(2)行×列表的 χ^2 检验统计量

行×列表的 χ^2 检验统计量由行×列表中的观测频数和期望(理论)频数组成。计算公式如下

$$\chi^2 = n\left[\sum \frac{(A-T)^2}{T}\right] \tag{4-8}$$

其中,自由度 $\nu = (行数-1)(列数-1)$,n_R 为行合计,n_C 为列合计,n 为样本数,理论频数 $T = \dfrac{行合计 \times 列合计}{总例数} = \dfrac{n_R n_C}{n}$。

3.行×列表相关系数

①列联系数用于名义变量之间的相关系数计算。

$$C = \sqrt{\frac{\chi^2}{\chi^2 + N}} \tag{4-9}$$

其中,χ^2 和 N 分别为卡方统计量和总体中的个数。

②ψ 系数用于名义变量之间的相关系数计算。

$$V = \sqrt{\frac{\chi^2}{N(K-1)}} \tag{4-10}$$

其中，χ^2、N 和 K 分别为卡方统计量、总体中的个数，以及行数与列数中较小的数。

（三）行列独立性检验步骤

1.提出原假设

H_0：行列独立；H_1：行列不独立。

2.构造检验统计量

设 A 为行列单元格的实际频数，T 为行列单元格理论（期望）频数，行×列表资料的 χ^2 检验统计量为

$$\chi^2 = n\left[\sum \frac{(A-T)^2}{T}\right] \tag{4-11}$$

其中，自由度 $\nu = （行数-1)(列数-1)$，n_R 为行合计，n_C 为列合计，n 为样本数，则理论频数 $T = \dfrac{行合计 \times 列合计}{总例数} = \dfrac{n_R n_C}{n}$。

3.计算检验统计量的观测值和伴随概率 p 值

SPSS 将自动计算 χ^2 统计量的观测值，并根据 χ^2 分布表给出相应的伴随概率 p 值（SPSS 用 Sig. 表示）。

4.给出显著性水平 α，检验判断

对给定的显著性水平 α，与检验统计量的随概率 p 进行比较。如果 p 值大于显著性水平 α，则接受原假设，认为行列独立；反之，如果 p 值小于显著性水平 α，则拒绝原假设，认为行列不独立。

第二节 基本统计分析

一、频数分析

一、实验目的

（1）了解变量取值（数据）的分布情况。

（2）判断样本的代表性及抽样的系统偏差。

（3）学习运用频数分析方法解决实际问题。

二、实验内容

运用数据文件 4-1. sav①，对机械厂各部门职工人数进行统计，输出频数

数据文件 4-1

① 相关数据参见郝黎仁，樊元，郝哲欧，等. SPSS 实用统计分析[M]. 北京：中国水利水电出版社，2003.

分布表和条形图。

三、实验步骤

(1)在 SPSS 25.0 中打开数据文件 4-1. sav。

(2)执行"分析(A)"—"描述统计(E)"—"频率(F)"命令,打开"频率"对话框,如图 4-1 所示。

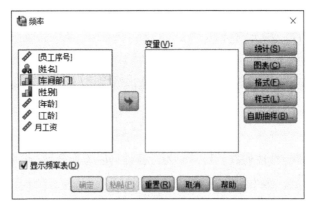

图 4-1 "频率"对话框

(3)在"频率"对话框中,从左边源变量列表中选择"车间部门"移入右边的"变量(V)"下面的空白框中;选择左下方的系统默认设置,在"显示频率表(D)"前面的方框中打"√",如图 4-2 所示。

(4)在"频率"对话框中点击"图表(C)"按钮,打开"频率:图表"对话框,在"图表类型"下的选项中选择"条形图(B)",在"图表值"下面的选项中选择系统默认设置"频率(F)",如图 4-3 所示。

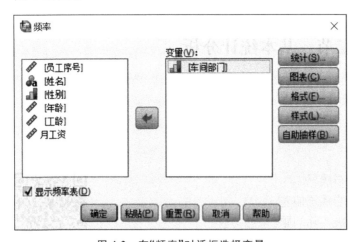

图 4-2 在"频率"对话框选择变量

图 4-3 "频率:图表"对话框

点击"继续(C)"按钮,返回"频率"对话框。

(5)在"频率"对话框中,单击"确定"按钮,提交系统运行。得到各部门职工人数统计的频数表和条形图。

四、实验结果与分析

实验结果如表 4-1、表 4-2 和图 4-4 所示。

表 4-1 车间部门统计量

有效性	个案个数
有效	429
缺失	0

表 4-2 各车间部门统计量

有效性	车间部门	频率	百分比/%	有效百分比/%	累计百分比/%
有效	行政管理机关	44	10.3	10.3	10.3
	机加工车间	126	29.4	29.4	39.6
	维修车间	58	13.5	13.5	53.1
	铸造车间	47	11.0	11.0	64.1
	装配车间	72	16.8	16.8	80.9
	动力车间	28	6.5	6.5	87.3
	精密铸造车间	21	4.8	4.8	92.2
	汽车队	10	2.3	2.3	94.5
	后勤	23	5.4	5.4	100.0
	合计	429	100.0	100.0	

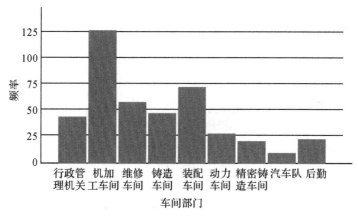

图 4-4 车间部门频数

五、实验总结

频数分析是对相同个案的数量或同一事件重复出现的次数进行分类统计的基本统计方法。运用频数分析，可以使研究者从总体上把握总体或样本中个案的分类或分组分布情况。

六、实验作业

[习题 4-1]　根据表 4-1、表 4-2 和图 4-4,对机械厂各部门职工人数进行统计分析。

[习题 4-2]　运用数据文件 4-1,先将职工月工资按 2400～3600 元、3601～4800 元、4801～6000 元、6001～6600 元分为 4 等,再运用频数分析方法对各工资等级中职工总人数、男职工人数和女职工人数进行统计分析。

二、描述性统计分析

描述性统计
分析

一、实验目的

(1)理解和掌握基本描述统计量的意义及其构造原理。

(2)熟悉基本描述统计量的类别及其对数据的描述功能。

(3)熟悉获得基本描述统计量的 SPSS 操作方法。

(4)学习运用基本描述统计量分析问题的一般规范。

二、实验内容

运用数据文件 4-1,对机械厂职工的基本数据进行描述分析,计算男女全体职工、男职工和女职工的月工资的情况,并按以下要求进行统计。

(1)均值及标准误、中位数和众数。

(2)全距及最大值和最小值、方差和标准差。

(3)峰度和偏度。

三、实验步骤

(1)在 SPSS 25.0 中打开数据文件 4-1.sav。

(2)执行"分析(A)"—"描述统计(E)"—"描述(D)"命令,打开"描述"对话框,如图 4-5 所示。

(3)在"描述"对话框中,从左边源变量列表中选择"月工资"移入右边的"变量(V)"框中,如图 4-6 所示。

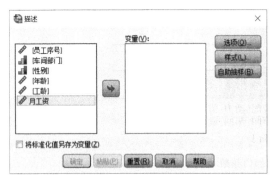

图 4-5　"描述"对话框

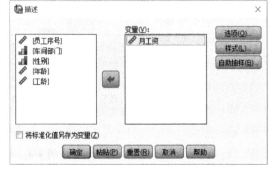

图 4-6　在"描述"对话框中选择变量

(4)点击"选项(O)"按钮,在"描述:选项"对话框中选择"平均值(M)"、"标准差(T)"、"方差(V)"、"范围(R)"、"最小值(N)"、"最大值(X)"、"标准误差平均值(E)"、"峰度(K)"和"偏度(W)",如图 4-7 所示。

单击"继续(C)"按钮,返回"描述"对话框。

（5）在"描述"对话框中单击"确定"按钮，提交系统运行。得到男女全体职工月工资的情况。

（6）对数据文件 4-1.sav 执行"数据（D）"—"选择个案（S）"命令，打开"选择个案"对话框，如图 4-8 所示。

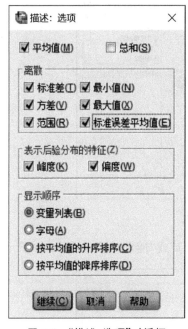

图 4-7　"描述：选项"对话框

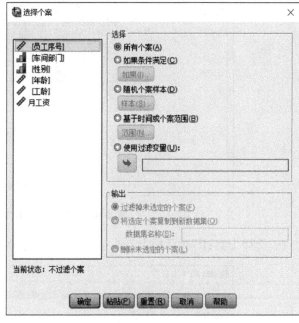

图 4-8　"选择个案"对话框

在"选择个案"对话框的"选择"栏中，选择"如果条件满足（C）"项目（见图 4-9），点击下面的"如果（I）"按钮，打开"选择个案：If"对话框，如图 4-10 所示。

图 4-9　"选择个案：选择"对话框

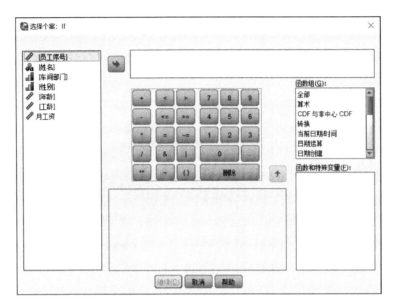

图 4-10 "选择个案:If"对话框

在"选择个案:If"对话框上方的空白框中,输入"性别＝1"或"性别＝0",如图 4-11 所示。

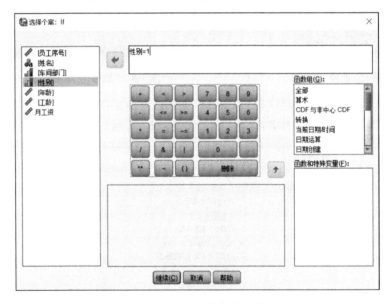

图 4-11 "选择个案:If"对话框(性别＝1)

在"选择个案:If"对话框(性别＝1)中,点击下方的"继续(C)"按钮,返回"选择个案"对话框,如图 4-12 所示。

图 4-12 "选择个案"对话框(性别＝1)

在图 4-12"选择个案"对话框的"输出"栏中,系统默认"过滤掉未选定的个案(F)",点击"确定"按钮,完成职工(个案)的性别选择。

执行上述(1)～(6)的步骤。分别得到男职工或女职工的月工资情况。

四、实验结果与分析

男女职工、男职工和女职工的月工资的情况(均值、全距、最大值、最小值、标准差、方差、峰度和偏度等),分别列于表 4-3、表 4-4 和表 4-5。

五、实验总结

描述统计通过对样本数据的集中趋势(均值及标准误、中位数、众数)、离散趋势(全距及最大值和最小值、方差、标准差)和分布形态(峰度、偏度、分位数)的分析,可以使研究者清晰地把握数据的分布特点。

六、实验作业

[习题 4-3] 根据实验结果表 4-4 与表 4-5,对男女职工的月工资情况进行比较分析。

[习题 4-4] 运用数据文件 4-1,对不同部门男、女职工的月工资情况进行描述统计和比较分析。

表 4-3　职工月工资描述统计

统计对象	均值 结果	均值 标准误差	N 结果	全距 结果	最小值 结果	最大值 结果	标准差 结果	方差 结果	偏度 结果	偏度 标准误差	峰度 结果	峰度 标准误差
月工资	4200	429	2400	6600	4158.80	46.681	966.873	934813.374	0.376	0.118	−0.671	0.235
有效个案数（成列）	429											

表 4-4　男职工月工资描述统计

统计对象	均值 结果	均值 标准误差	N 结果	全距 结果	最小值 结果	最大值 结果	标准差 结果	方差 结果	偏度 结果	偏度 标准误差	峰度 结果	峰度 标准误差
月工资	1200	301	2400	6600	4334.76	56.340	977.466	955139.716	0.186	0.140	−0.707	0.280
有效个案数（成列）	301											

表 4-5　女职工月工资描述统计

统计对象	均值 结果	均值 标准误差	N 结果	全距 结果	最小值 结果	最大值 结果	标准差 结果	方差 结果	偏度 结果	偏度 标准误差	峰度 结果	峰度 标准误差
月工资	3686	128	2400	6096	3745.00	71.129	804.728	617586.965	0.784	0.214	−0.129	0.425
有效个案数（成列）	128											

第三节 数据探索

📹 **数据探索**
分析

一、实验目的

(1)了解数据探索的功能与统计原理。

(2)掌握 SPSS 数据探索的操作方法。

(3)通过数据探索分析,了解数据分布基本特征,识别数据中的界外值和极端值。

二、实验内容

运用数据文件 4-1. sav,对机械厂男职工和女职工的工龄分布进行频数分析。对人数进行统计,输出频数分布表和条形图。

三、实验步骤

(1)在 SPSS 25.0 中打开数据文件 4-1. sav。

(2)执行"分析(A)"—"描述统计(E)"—"探索(E)"命令,打开"探索"对话框,如图 4-13 所示。

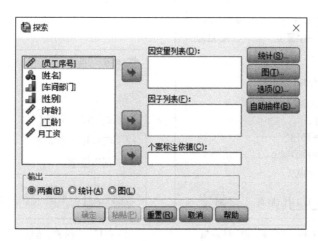

图 4-13 "探索"对话框

(3)在"探索"对话框中,从左边源变量列表中选择"工龄"、"性别"和"员工序号",分别移入右边的"因变量列表(D)"、"因子列表(F)"和"个案标注依据(C)"下面的空白框中;"输出"栏系统默认选择"两者(B)"选项,如图 4-14 所示。

(4)在"探索"对话框(变量移入)中点击"统计(S)"按钮,选择"探索:统计"对话框中的系统默认设置,如图 4-15 所示。点击"继续(C)"返回"探索"对话框(变量移入)。

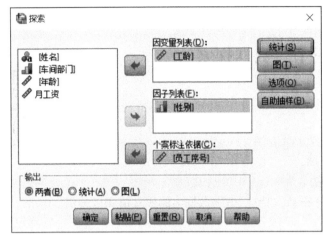

图 4-14 "探索"对话框(变量移入)   图 4-15 "探索:统计"对话框

(5)在"探索"对话框(变量移入)中点击"图(T)"按钮,选择"探索:图"对话框中的系统默认设置,如图 4-16 所示。点击"继续(C)"返回"探索"对话框(变量移入)。

(6)在"探索"对话框(变量移入)中点击"选项(O)"按钮,选择"探索:选项"对话框中的系统默认设置,如图 4-17 所示。点击"继续(C)"返回"探索"对话框(变量移入)。

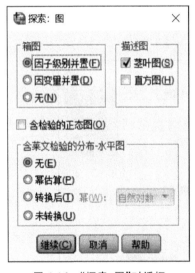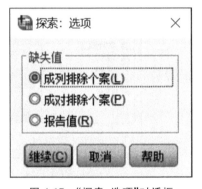

图 4-16 "探索:图"对话框   图 4-17 "探索:选项"对话框

(6)在"探索"对话框(变量移入)中,点击"确定"按钮,提交系统运行。得到男职工和女职工工龄分布的统计量和图(茎叶图和箱图)。

四、实验结果与分析

实验结果如表 4-6、图 4-18、图 4-19 和图 4-20 所示。

(一)描述性统计

不同性别的工龄描述如表 4-6 所示。

表 4-6　不同性别的工龄描述

性别	统计			标准误差
女	平均值		11.45	0.746
	平均值的 95% 置信区间	下限	9.97	
		上限	12.92	
	5% 剪除后平均值		10.82	
	中位数		10.00	
	全距		51	
	最大值		52	
	最小值		1	
	方差		71.273	
	标准误差		8.442	
	峰度		3.154	0.425
	偏度		1.245	0.214
	四分位距		13	
男	平均值		16.74	0.600
	平均值的 95% 置信区间	下限	15.56	
		上限	17.92	
	5% 剪除后平均值		16.19	
	中位数		17.00	
	全距		88	
	最大值		89	
	最小值		1	
	方差		108.333	
	标准误差		10.408	
	峰度		10.857	0.280
	偏度		1.907	0.140
	四分位距		12	

(二)茎叶图

男职工工龄茎叶图如图 4-18 所示。

性别＝男

频率	Stem & 叶
31.00	0.1111111111111111122222222222233334
37.00	0.5566666666666677777777777888888889999
60.00	1.00000000000011111112222222222222222222222222223333333333333333444
64.00	1.55555555555555555566667777777777788888888888889999999999999999999
58.00	2.00000000000000011111112222222222222222233333333333334444444
28.00	2.5555667777777777788888888999
12.00	3.000001222344
7.00	3.5566778
2.00	4.00
2.00	极值(＞＝80)
主干宽度：	10
每个叶：	1 个案

图 4-18　男职工工龄茎叶图

女职工工龄茎叶图如图 4-19 所示。

性别＝女

频率	Stem & 叶
14.00	0.11111111111111
9.00	0.222233333
13.00	0.4444455555555
13.00	0.6666777777777
11.00	0.88888888999
11.00	1.00000000111
14.00	1.22222222233333
5.00	1.44555
5.00	1.66667
12.00	1.888899999999
7.0	2.0001111
8.0	2.22222333
2.00	2.88
1.00	3
2.00	3.23
1.00	极值(＞＝52)
主干宽度：	10
每个叶：	1 个案

图 4-19　女职工工龄茎叶图

(三)箱图

男女职工工龄箱图如图 4-20 所示。

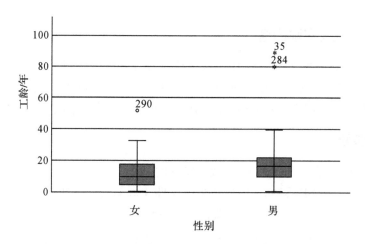

注:"。"表示离方框上下位的距离超过四分位数间距 1.5 倍的离群值。

"＊"表示离方框上下位的距离超过四分位数间距 3 倍的极值。

图 4-20　工龄箱图

五、实验总结

SPSS 的数据探索分析主要运用茎叶图和箱图,简明直观地表示总体或样本中种类别或分组中个案的分布频数。它能够帮助研究者把握数据的分布情况,发现数据的错误或异常情况。数据探索分析适用于个案数量不是很大的总体或样本的分析。

六、实验作业

[**习题 4-5**]　根据表 4-6、图 4-18、图 4-19 和图 4-20,对机械厂男职工和女职工的工龄分布进行分析。

[**习题 4-6**]　运用数据文件 4-1. sav,对机械厂各部门职工的工龄分布进行数据探索分析。

第四节　多维频数分析

一、实验目的

(1)了解交叉表的结构和用途,熟悉交叉表中行、列和层的意义和构造方法。

(2)熟练掌握 SPSS 交叉表分析的操作方法。

(3)学习运用交叉表进行联合频数分布分析。

🎬 交叉表分析

数据文件 4-2

二、实验内容

对数据文件 4-2[①]中的雇员薪金按 30000 美元以下、30001～50000 美元、50001～80000 美元、80001～100000 美元和 100001 美元以上的标准分为 5 级,用交叉表统计各薪级中不同性别和不同工作类别的雇员的数量。

三、实验步骤

行列独立性检验是由 SPSS 的交叉表来实现的。

(1)准备工作。在 SPSS 25.0 中打开数据文件 4-2. sav,通过选择"文件"—"打开"命令将数调入 SPSS 25.0 的工作文件窗口,如图 4-21 所示。

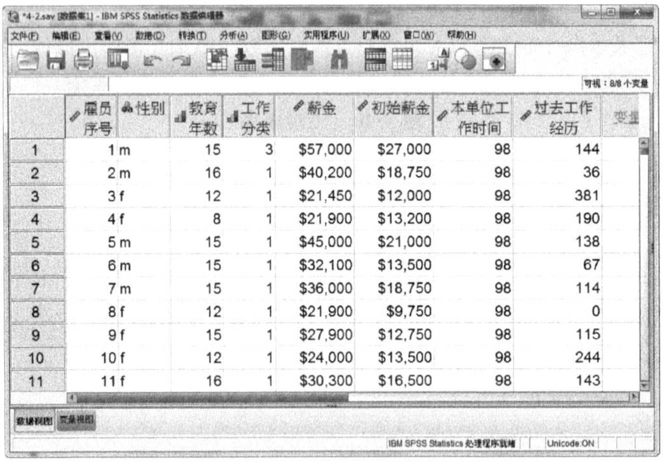

图 4-21　雇员薪金

(2)执行"转换(T)"—"重新编码为不同变量(R)"命令,打开"重新编码为不同变量"对话框,如图 4-22 所示。

图 4-22　"重新编码为不同变量"对话框

---

① 相关数据参见郝黎仁,樊元,郝哲欧,等. SPSS 实用统计分析[M].北京:中国水利水电出版社. 2003.

从"重新编码为不同变量"对话框的源变量列表中选择"薪金"移入"数字变量→输出变量"下面的空白框中;在"输出变量"栏下的"名称(N)"框中输入新变量名"薪金等级",点击"变化量(H)"按钮,如图 4-23 所示。

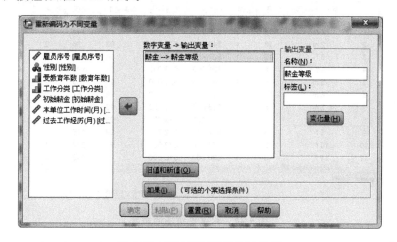

图 4-23　"输出变量"操作对话框

点击"旧值和新值(O)"按钮,打开"重新编码为不同变量:旧值和新值"对话框,如图 4-24所示。

图 4-24　"重新编码为不同变量:旧值和新值"对话框

在"重新编码为不同变量:旧值和新值"对话框中,在左边"旧值"栏中选择相应的选项,如"范围,从最低到值(G)",在下面的空白框中输入薪金 5 个等级区间相应的数字,如"30000",在右边"新值"栏下的"值(L)"后的空白框中输入对应的等级数字,如输入"1"后,点击"添加(A)"。

在"重新编码为不同变量:旧值和新值"对话框中,点击"继续(C)"按钮,返回"重新编码为不同变量"对话框。

在"重新编码为不同变量"对话框中,点击"确定"按钮,完成"薪金"变量向"薪金等级"变量的转换,如图 4-25 所示。

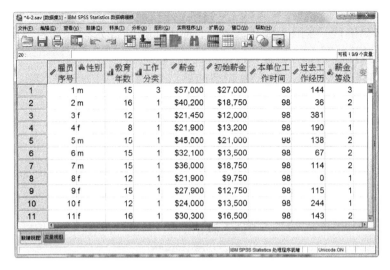

图 4-25 变量重新编码结果

（3）执行"分析（A）"—"描述统计（E）"—"交叉表（C）"命令，打开"交叉表"对话框，如图 4-26所示。

图 4-26 "交叉表"对话框

（4）在"交叉表"对话框中，从左边源变量列表中选择"工作分类"和"薪金等级"分别移入右边的"行（O）""列（C）"，如图 4-27 所示。

图 4-27 "交叉表"行列选择变量

(5)单击"统计(S)"选项,显示"交叉表:统计"对话框,如图 4-28 所示。

①"卡方(H)"选项。计算行列表的卡方检验值。

②"相关性(R)"选项。计算行、列变量的皮尔逊和斯皮尔曼相关系数。

③"名义"选项。

a. 列联系数(O):用于计算列联系数,其值为 0~1,表明列变量的相关强度。

b. Phi 和克莱姆 V:用于刻画相关性。Phi 系数基于卡方检验,其计算公式为

$$phi = \sqrt{\frac{\chi^2}{N}} \tag{4-12}$$

克莱姆系数 V 的计算公式为

$$V = \sqrt{\frac{\chi^2}{N(k-1)}} \tag{4-13}$$

图 4-28 "交叉表:统计"对话框

其中,k 为行变量、列变量水平数中较小的一个。

c. Lambda:反映由自变量预测因变量的效果,其值为 0~1。1 表示完全预测,0 表示完全不能预测。

d. 不确定性系数(U):不确定性系数,其值为 0~1,用于反映已知自变量后,因变量的不确定性下降的比例。

④"有序"选项。

a. Gamma:反映两个有序变量间的对称相关性,其值为 −1~1。当 Gamma 系数的绝对值接近 1 时,两个变量有很强的关联;当 Gamma 系数接近 0 时,两个变量关联很少或没有关联。在二维列联表中,显示 0 阶 Gamma 值;在高维列联表中,显示条件的 Gamma 值。

b. 萨默斯 d(S):该检验是 Gamma 检验的非对称推广,两者的不同之处仅在于根据自变

量配对的成对数据的含量。与 Gamma 检验一样，其值介于−1 到 1 之间。当其绝对值接近 1 时，两个变量有很强的关联；当值接近 0 时，两个变量关联很少或没有关联。

c.肯德尔 tau-b：对有序变量或秩变量相关性的非参数检验，把有相同值的也列入计算过程中。该系数的符号表明相关性的方向，绝对值表明相关性的大小。绝对值越大，相关性越大；绝对值越小，相关性越小。取值范围为−1~1，取 1 或−1 只有在正方形列联表中才有可能。

d.肯德尔 tau-c：该检验和肯德尔 tau-b 检验的不同点在于，该检验将相同的观测值从计算中剔除。取值范围为−1~1，符号表明相关性的方向，绝对值表明相关性的大小。绝对值越大，相关性越大；绝对值越小，相关性越小。取 1 或−1 只有在正方形列联表中才有可能。

⑤"按区间标定"选项。

该栏只有一个复选框 Eta，用于检验相关性，其值为 0~1，值为 0 表明没有相关性，值接近 1 表明有很强的相关性。该检验适用于因变量是区间变量（如收入），而自变量是取有限分类值（如性别）的相关性分析。有两个 Eta 值可用，一个适用于行变量是区间变量的情况，另一个适用于列变量是区间变量的情况。

⑥其他选项。

a.Kappa：即 Cohen's Kappa 系数（科恩的卡帕系数），用来检验内部一致性，即两个评估人对同一对象的评估是否具有一致性，其值为 0~1，1 表明两种评估完全一致，0 表明两种评估没有共同点。仅适用于两个变量使用同一个分类变量且分类值一样的情况。

b.风险(I)：用于检验某事件发生和某因子之间的关系。

c.麦克尼马尔(M)：两个相关的二值变量的非参数检验。

d.柯克兰和曼特尔–亨赛尔统计(A)：用于进行一个二值因素变量和一个二值相应变量的独立性检验和齐次性检验，在"检验一般比值比等于(T)"框中只能输入正数，系统默认值为 1。设置完毕后单击"继续(C)"按钮，返回"交叉表"对话框。

本例选择"卡方(H)"选项，其他为系统默认设置。

(6)单击"单元格"选项，显示"交叉表：单元格显示"对话框，如图 4-29 所示。

图 4-29　"交叉表：单元格显示"对话框

①"计数"选项。

a. 实测(O)：输出观测值的实际数量。

b. 期望(E)：表示行、列变量在统计上是独立的，或不相关的，将在单元格中输出期望值的数量。

c. 隐藏较小的计数(H)：表示可以设置小于某数的计数隐藏，以便于显示。

②"百分比"选项。

用于定义需要计算的百分比，包括行、列、总计百分比。

a. 行(R)：表示输出单元格中观测量的数目占整行全部观测量数目的百分比。

b. 列(C)：表示输出单元格中观测量的数目占整列全部观测量数目的百分比。

c. 总计(T)：表示输出单元格中观测量的数目占全部观测量数目的百分比。

③"Z-检验"选项。

比较列的比例(P)：可以调整文件列的比例。

④"残差"选项。

a. 未标准化(U)：表示计算非标准化残差，残差是观察值和期望值之差，由此可见，正的残差意味着行、列变量相互独立时，单元格中的观测值比应该出现的值要大。

b. 标准化(S)：表示计算标准化残差，即上述的残差除以标准差，其均值等于 0，标准差等于1。

c. 调整后标准化(A)：表示计算调整后残差。

⑤"非整数权重"选项。

当频数因为加权而变成小数时，在该选项组中对频数进行取整，包括以下 5 种取整方法。

a. 单元格计数四舍五入(N)：表示对频数进行四舍五入取整。

b. 个案权重四舍五入(W)：表示对加权样本在使用前进行四舍五入取整。

c. 截断单元格计数(L)：表示对频数进行舍位取整。

d. 截断个案权重(H)：表示对加权样本在使用前进行舍位取整。

e. 不调整(M)：表示不进行调整。

设置完毕后单击"继续(C)"按钮，返回"交叉表"对话框。

(7)单击"格式(F)"按钮，弹出"交叉表：表格式"对话框，如图 4-30 所示。

图 4-30　"交叉表：表格式"对话框

①升序(A):可以决定各行的排列顺序,"升序"项表示将各行变量值按升序排列。

②降序(D):表示将各行变量值按降序排列。

(8)其他系统默认设置,单击"继续(C)"按钮,返回"交叉表"对话框。结束所有相关设置后,单击"确定"按钮执行列联表分析。

四、实验结果与分析

表 4-7 给出了数据的基本统计量,个案有效值为 474,缺失值为 0。

表 4-7　统计摘要

统计对象	个案					
	有效		缺失		总计	
	个案	占比/%	个案	占比/%	个案	占比/%
工作分类×薪金等级	474	100	0	0	474	100

表 4-8 给出了数据的 2×2 列联表,显示了"工作分类"与"薪金等级"组合的实际频数。

表 4-8　计数列联表

工作分类	薪金等级					总计
	1	2	3	4	5	
职员	256	101	6	0	0	363
保管员	7	20	0	0	0	27
经理	0	19	52	9	4	84
总计	263	140	58	9	4	474

表 4-9 给出了占工作分类占比的 2×2 列联表,可以看出职员、保管员、经理在薪金等级的实际频率,总计为 100%。

表 4-9　"工作分类"占比的列联表

工作分类	工作分类占比/%					总计
	1	2	3	4	5	
职员	70.5	27.8	1.7	0	0	100.0
保管员	25.9	74.1	0	0	0	100.0
经理	0	22.6	61.9	10.7	4.8	100.0
总计	55.5	29.5	12.2	1.9	0.9	100.0

表 4-10 给出了占薪金等级百分比的 2×2 列联表,可以看出不同薪金等级由哪些工作分类组成及其实际频率,总计为 100%。

表 4-10 "薪金等级"占比的列联表

工作分类	薪金等级占比/%					总计
	1	2	3	4	5	
职员	97.3	72.1	10.3	0	0	76.6
保管员	2.7	14.3	0	0	0	5.7
经理	0	13.6	89.7	100.0	100.0	17.7
总计	100.0	100.0	100.0	100.0	100.0	100.0

表 4-11 给出了数据的卡方检验结果,计算的统计量主要包括皮尔逊卡方值、自由度、渐进显著性(双侧)、似然比、线性关联。

从表 4-11 可以看出,各种检验方法的显著性水平都远小于 0.05,拒绝原假设,即"薪金等级"与"工作分类"是相关的。

表 4-11 卡方检验结果

检验方法	值	自由度	渐进显著性(双侧)
皮尔逊卡方	351.750[①]	8	0
似然比	316.288	8	0
线性关联	267.098	1	0
有效个案数	474		

注:①表 4-10 中 6 个为 0 的单元格期望计数小于 5,最小期望计数为 0.23。

五、实验总结

(1)交叉表分析是对总体或样本中的个案,满足或具备两个或两个以上的条件的联合频数分析。它可以用于考察个案在多个因素(条件)上的分布情况,便于进一步分析样本中数据的相关性或因素的交互效应。

(2)行×列表卡方检验是用来研究两个定类变量间是否独立,即是否存在某种关联性的方法。通过计算行列单元格的实际频数[T 为行列单元格理论(期望)频数],构建行×列表资料的 χ^2 检验统计量,进行行列变量的独立性检验。

六、实验作业

[习题 4-7] 在 SPSS 25.0 中打开数据文件 4-2.sav,对性别、受教育程度、薪金等级进行交叉表分析。

(1)建立不同性别、不同受教育程度的薪金等级的列联表。

(2)分别分析性别与薪金等级、受教育程度与薪金等级是否独立。

第五章 参数检验

▶ **本章学习目标**

- 理解参数检验的基本思想与原理。
- 掌握参数检验的实验目的、实验内容和实验步骤。
- 掌握实验结果的统计分析。
- 了解参数检验在经济管理数据分析中的应用。

当总体数据无法全部收集到,或者在某些情况下虽然总体数据可以收集,但是很费时、费力而且花费很大时,人们就需要通过对样本数据的研究来推断总体的统计特征。对总体特征的推断一般包括参数估计和假设检验两大类,其核心原理基本类似。

假设检验是统计推断的重要组成部分之一,即利用样本信息来对总体特征进行某种推断。其基本原理是首先对总体参数值提出假设,然后从总体中随机抽取样本构造适当的统计量来检验提出的假设是否成立。如果样本数据不能充分证明和支持假设,则在一定的概率条件下,应拒绝该假设。相反,如果样本数据不能够充分证明和支持假设不成立,则不能推翻假设成立的合理性和真实性。假设检验推断过程所依据的基本原理是小概率事件,即发生概率很罕见的随机事件在某一次特定的试验中几乎是不可能发生的。假设检验包括一个总体参数的假设检验和两个总体的假设检验。

第一节 知识准备

🎥 单一样本
t 检验

📖 单一样本 t
检验注意事项

一、单一样本 t 检验基本原理

1. 单一样本 t 检验定义

单一样本 t 检验是检验某个总体均值和某指定值之间在统计上是否存在显著性差异,它是对总体均值的假设检验。

单一样本 t 检验要求样本来自服从正态分布的单总体,之所以称为 t 检验,是因为检验过程中构造统计量服从 t 分布,也称为单样本的平均值检验。

2.单一样本 t 检验基本原理和步骤

(1)提出原假设。$H_0:\mu = \mu_0$;$H_1:\mu \neq \mu_0$,μ_0 为检验值。即原假设为总体平均值与检验值之间不存在显著差异。

(2)选择检验统计量。当总体分布为正态分布 $N(\mu,\sigma^2)$ 时,样本均值 $\overline{X}$ 的抽样分布仍是正态分布,该正态分布的均值为 μ,方差为 $\dfrac{\sigma^2}{n}$,其中 μ 为总体均值,σ^2 为总体方差,n 为样本容量。总体分布不服从正态分布时,当样本容量 n 较大时,由中心极限定理可知样本均值也近似服从正态分布。当总体方差已知时,可构造 Z 统计量

$$Z = \frac{\overline{X}-\mu}{\sqrt{\dfrac{\sigma^2}{n}}} \tag{5-1}$$

Z 统计量服从标准正态分布。当总体方差未知时,用样本方差代替总体方差,可构造 t 统计量

$$t = \frac{\overline{X}-\mu}{\sqrt{\dfrac{s^2}{n}}} \tag{5-2}$$

其中 s^2 为样本方差。

用 μ_0 代换上面公式中的 μ,t 统计量服从自由度为 $n-1$ 的 t 分布。单一样本 t 检验的检验统计量即为 t 统计量。

(3)计算检验统计量的观测值和伴随概率 p 值。SPSS 会根据样本信息自动计算出 t 统计量的观测值,并根据 t 分布表给出相应的伴随概率 p 值。

(4)给出显著性水平 α,并做出判断。对给定的显著性水平 α,与检验统计量相对应的 p 值进行比较。如果 p 值小于显著性水平 α,则拒绝原假设,认为总体均值与检验值之间存在显著差异;反之,如果 p 值大于显著性水平 α,则不能拒绝原假设,认为总体均值与检验值之间无显著性差异。

二、两独立样本 t 检验基本原理

(一)两独立样本 t 检验定义

所谓两独立样本是指两个样本之间彼此独立没有任何关联,两个独立样本各自接受相同的测量。两独立样本 t 检验是利用来自两个总体的独立样本,推断两个总体的均值是否存在显著差异的方法。

两独立样本 t
检验适用条件

(二)两独立样本 t 检验前提条件

第一,两个样本应该是互相独立的,即从一个总体中抽取的样本对从另外一个总体中抽取的样本没有任何影响,两组样本个案数目可以不同,个案顺序可以随意调整。

第二,样本所在的两个总体应该服从正态分布。

(三)两独立样本 t 检验基本原理和步骤

1.提出原假设

$H_0:\mu_1 = \mu_2$;$H_1:\mu_1 \neq \mu_2$。即原假设为两总体平均值之间不存在显著性差异。独立样本

t 检验需要检验两样本平均值是否存在显著性差异。

2. 构造检验统计量

当两总体分布为正态分布分别为 $N(\mu_1, \sigma_1^2)$ 和 $N(\mu_2, \sigma_2^2)$ 时,样本均值差 $\overline{X}_1 - \overline{X}_2$ 的抽样分布仍是正态分布,该正态分布的均值为 $\mu_1 - \mu_2$,方差为 σ_{12}。

当两总体方差未知且相同的情况下,即 $\sigma_1^2 = \sigma_2^2$,采用合并的方差作为两个总体方差的估计值,即

$$S_p^2 = \frac{(n_1 - 1)S_1^2 + (n_2 - 1)S_2^2}{n_1 + n_2 - 1} \tag{5-3}$$

其中 S_1^2、S_2^2 分别为第一组和第二组样本的样本方差,n_1、n_2 分别为第一组和第二组的样本容量。此时两样本均值差的抽样分布的方差 $\sigma_{12}^2 = \dfrac{S_p^2}{n_1} + \dfrac{S_p^2}{n_2}$。构造的 t 统计量计算公式为

$$t = \frac{(\overline{X}_1 - \overline{X}_2) - (\mu_1 - \mu_2)}{\sqrt{\dfrac{S_p^2}{n_1} + \dfrac{S_p^2}{n_2}}} \tag{5-4}$$

由于 $\mu_1 - \mu_2 = 0$(原假设),所以可以略去。这里的 t 统计量服从自由度为 $n_1 + n_2 - 2$ 的 t 分布。

在两总体方差未知且不同的情况下,即 $\sigma_1^2 \neq \sigma_2^2$,分别用样本方差代替总体方差。定义 t 统计量的计算公式为

$$t = \frac{(\overline{X}_1 - \overline{X}_2) - (\mu_1 - \mu_2)}{\sqrt{\dfrac{S_1^2}{n_1} + \dfrac{S_2^2}{n_2}}} \tag{5-5}$$

$\mu_1 - \mu_2 = 0$ 同样可以略去。这时 t 统计量仍然服从 t 分布,但自由度采用修正的自由度

$$f = \frac{\dfrac{S_1^2}{n_1} + \dfrac{S_2^2}{n_2}}{\dfrac{\left(\dfrac{S_1^2}{n_1}\right)^2}{n_1} + \dfrac{\left(\dfrac{S_2^2}{n_2}\right)^2}{n_2}} \tag{5-6}$$

由此可见,两总体的方差是否相等是决定抽样分布方差的关键,SPSS 采用莱文方差齐性检验 F 统计量检验两总体方差是否相等。首先计算两个样本的均值,计算每个样本和本组样本均值的差,并取绝对值,得到两组绝对差值序列。然后应用单因素方差分析方法,判断这两组绝对差值序列之间是否存在显著差异,即判断平均离差是否存在显著差异,从而间接判断两组方差是否存在显著差异。

3. 计算检验统计量的观测值和伴随概率 p 值

SPSS 会根据单因素分析的方法计算出 F 值和伴随概率 p 值,并根据样本信息自动计算出 t 统计量的观测值和对应的伴随概率 p 值。

4. 给出显著性水平 α,检验判断

①方差齐性检验:给定显著性水平以后,SPSS 会先利用 F 检验判断两总体的方差是否相等,并由此决定抽样分布方差和自由度的计算方法和计算结果。如果 F 检验统计量的伴随概率 p 值小于显著性水平 α,则拒绝两总体方差相等的原假设,认为两总体方差有显著差异;反之,伴随概率 p 值大于显著性水平 α,则不应拒绝两总体方差相等的原假设,认为两总体方差无显著差异。

②均值检验：如果 t 检验统计量的伴随概率 p 值大于显著性水平 α，则接受原假设，认为两总体均值不存在显著差异；反之，如果 p 值小于显著性水平 α，则拒绝原假设，认为两总体均值存在显著性差异。

莱文齐性方
差检验

三、两配对样本 t 检验基本原理

（一）两配对样本 t 检验定义

两配对样本 t 检验就是根据样本数据对样本来自的两配对总体均值是否有显著性差异进行推断。两配对样本 t 检验与单一样本 t 检验的差别之一就是要求样本是配对的。所谓配对样本可以是个案在"前""后"两种状态下某属性的两种不同特征，也可以是对某事物两个不同侧面或方面的描述。这时，抽样不是互相独立的，而是相互关联的。

两配对样本 t 检验一般用于同一研究对象或两配对对象两种不同处理的效果的比较，以及同一研究对象或两配对对象处理前后的效果比较。前者推断两种效果有无差别，后者推断某种处理是否有效。

两配对样本检验 t 验的前提条件

（二）两配对样本 t 检验前提条件

一是两个样本应是配对的，即两组样本的样本数必须相同。两组样本观测值的先后顺序是一一对应的，不能随意改变。

二是样本所在的两个总体应该服从正态分布。

两配对样本
t 检验

（三）两配对样本 t 检验基本原理和步骤

（1）提出原假设。

$H_0 : \mu_x - \mu_y = 0 ; H_1 : \mu_x - \mu_y \neq 0$。即原假设为总体平均值未发生显著变化。

（2）构造检验统计量。设 $(X_1, Y_1), (X_2, Y_2), \cdots, (X_n, Y_n)$ 为配对样本，差值 $d_i = X_i - Y_i, i = 1, 2, \cdots, n$。在原假设成立的条件下，差值来自总体 d 的平均值为零，配对样本 t 检验使用 t 统计量，构造的 t 统计量为

$$t = \frac{\overline{d} - (\mu_x - \mu_y)}{\sqrt{\dfrac{S^2}{n}}} \tag{5-7}$$

当 $\mu_x - \mu_y = 0$ 时，t 统计量服从自由度为 $n-1$ 的 t 分布。

可以看出，配对样本 t 检验是间接通过单样本 t 检验实现的，即最终转化成对差值序列总体均值是否显著为 0 的检验。

（3）计算检验统计量的观测值和伴随概率 p 值。SPSS 将自动计算 t 统计量的观测值，并根据 t 分布表给出相应的伴随概率 p 值。

（4）给出显著性水平 α，检验判断。对给定的显著性水平 α，与检验统计量的伴随概率 p 进行比较。如果 p 值大于显著性水平 α，则接受原假设，认为差值的总体均值与 0 无显著差别，即两总体的均值无显著差异；反之，p 值小于显著性水平 α，则拒绝原假设，认为差值的总体均值与 0 存在显著差异，即两总体的均值存在显著差异。

第二节 单一样本 *t* 检验

一、实验目的

(1)明确与单一样本 *t* 检验有关的概念。

(2)理解单一样本 *t* 检验的基本思想与原理。

(3)熟练掌握单一样本 *t* 检验的方法。

(4)能用 SPSS 软件进行单一样本 *t* 检验。

(5)培养运用单一样本 *t* 检验解决身边实际问题的能力。

二、实验内容

某省 2010 年 25 个旅游区的游客增长率、旅游投资、投资来源、投资类型、经济增长率如表 5-1 所示。试分析该省 2010 年旅游投资与 2009 年旅游投资的均值 1480 万元是否有显著性差异。

表 5-1 某省 2010 年 25 个旅游区游客相关数据

旅游区号	旅游投资/万元	投资来源	投资类型	游客增长率/%	经济增长率/%
1	1636	东部	餐饮	4.62	2.75
2	1465	西部	餐饮	3.35	2.50
3	1562	中部	景区设施	3.71	2.75
4	1564	东部	景区设施	3.55	2.00
5	1655	东部	景区设施	4.95	3.00
6	1350	中部	餐饮	2.76	1.25
7	1530	中部	餐饮	4.10	2.75
8	1520	中部	餐饮	3.20	1.75
9	1605	西部	景区设施	4.72	2.25
10	1530	东部	景区设施	3.20	1.75
11	1476	中部	景区设施	4.05	2.00
12	1575	中部	景区设施	4.33	2.25
13	1430	西部	餐饮	3.15	1.75
14	1499	西部	餐饮	3.39	2.25
15	1608	东部	餐饮	4.04	2.75

续　表

旅游区号	旅游投资/万元	投资来源	投资类型	游客增长率/%	经济增长率/%
16	1590	东部	餐饮	3.85	2.25
17	1582	东部	景区设施	3.75	2.00
18	1445	中部	景区设施	3.47	2.25
19	1546	中部	景区设施	3.95	2.50
20	1565	中部	餐饮	3.20	1.75
21	1351	中部	餐饮	3.20	1.75
22	1399	西部	餐饮	3.04	1.75
23	1497	西部	景区设施	3.10	1.50
24	1450	西部	景区设施	3.30	2.50
25	1485	中部	景区设施	3.72	2.25

三、实验步骤

单一样本 t 检验由 SPSS 25.0 的比较均值过程中的单样本 t 检验子过程实现。下面以案例说明单一样本 t 检验的单样本 t 检验子过程的基本操作步骤。

数据文件 5-1

(1)准备工作。在 SPSS 25.0 中打开数据文件 5-1. sav,通过选择"文件"—"打开"命令将数据调入 SPSS 25.0 的工作文件窗口,如图 5-1 所示。

图 5-1　某省 2010 年 25 个旅游区相关数据

(2)依次选择"分析(A)"—"比较平均值(M)"—"单样本 t 检验(S)"命令,打开 t 检验对话框,如图 5-2 所示。

图 5-2 选择"单样本 t 检验(S)"命令

(3)在如图 5-3 所示的单样本 t 检验对话框中,相关内容介绍如下。

①检验变量(T):用于选择所需检验的变量。

②检验值(V):用于输入检验值。

在图 5-3 对话框左端的变量列表中,将要检验的变量"旅游投资"添加到右边的"检验变量(T)"下的方框中,"检验值(V)"后面的文本框中输入"1480"。

(4)单击"选项(O)"按钮,出现如图 5-4 所示对话框,定义其他选项。

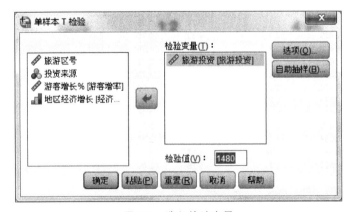

图 5-3 选入检验变量

图 5-4 置信区间与缺失值处理

该对话框指定置信区间和缺失值的处理方法。

①置信区间百分比(C)：显示平均数与检验值差值的置信区间，默认值为 95%，可输入 1～99 间的数值作为置信度。

②缺失值：当有多个检验变量中含有缺失值时，可以选择下面两种缺失值的处理方法。

a. 按具体分析排除个案(A)：剔除各分析中含有缺失值的个案，对于每个检验均使用所有有效个案(A)，各检验的样本数可能不同。

b. 成列排除个案(L)：剔除含有缺失值的全部个案，所有检验变量均为有效值的个案才参与分析，所有检验的样本数相等。

本例选择 SPSS 系统默认设置。

(5)单击"继续(C)"按钮，返回"单样本 t 检验"对话框，单击"确定"按钮，SPSS 自动完成计算。SPSS 结果输出窗口查看器就会给出所需的结果。

四、实验结果与分析

由表 5-2 和表 5-3 可以看出，25 个地区旅游投资的平均值为 1516.6 万元，标准差为 82.314，平均值标准误差为 16.463；本例中的检验值为 1480 万元，样本均值和检验值差为 36.60，差值的 95% 的置信区间为(2.62,70.58)，表示 95% 的样本差值在该区间。计算得到的 $t = 2.223$，相应的伴随概率 Sig. $= 0.036$，小于显著性水平 0.05，则拒绝原假设，可以认为该省 2010 年旅游投资与 2009 年旅游投资的均值 1480 万元相比较，有显著性差异。

表 5-2　单个样本统计量

统计对象	个案数	平均值	标准差	平均值标准误差
旅游投资	25	1516.60	82.314	16.463

表 5-3　单个样本检验

统计对象	检验值＝1480					
	t	自由度	Sig.（双尾）	平均值差值	差值 95% 置信区间	
					下限	上限
旅游投资	2.223	24	0.036	36.600	2.62	70.58

五、实验总结

(1)假设检验是关于总体参数的统计推断方法，原假设和备择假设在假设检验中的地位是不对称的。假设检验所构造的检验统计量的分布是基于原假设的，备择假设对立于原假设而设置，一般直观上被数据所支持。最终判断需要看检验统计量所取得的观测值，或更有利于备择假设值的概率而定，这个概率称为伴随概率 p 值。p 值越小就越有理由拒绝原假设。依据小概率原理进行假设检验是合理的，但有时会出现错误。如果原假设成立但被拒绝，被称为犯第一类错误；如果原假设不成立但被接受，被称为犯第二类错误。

(2)单一样本 t 检验的前提是样本所在的总体应该服从或近似服从正态分布，如果总体分布未知，则通常采用非参数检验的方法。严格来说，单一样本 t 检验都要对总体的正态性进行检验，判断总体是否服从正态分布。

数据文件 5-2

数据文件 5-3

六、实验作业

[习题 5-1] 某品牌洗衣粉生产过程中的设计重量为 500 克,低于这一重量被认为是不合格产品。随机抽取了 10 袋洗衣粉,经过测量得到洗衣粉的重量数据(基本数据见数据文件 5-2)。假定总体服从正态分布,显著性水平为 0.05,检验该样本结果能否表示该生产过程运作正常?

[习题 5-2] 我国 2011 年城镇单位就业人员年平均工资为 41047.1 元,浙江省 11 座城市城镇单位就业人员年平均工资见数据文件 5-3,假定总体服从正态分布,显著性水平为 0.05,检验浙江城镇单位就业人员年平均工资和全国年平均工资水平是否有显著性差异。

第三节 两独立样本 t 检验

一、实验目的

(1)明确与两独立样本 t 检验有关的概念。
(2)理解两独立样本 t 检验的基本思想与原理。
(3)熟练掌握两独立样本 t 检验的方法。
(4)能用 SPSS 软件进行两独立样本 t 检验。
(5)培养运用两独立样本 t 检验解决实际问题的能力。

二、实验内容

某省 2010 年 25 个旅游区的游客增长率、旅游投资、投资来源、投资类型、经济增长率如表 5-1 所示(基本数据见数据文件 5-1)。试分析该省 2010 年不同投资类型(餐饮、景区设置)所对应的旅游投资是否有显著性差异。

两独立样本 t 检验

三、实验步骤

两独立样本 t 检验由 SPSS 25.0 的比较均值过程中的独立样本 t 检验子过程实现。下面以案例说明两独立样本 t 检验的基本操作步骤。

(1)在 SPSS 25.0 中打开数据文件 5-1.sav,通过选择"文件"—"打开"命令将数据调入 SPSS 25.0 的工作文件窗口,如图 5-5 所示。

(2)选择"分析(A)"—"比较平均值(M)"—"独立样本 t 检验(T)"命令,打开对话框,如图 5-5 所示。

图 5-5 调入数据

（3）在如图 5-6 所示的"独立样本 t 检验"对话框中,相关内容介绍如下。

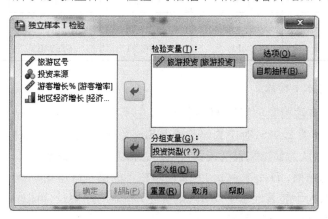

图 5-6 "独立样本 t 检验"对话框

①检验变量（T）:用于选择所需检验的变量。

②分组变量（G）:用于选择总体标识变量。

在"独立样本 t 检验"对话框左端的变量列表中将要检验的变量"旅游投资"添加到右边的"检验变量（T）"列表中;把标识变量"投资类型"移入"分组变量（G）"方框中。

（4）单击"定义组（D）"按钮定义两总体的标识值,显示如图 5-7所示对话框。

①使用指定值:表示分别输入对应两个不同总体的变量值（可以为小数）,在组 1 和组 2 后面的文本框中分别输入这两个值,含有其他数值的个案将不参与统计分析。对于短字符型分组变量,可输入相应的字符。

图 5-7 "定义组"对话框

②割点:输出一个数值,小于该值的个案对应一个总体,大于等于该值的个案对应另一个总体。

本例在"组 1"后面的文本框中输入"1",在"组 2"后面的文本框中输入"2",单击"继续(C)"按钮,返回"独立样本 t 检验"对话框。

(5)单击"选项"按钮定义其他选项,出现如图 5-8 所示对话框。

(6)单击"继续(C)"按钮,返回"独立样本 t 检验"对话框,单击"确定"按钮,SPSS 自动完成计算。SPSS 结果输出窗口查看器中就会给出所需要的结果。

图 5-8　置信区间与缺失值处理

四、实验结果与分析

(一)描述性统计分析

由表 5-4 可以看出,两种投资类型的旅游投资平均值分别为 1495.25 万元和 1536.31 万元,标准差分别为 97.488 和 62.950,平均值标准误差分别为 28.142 和 17.459。

表 5-4　描述性统计

投资类型		个案数	平均值	标准差	平均值标准误差
旅游投资	1	12	1495.25	97.488	28.142
	2	13	1536.31	62.950	17.459

(二)两独立样本 t 检验

首先进行方差齐性检验。假设 $H_0:\sigma_1^2 = \sigma_2^2$,由莱文方差齐性检验结果(见表 5-5 第二列和第三列)可知 F 值为 2.925,对应的伴随概率 Sig. 为 0.101,大于显著性水平 0.05,接受方差相等的假设,可以认为餐馆和景区设置投资的总体方差无显著差异。

其次,t 检验的结果,$H_0:\mu_1^2 = \mu_2^2$,由 t 检验栏下的第一行可知 $t = -1.261$,相应的伴随概率 Sig. $= 0.220$,大于显著性水平 0.05,则接受 t 检验的原假设,可以认为餐饮投资和景区设置投资的均值不存在显著性差异。

表 5-5　不同投资类型的旅游投资均值的 t 检验

统计对象	莱文方差齐性检验			平均值齐性 t 检验						
	方差类型	F	Sig.	t	自由度	Sig.(双尾)	平均值差值	标准误差差值	差值 95% 置信区间	
									下限	上限
旅游投资	假定等方差	2.925	0.101	-1.261	23.000	0.220	-41.058	32.554	-108.400	26.285
	不假定等方差			-1.240	18.575	0.231	-41.058	33.118	-110.482	28.367

五、实验总结

(1)两独立样本 t 检验要求两个样本是互相独立的,即从第一个总体中抽取的一组样本对从第二个总体中抽取的一组样本没有任何的影响,两组样本的样本容量可以不同,样本顺序可以随意调整。

(2)两独立样本 t 检验的前提是样本所在的两个总体服从或近似服从正态分布,如果总体分布未知,则通常采用非参数检验的方法。

(3)两总体方差是否相等是决定两独立样本 t 检验所采用的检验统计量的关键,在进行检验之前,必须通过有效的方法对两总体方差是否相等做出判断。

六、实验作业

[习题 5-3] 某日从两台机器加工的同一种零件中分别抽取 10 个和 9 个样品,测量其尺寸(单位:厘米)。

(1)甲机器:6.25,5.78,6.45,6.00,5.88,5.76,6.00,5.85,5.94,5.79。

(2)乙机器:6.08,6.25,5.94,5.94,5.79,6.03,5.85,6.10,5.93。

根据以往的经验,甲、乙机器生产的零件尺寸均服从正态分布。设显著性水平 $\alpha=0.05$,问两台机器生产的零件尺寸的均值有无显著差异? 使用两种方法定义变量,分别调用单一样本 t 检验和两独立样本 t 检验过程进行检验,总结两种检验的适用条件、输出结果的差异。

[习题 5-4] 分析某学院工商管理专业两个班级的"管理统计学"期末考试成绩。假定总体服从正态分布,显著性水平为 0.05,两个班级期末考试成绩有无显著差异(基本数据见数据文件 5-4)。

📄 数据文件 5-4

第四节 两配对样本 t 检验

一、实验目的

(1)明确两配对样本 t 检验有关的概念。

(2)理解两配对样本 t 检验的基本思想与原理。

(3)熟练掌握两配对样本 t 检验的方法。

(4)能用 SPSS 软件进行两配对样本 t 检验。

(5)培养运用两配对样本 t 检验解决身边实际问题的能力。

🎥 两配对样本
t 检验

二、实验内容

某公司采用问卷调查的方式,测量 20 个管理人员的素质,两套问卷的满分都是 200 分。两套问卷的测量结果如表 5-6 所示,请分析两套问卷所得的结果的平均值是否有显著差异。

表 5-6 问卷调查的配对数据

试卷编号	数 据									
卷 A	147	150	152	148	155	146	149	148	151	150
卷 B	146	151	154	147	152	147	148	146	152	150
卷 A	147	148	147	150	149	149	152	147	154	153
卷 B	146	146	148	153	147	146	148	149	152	150

三、实验步骤

两配对样本 t 检验由 SPSS 25.0 的比较均值过程中的配对样本 t 检验子过程实现。下面以案例说明两配对样本 t 检验过程的基本操作步骤。

(1)准备工作。用"卷 A 得分"表示问卷 A 的测量分数,用"卷 B 得分"表示问卷 B 的测量分数,录入数据。

(2)在 SPSS 25.0 中打开数据文件 5-5. sav,通过选择"文件"—"打开"命令将数据调入 SPSS 25.0 的工作文件窗口,如图 5-9 所示。

📄 数据文件 5-5

(3)选择"分析(A)"—"比较平均值(M)"—"成对样本 t 检验(P)"命令,打开对话框,如图 5-10 所示。

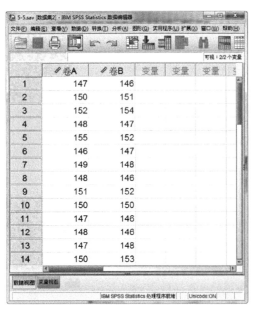

图 5-9 问卷调查数据文件

图 5-10 选择"成对样本 t 检验(P)"命令

(4)针对如图 5-11 所示的"成对样本 t 检验(P)"对话框,相关内容介绍如下。

配对变量(V):可以选择一对或若干对样本,对每对样本分别给出 1 个 t 检验的结果。

本例在"成对样本 t 检验"对话框左端的变量列表选中"卷 A",这时变量"卷 A"将出现在"配对变量(V)"框中的"变量 1"的下面;选中"卷 B",这时变量"卷 B"将出现在"配对变量(V)"框中的"变量 2"的下面,表示将这两个变量配对。也可以先在"成对样本 t 检验"对话框左端的变量列表选中"卷 A",再按住 Shift 键选中另外一个变量"卷 B",单击向右的箭头,将"卷 A"和"卷 B"移入"配对变量(V)"框。

(5)单击"选项"按钮定义其他选项,出现如图 5-12 所示对话框。

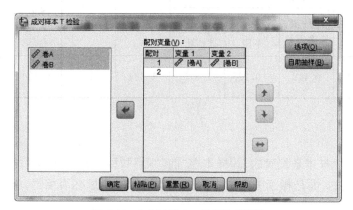

图 5-11　"成对样本 t 检验"对话框

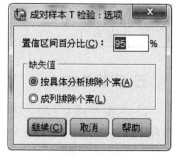

图 5-12　置信区间与缺失值处理

本例选择 SPSS 系统默认设置。

(7)单击"继续(C)"按钮,返回"成对样本 t 检验"对话框,单击"确定"按钮,SPSS 自动完成计算。SPSS 结果输出窗口查看器中就会给出所需要的结果。

四、实验结果与分析

(一)描述性统计分析

由表 5-7 可以看出,问卷 A 和问卷 B 测量的平均值分别为 149.60 和 148.90,标准差分别为 2.542 和 2.654,平均值标准误差分别为 0.568 和 0.593。

表 5-7　描述性统计

配对样本		平均值	个案数	标准差	平均值标准误差
配对 1	卷 A	149.60	20	2.542	0.568
	卷 B	148.90	20	2.654	0.593

(二)相关性分析

由表 5-8 可知,问卷 A 和问卷 B 的变量,两者的相关系数为 0.711,相应的 Sig. 值小于 0.05,很显著,相关程度较高。

表 5-8　变量测量的相关系数

配对样本		个案数	相关性	Sig.
配对　1	卷 A 和卷 B	20	0.711	0

(三)两配对样本 t 检验

表 5-9 为两配对样本 t 检验结果,可以看出,问卷 A 和问卷 B 得分的差值序列的平均值为 0.700,计算出的 t 值为 1.584,相应的伴随概率 Sig. 为 0.130,大于显著性水平 0.05,接受 t 检验的原假设,也就是问卷 A 和问卷 B 得分无显著性差异。

表 5-9　两配对样本 t 检验

配对样本		配对差值					t	自由度	Sig.（双尾）
		平均值	标准差	平均值标准误差	差值 95% 置信区间				
					下限	上限			
配对 1	卷 A - 卷 B	0.700	1.976	0.442	−0.225	1.625	1.584	19	0.130

五、实验总结

（1）两配对样本 t 检验要求两个样本是配对的，即样本在"前""后"两种状态下某属性的两种不同特征，抽样不是互相独立的，而是相互关联的。两组样本的样本容量必须相同，样本顺序不能随意调整。

（2）两配对样本 t 检验的前提是样本所在的两个总体服从或近似服从正态分布，如果总体分布未知，则通常采用非参数检验的方法。

（3）无论是单一样本 t 检验，还是两独立样本 t 检验，或是两配对样本 t 检验，主要分析思路都有许多共通之处。构造 t 统计量时，它们的分子都是均值差，分母都是抽样分布的标准差，只是独立样本 t 检验的抽样分布标准差与配对样本 t 检验的标准差不同。配对样本 t 检验能够对观测值自身的其他影响因素加以控制，比独立样本 t 检验更进了一步。

六、实验作业

［习题 5-5］　一工厂的两个化验员每天同时从工厂的冷却水中取样，测量一次水中的含氯量（ppm，每百万分之一），下面列出 10 天的记录。

（1）化验员 A：1.15，1.86，0.75，1.82，1.14，1.65，1.90，0.89，1.12，1.09。

（2）化验员 B：1.00，1.90，0.95，1.95，1.35，1.90，1.75，1.87，1.69，1.92。

设各化验员的化验结果服从正态分布，显著性水平 $\alpha=0.05$，分别应用两配对样本 t 检验和两独立样本 t 检验，检验两个化验员测量的结果之间是否有显著差异？总结两种检验的适用条件、输出结果的差异。

［习题 5-6］　调查了 10 名杭州居民 2010 年和 2011 年两年的收入（基本数据见数据文件 5-6），假定总体服从正态分布，显著性水平为 0.05，判断 2011 年杭州城镇居民收入是否有显著性增长。

数据文件 5-6

第六章　方差分析

▶ 本章学习目标

- 理解方差分析的基本思想与原理。
- 掌握单因素、双因素方差分析的实验目的、实验内容和实验步骤。
- 掌握实验结果的统计分析。
- 了解方差分析在经济管理数据分析中的应用。

　　方差分析是通过对各样本观测数据误差来源的分析来检验多组数据总体均值是否具有显著性差异的方法。换言之,方差分析是在多个可比较的数组中,把数组间的总的"变差"按各指定的变差来源进行分解的一种技术。而对变差的度量采用的是离差平方和,即从总离差平方和中分解出可追溯到指定来源的部分离差平方和。

　　从对观测变量的离差平方和分解入手,认为观测变量取值的变化受两类因素的影响:第一类是控制变量,即研究中人为施加的可控因素,该因素在样本中所有可能的水平都出现了,从样本的分析结果中就可以得知所有水平的状况,如促销过程中的不同促销手段;第二类是随机变量,即人为不可控的随机因素,该因素所有可能的取值在样本中没有都出现,是从总体中随机抽样而来的,若我们重复研究,则可能得到的因素水平会和现在完全不同,如从 600~700 个城市中随机抽取 30 个城市。

　　方差分析的基本思想是通过分析不同变量的变异对总变异的贡献大小,确定控制变量对研究结果影响的大小。如果控制变量的不同水平对观测变量产生了显著影响,那么,它和随机变量共同作用必然使观测变量值有显著变动;反之,如果控制变量不同水平没有对观测变量产生显著影响,那么,观测变量值的变动就不会明显地表现出来,其变动可以归结为随机变量影响所致。

📖 为什么要
用方差分析

　　方差分析的应用条件:(1)正态,即观测变量每组数据服从正态分布。(2)独立,即各组数据相互独立,各不相关。(3)方差齐性,即观测变量各组方差相等。根据控制变量的个数,可以将方差分析分为单因素方差分析和多因素方差分析。

第一节　知识准备

单因素方差分析

一、单因素方差分析基本原理

（一）单因素方差分析定义

单因素方差分析是测试某一个控制变量的不同水平是否给观测变量造成了显著性差异和变动，也称一维方差分析。可以进行两两组间均值的比较，即组间均值的多重比较，还可以对该因素的若干水平分组中那些不具有显著性差异的均值进行分析，即一致性子集检验。

（二）单因素方差分析基本原理

单因素方差分析实质上采用了统计推断的方法，由于方差分析有一个比较严格的前提条件，即在不同水平下，各总体均值服从方差相同的正态分布，因此方差分析问题就转换成研究不同水平下各个总体的均值是否有显著性差异的问题。方差分析的基本原理是基于离差分解的思想，整个样本的总体变异被分解为两部分，公式如下

$$总体离差(SS_T) = 组内离差(SS_E) + 组间离差(SS_A) \tag{6-1}$$

那么，上面的等式各项如何量化呢？在方差分析中，能够代表差异大小并用来进行差异分解的指标是离差平方和，总的离差程度即总体离差记为 SS_T。在构成总体离差的两项中，第一项是组内离差，代表各数据组内部的离差，该离差只反映了随机变量的影响，其大小可用各组的离差平方和之和 SS_E 表示；第二项是组间离差，代表各组均数间的差异，该离差反映了随机变量的影响与可能存在的控制变量的影响之和，其大小用组间离差平方和 SS_A 表示。

（1）总体离差 SS_T：每个样本数据 x_{ij} 与总体均值 $\bar{x}$ 的差异的计算方法如下

$$SS_T = \sum_{i=1}^{k} \sum_{j=1}^{n_i} (x_{ij} - \bar{x})^2 \tag{6-2}$$

其中，k 为控制变量的水平数，x_{ij} 为控制变量第 i 水平下第 j 个样本值，n_i 为控制变量第 i 个水平下的样本个数。

（2）组间离差 SS_A：即各水平组的样本均值 $\bar{x_i}$ 与总体均值 $\bar{x}$ 的差异的计算方法如下

$$SS_A = \sum_{i=1}^{k} n_i (\bar{x_i} - \bar{x})^2 \tag{6-3}$$

其中，k 为控制变量的水平数，n_i 为控制变量第 i 个水平下的样本个数，$\bar{x_i}$ 为控制变量第 i 水平下的样本均值。

（3）组内离差 SS_E：每个样本数据 x_{ij} 和该样本所在水平组均值 $\bar{x_i}$ 的差异的计算方法如下

$$SS_E = \sum_{i=1}^{k} \sum_{j=1}^{n_i} (x_{ij} - \bar{x_i})^2 \tag{6-4}$$

其中，k 为控制变量的水平数，n_i 为控制变量第 i 个水平下的样本个数，$\overline{x}_i$ 为控制变量第 i 水平下的样本均值。

可见，在总体离差中，如果组间离差所占比例较大，则说明观测变量的变动主要是由控制变量引起的，可由控制变量来解释，控制变量给观测变量带来了显著影响；如果组间离差和组内离差相差无几，则说明观测变量的变动主要是由随机因素引起的，控制变量没有给观测变量带来显著性影响。

（三）单因素方差分析基本步骤

1. 提出原假设

单因素方差分析的原假设 H_0 和备择假设 H_1 分别如下。

$H_0: \mu_1 = \mu_2 = \cdots = \mu_k$（控制变量不同水平均值均无显著性差异）。

$H_1: \mu_1, \mu_2, \cdots, \mu_k$ 不全相等（控制变量 k 个不同水平的均值不全相等）。

2. 选择检验统计量

方差分析采用的检验统计量是 F 统计量，数学定义如下

$$F = \frac{SS_A/(k-1)}{SS_E/(n-k)} = \frac{MSA}{MSE} \tag{6-5}$$

其中，n 为样本总容量，$k-1$ 和 $n-k$ 分别为 SS_A 和 SS_E 的自由度，MSA 是组间均方，MSE 为组内均方。在原假设成立时，F 值应服从自由度为 $k-1$ 和 $n-k$ 的中心 F 分布。

由 F 的计算公式可以看出，如果控制变量的不同水平对观测变量有显著影响，那么观测变量的组间离差平方和必然大，F 值也就大。反之，如果控制变量的不同水平没有对观测变量造成显著影响，那么，组内离差平方和影响就会必然大，F 值就比较小。

3. 计算检验统计量的观测值和伴随概率 p 值

SPSS 会自动计算出 F 统计量的观测值，并根据 F 分布表给出相应的伴随概率 p 值。

4. 给出显著性水平 α，检验判断

将检验统计量对应的 p 值与给定的显著性水平 α 进行比较。如果 p 值大于显著性水平 α，则接受原假设，认为控制变量不同水平下各总体均值无显著差异；反之，如果 p 值小于显著性水平 α，则拒绝原假设，认为控制变量不同水平下的总体均值不全相等。

（四）多重比较

当方差分析 F 检验否定了原假设，即认为至少有两个水平下的总体均值存在显著性差异时，须进一步确定到底是哪两个或哪几个总体均值存在显著性差异，则需要进行多重比较检验。多重比较是指全部观测值在 3 个或 3 个以上水平下均值之间进行的两两比较检验。

多重比较检验的原假设是：两水平下总体均值不存在显著性差异，表示为：$H_0: \mu_i = \mu_j$（第 i 个水平的总体均值与第 j 个水平的总体均值相等）。

对应地，我们有备择假设，表示为：$H_1: \mu_i \neq \mu_j$（第 i 个水平的总体均值与第 j 个水平的总体均值不相等）。

SPSS 提供了多种多重比较检验的方法，包括 LSD 法、Bonferroni 法、Tukey 法、Scheffe 法、S-N-K 法等。这里以 LSD 法为例进行介绍。

LSD（least significant difference）法被称为最小显著差异法，是最简单的比较方法之一，水平间的均值只要存在一定程度的微小差异就可能被检出来，因此认为 LSD 法是最灵敏的

方法。

LSD 法其实只是 t 检验的一个简单变形,并未对检验水准进行任何校准,只是在标准误的计算上充分利用了样本信息,为所有组的均值统一估计出一个更为稳健的标准误。LSD 法的检验统计量定义为

$$t = \frac{(\bar{x}_i - \bar{x}_j) - (\mu_i - \mu_j)}{\sqrt{\mathrm{MSE}\left(\frac{1}{n_i} + \frac{1}{n_j}\right)}} \tag{6-6}$$

其中,MSE 为观测值的组内方差,它利用了全部观测变量值,而非仅使用某两水平组的数据。t 统计量服从自由度为 $n - k$ 的 t 分布。

二、多因素方差分析基本原理

多因素方差分析的适用条件

(一)多因素方差分析定义

多因素方差分析用来研究两个及两个以上控制变量是否会对观测变量产生显著影响。多因素方差分析不仅能够分析多个控制变量对观测变量的独立影响,还能够分析多个控制变量的交互作用是否对观测变量的结果产生显著影响,进而找到有利于观测变量的最优组合。

(二)多因素方差分析基本原理

多因素方差分析中,观测变量取值的变动会受到控制变量独立作用、控制变量交互作用和随机变量三方面的影响。因此,多因素方差分析将样本的总体离差分解为三部分内容:控制变量独立作用引起的离差、控制变量间交互作用引起的离差和随机变量引起的离差。

这里,以两个控制变量 A 和 B 为例。

(1)总体离差 SS_T:每个样本数据 x_{ij} 与总体均值 $\bar{x}$ 的差异的计算方法如下

$$\mathrm{SS}_T = \sum_{i=1}^{k} \sum_{j=1}^{r} \sum_{t=1}^{n_{ij}} (x_{ijt} - \bar{x})^2 \tag{6-7}$$

其中,k 为控制变量 A 的水平数,r 为控制变量 B 的水平数,n_{ij} 为控制变量 A 第 i 水平和控制变量 B 第 j 个水平下的样本数,x_{ijt} 为控制变量 A 第 i 水平和控制变量 B 第 j 个水平下的第 t 个样本值,$\bar{x}$ 为样本均值。

(2)控制变量 A 的组间离差 SS_A 计算方法如下

$$\mathrm{SS}_A = \sum_{i=1}^{k} \sum_{j=1}^{r} n_{ij} (\bar{x}_i^A - \bar{x})^2 \tag{6-8}$$

其中,n_{ij} 为控制变量 A 第 i 水平和控制变量 B 第 j 个水平下的样本数,$\bar{x}_i^A$ 为控制变量 A 第 i 水平下观测变量的样本均值。

同样,控制变量 B 的组间离差 SS_B 的计算方法如下

$$\mathrm{SS}_B = \sum_{i=1}^{k} \sum_{j=1}^{r} n_{ij} (\bar{x}_j^B - \bar{x})^2 \tag{6-9}$$

其中,$\bar{x}_j^B$ 为控制变量 B 第 j 水平下观测变量的样本均值。

(3)随机变量引起的组内变异 SS_E 的计算方法如下

$$SS_E = \sum_{i=1}^{k} \sum_{j=1}^{r} \sum_{t=1}^{n_{ij}} (x_{ijt} - \overline{x}_{ij}^{AB})^2 \tag{6-10}$$

其中，$\overline{x}_{ij}^{AB}$ 为控制变量 A、B 在水平 i、j 水平下的样本均值。

(4)控制变量 A 和控制变量 B 间的交互作用 SS_{AB}：

$$SS_{AB} = I \sum_{i=1}^{k} \sum_{j=1}^{r} (x_{ij} - \overline{x}_i^A - \overline{x}_j^B + \overline{x})^2 \tag{6-11}$$

其中，I 为每个组合重复试验的次数，即每个交叉水平下均有 1 个样本。

综上，多因素方差分析的总离差分解为：

$$SS_T = SS_A + SS_B + SS_{AB} + SS_E \tag{6-12}$$

其中，SS_T 为总离差，SS_A、SS_B 分别为控制变量 A、B 独立引起的离差，SS_{AB} 为控制变量 A、B 交互作用引起的离差，SS_E 为随机因素引起的离差。通常，称 $SS_A + SS_B$ 为主效应，SS_{AB} 为多项交互效应，SS_E 为剩余部分。

同理，当控制变量拓展为 3 个时，观测变量的总离差可分解为

$$SS_T = SS_A + SS_B + SS_C + SS_{AB} + SS_{AC} + SS_{BC} + SS_{ABC} + SS_E \tag{6-13}$$

可见，在观测变量总离差平方和中，如果 SS_A 所占比例较大，则说明控制变量 A 是引起观测变量变动的主要因素之一，观测变量的变动可以部分地由控制变量 A 来解释；反之，如果 SS_A 所占比例较小，则说明控制变量 A 不是引起观测变量变动的主要因素，观测变量的变动无法由控制变量 A 来解释。对于 SS_B 和 SS_{AB} 也是同样道理。

(三)多因素方差分析基本步骤

1. 提出原假设

以两个控制变量 A 和 B 为例，双因素方差分析包含 3 个原假设，分别是：

原假设 $H_{01}: \mu_{i_1}^A = \mu_{i_2}^A$（控制变量 A 第 i_1 个水平和第 i_2 个水平的总体均值完全相等）；

原假设 $H_{02}: \mu_{j_1}^B = \mu_{j_2}^B$（控制变量 B 第 j_1 个水平和第 j_2 个水平的总体均值完全相等）；

原假设 $H_{03}: \gamma_{AB} = 0$（控制变量 A 和控制变量 B 交互效应为零）。

2. 选择检验统计量

多因素方差分析采用的检验统计量仍然是 F 统计量，定义为

$$F_A = \frac{SS_A/(k-1)}{SS_E/kr(n_{ij}-1)} = \frac{MS_A}{MS_E} \tag{6-14}$$

$$F_B = \frac{SS_B/(r-1)}{SS_E/kr(n_{ij}-1)} = \frac{MS_B}{MS_E} \tag{6-15}$$

$$F_{AB} = \frac{SS_{AB}/(k-1)(r-1)}{SS_E/kr(n_{ij}-1)} = \frac{MS_{AB}}{MS_E} \tag{6-16}$$

以上 3 个 F 统计量均服从 F 分布。

3. 计算检验统计量的观测值和伴随概率 p 值

SPSS 自动计算出 F 统计量的观测值，并根据 F 分布表给出相应的伴随概率 p 值。

4. 给出显著性水平 α，并做出判断

依次将各个检验统计量对应的 p 值与给定的显著性水平 α 进行比较。如果 F_A 的伴随概率 p 小于等于显著性水平 α，则应拒绝原假设，认为控制变量 A 不同水平下总体均值存在显著差异，即控制变量 A 的不同水平对观测变量产生了显著影响；如果 F_B 的伴随概率 p 小

于等于显著性水平 α，则拒绝原假设，认为控制变量 B 不同水平下总体均值存在显著差异，即控制变量 B 的不同水平对观测变量产生了显著影响；如果 F_{AB} 的伴随概率 p 小于等于显著性水平 α，则拒绝原假设，即控制变量 A 和控制变量 B 各个水平之间的相互作用对观测变量均值产生了显著影响；相反，则认为不同水平对结果没有显著影响。

三、协方差分析

(一) 协方差分析定义

协方差分析，是将回归分析同方差分析结合起来，以消除混杂因素的影响，对试验数据进行分析的一种分析方法。协方差分析一般研究、比较一个或者几个因素在不同水平上的差异，但观测量同时还会受到另一个难以控制的协变量的影响，在分析中剔除其影响，再分析各因素对观测变量的影响。

(二) 协方差分析基本原理

协方差分析中，在分析观测变量变差时，考虑了协变量的影响，认为观测变量的变动受控制变量的独立作用、控制变量的交互作用、协变量的作用和随机因素的作用 4 个方面的影响，并在扣除协变量的影响后，再分析控制变量对观测变量的影响。以单因素协方差分析为例，总的离差平方和表示为

$$SS_T = SS_A + SS_C + SS_E \tag{6-17}$$

其中，SS_T 为样本的总变异，SS_A 为控制变量 A 独立作用引起的变异，SS_C 为协变量 C 作用引起的变异，SS_E 为随机变量引起的变异。

(三) 协方差分析基本步骤

1. 提出原假设

H_0：协变量 C 对观测变量的线性影响不显著。

在协变量影响扣除的条件下，控制变量各水平下的观测变量的总体均值无显著性差异，控制变量各水平对观测变量的效应同时为零。

2. 选择检验统计量

协方差分析采用的检验统计量仍然是 F 统计量，它们是各均方与随机因素引起的均方之比。显而易见，如果相对于随机因素引起的变差，协变量带来的变差比例较大，即 F 值较大，则说明协变量是引起观测变量变动的主要因素之一，观测变量的变动可以部分地由协变量来线性解释；反之，如果相对于随机因素引起的变差，协变量带来的变差比例比较小，即 F 值较小，则说明协变量没有给观测变量带来显著的线性影响。在排除了协变量线性影响之后，控制变量对观测变量的影响分析与方差分析一样。

3. 计算检验统计量的观测值和伴随概率 p 值

SPSS 自动计算出 F 统计量的观测值，并根据 F 分布表给出相应的伴随概率 p 值。

4. 给出显著性水平 α，检验判断

依次将各个 F 检验统计量对应的 p 值与给定的显著性水平 α 进行比较。如果控制变量的 F 统计量所对应的伴随概率 p 小于等于显著性水平，则控制变量的不同水平对观测变量产生显著影响；如果协变量的 F 统计量所对应的伴随概率 p 小于等于显著性水平，则协变量的不同水平对观测变量会产生显著影响。

第二节　单因素方差分析

一、实验目的

(1)明确与单因素方差分析有关的概念。

(2)理解单因素方差分析的基本思想与原理。

(3)熟练掌握单因素方差分析的方法。

(4)能用 SPSS 软件进行单因素方差分析。

(5)培养运用单因素方差分析解决实际问题的能力。

二、实验内容

　　某省 2010 年 25 个旅游区的游客增长率、旅游投资、投资来源、投资类　📄 数据文件 6-1
型、经济增长率如表 6-1 所示(基本数据见数据文件 6-1)。试分析该省东部、中部、西部不同
地区的旅游投资的平均值是否存在显著性差异。

表 6-1　某省 2010 年 25 个旅游区相关数据

旅游区号	旅游投资/万元	投资来源	投资类型	游客增长率/%	经济增长率/%
1	1636	东部	餐饮	4.62	2.75
2	1465	西部	餐饮	3.35	2.50
3	1562	中部	景区设施	3.71	2.75
4	1564	东部	景区设施	3.55	2.00
5	1655	东部	景区设施	4.95	3.00
6	1350	中部	餐饮	2.76	1.25
7	1530	中部	餐饮	4.10	2.75
8	1520	中部	餐饮	3.20	1.75
9	1605	西部	景区设施	4.72	2.25
10	1530	东部	景区设施	3.20	1.75
11	1476	中部	景区设施	4.05	2.00
12	1575	中部	景区设施	4.33	2.25
13	1430	西部	餐饮	3.15	1.75
14	1499	西部	餐饮	3.39	2.25
15	1608	东部	餐饮	4.04	2.75
16	1590	东部	餐饮	3.85	2.25

续　表

旅游区号	旅游投资/万元	投资来源	投资类型	游客增长率/%	经济增长率/%
17	1582	东部	景区设施	3.75	2.00
18	1445	中部	景区设施	3.47	2.25
19	1546	中部	景区设施	3.95	2.50
20	1565	中部	餐饮	3.20	1.75
21	1351	中部	餐饮	3.20	1.75
22	1399	西部	餐饮	3.04	1.75
23	1497	西部	景区设施	3.10	1.50
24	1450	西部	景区设施	3.30	2.50
25	1485	中部	景区设施	3.72	2.25

三、实验步骤

单因素方差分析由 SPSS 25.0 的比较平均值过程中的单因素 ANOVA 检验子过程实现。下面以案例说明单因素方差分析的单因素 ANOVA 检验子过程的基本操作步骤。

(1)准备工作。在 SPSS 25.0 中打开数据文件 6-1. sav,通过选择"文件"—"打开"命令将数据调入 SPSS 25.0 的工作文件窗口,如图 6-1 所示。

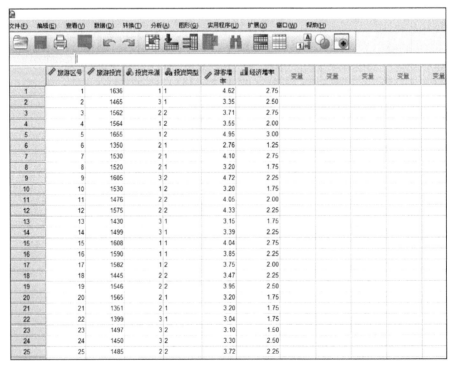

图 6-1　某省 2010 年 25 个旅游区相关数据

(2)依次选择"分析(A)"—"比较平均值(M)"—"单因素 ANOVA 检验"命令,打开"单因素方差分析"对话框,如图 6-2 所示。

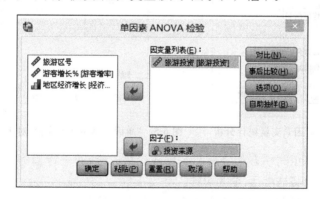

图 6-2 选择"单因素 ANOVA 检验"命令

(3)图 6-3 所示的"单因素 ANOVA 检验"对话框相关内容介绍如下。

①因变量列表(E):用于选择观测变量。

②因子(F):用于选择控制变量。控制变量有几个不同的取值就表示控制变量有几个水平。

本例在"单因素 ANOVA 检验"对话框左侧的变量列表中,将"旅游投资"变量添加到右边的"因变量列表(E)"中,将"投资来源"变量移入"因子(F)"框中。

图 6-3 "单因素 ANOVA 检验"对话框

(4)单击"选项(O)"按钮,出现如图 6-4 所示对话框,该对话框用来对方差分析的前提条件进行检验。方差分析的前提是各个水平下的总体服从方差相等的正态分布,其中对于方差相等的要求比较严格,因此必须对方差齐性进行检验。另外,该对话框还用来指定输出其他相关统计量和对缺失值进行处理。相关选项介绍如下。

①统计量框:用来指定输出相关统计量。

a.描述(D):输出观测变量的基本描述统计量,包括样本容量、平均数、标准差、均值的标准误差、最小值、最大值、95%的置信区间。

b.固定和随机效应(F):显示标准离差和误差检验。

c.方差齐性检验(H):计算莱文分组方差齐性检验的 F 统计量。SPSS 的运行结果中就会出现关于方差是否相等的检验结果和伴随概率。

d.布朗 福塞斯(B):输出分组均值相等的布朗-福塞斯统计量。

e.韦尔奇(W):维茨均值检验,输出分组均值相等的韦尔奇统计量。

②平均值图(M):表示输出各水平下观测变量均值的折线图。

③"缺失值"选框:提供了两种缺失值的处理方法。

a.按具体分析排除个案(A):剔除各分析中含有缺失值的个案。

b.成列排除个案(L):剔除含有缺失值的全部个案。

本例选择"描述(D)",以输出描述统计量;选择"方差齐性检验(H)",以输出方差齐性检验表;选择"平均值图(M)",以输出不同投资来源的旅游投资额的折线图。单击"继续(C)"按钮,返回"单因素 ANOVA 检验"对话框。

(5)单击"对比"按钮,出现如图 6-5 所示对话框,该对话框用来实现先验对比检验和趋势检验。相关选项如下。

图 6-4　单因素变量统计分析

图 6-5　"单因素 ANOVA 检验:对比"对话框

①多项式(P):将组间平方和分解为多项式趋势成分,即进行趋势检验。选中"多项式(P)"其后的灰度菜单将被激活,变为可选。

②等级(D):在下拉菜单中可以设定多项式趋势的形式,可选择线性、二次多项、三次多项、四次多项、五次多项式。

③对比:用来实现先验对比检验。

a.系数(O):为多项式指定各组均值的系数,因素变量有几组就输入几个系数。

b.系数总计:在大多数程序中系数的总和应该等于 0,否则会出现警告信息。

本例选择 SPSS 系统默认设置。单击"继续(C)"按钮,返回"单因素 ANOVA 检验"对话框。

(6)单击"事后比较(H)"按钮,出现如图6-6所示对话框,该对话框用来实现事后多重比较检验。相关选项如下。

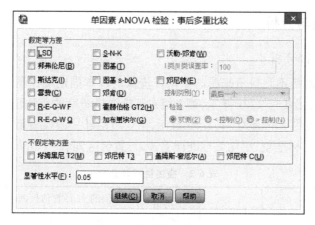

图 6-6　"单因素 ANOVA 检验:事后多重比较"对话框

①假定等方差:适合于各水平方差齐性的情况。在该条件下有 14 种比较均值的方法可供选择。

a. LSD:最小显著差异法,用 t 检验完成各组均值之间的两两比较。

b. 邦弗伦尼(B):修正最不显著差异法,用 t 检验完成各组均值之间的配对比较。

c. 斯达克(I):根据 t 统计量进行配对多重比较,调整多重比较显著性水平。

d. 雪费(C):对所有可能的组合进行同步进入的配对检验。

e. R-E-G-W F:即 Ryan-Einot-Gabriel-Welsch F 法,根据 F 检验的多重下降过程。

f. R-E-G-W Q:即 Ryan-Einot-Gabriel-Welsch Q 法,根据 Student 极差的多重下降过程。

g. S-N-K:Student-Newman-Keuls(施图登特-纽曼-科伊尔斯)法,用 Student 极差分布对所有均值进行配对检验。

h. 图基(T):可靠显著差异法,用 Student 极差统计量对所有组间进行配对比较。

i. 图基 s-b(K):用 Student 极差统计量对所有组间进行配对比较。

j. 邓肯(D):修复极差法,使用 S-N-K 检验进行逐步配对比较。

k. 霍赫伯格 GT2(H):使用 Student 最大模数的多重比较及极差检验。

l. 加布里埃尔(G):使用 Student 最大模数的多重比较试验。

m. 沃勒-邓肯(W):根据 t 统计量使用贝叶斯过程的多重比较试验。

n. 邓尼特(E):用配对多重比较 t 检验与一个对照组的均数进行比较。

②不假定等方差:适合于各水平方差不齐性的情况。共包含以下 4 种方法。

a. 塔姆黑尼 T2(M):根据 t 检验的保守配对比较。

b. 邓尼特 T3:根据 Student 最大模数的配对比较试验。

c. 盖姆斯-豪厄尔(A):即 Games-Howell 法,使用较为灵活。

d. 邓尼特 C(U):根据 Student 极差的配对检验。

③显著性水平:系统默认值为 0.05。

本例由于选择等方差,因此选择假定等方差栏下的 LSD 法、邦弗伦尼法、雪费法、S-N-K

法进行多重比较。单击"继续(C)"按钮,返回"单因素 ANOVA 检验"对话框。

(8)单击"确定"按钮,SPSS 自动完成计算。SPSS 结果输出窗口查看器中就会给出所需要的结果。

四、实验结果与分析

(一)描述性统计分析

由表 6-2 输出的是不同投资来源的旅游投资额的基本描述统计量及 95% 置信区间,可以看出,在 3 个分组下共有 25 个样本,第 1 组东部旅游投资额的平均值为 1595.00 万元,第 2 组中部旅游投资额的平均值为 1491.36 万元,第 3 组西部旅游投资额的平均值为 1477.86 万元。另外还给出了标准差、平均值标准误差、95% 置信区间、最小值与最大值等。

表 6-2　描述性统计分析

组别	个案数	平均值	标准差	平均值标准误差	平均值的 95% 置信区间		最小值	最大值
					下限	上限		
1	7	1595.00	42.485	16.058	1555.71	1634.29	1530	1655
2	11	1491.36	80.509	24.274	1437.28	1545.45	1350	1575
3	7	1477.86	66.369	25.085	1416.48	1539.24	1399	1605
总计	25	1516.60	82.314	16.463	1482.62	1550.58	1350	1655

(二)方差齐性检验

表 6-3 是单因素 ANOVA 检验的先验性分析,即方差齐性检验的结果。可以看出,基于平均值的首次莱文方差齐性检验的统计量值为 1.350,自由度 1、自由度 2 分别为 2、22,显著性为 0.280,大于显著性水平 0.05,接受方差齐性的原假设,因此可以认为不同地区旅游投资额的总体方差无显著性差异,满足方差分析的前提条件。

表 6-3　方差齐性检验

统计对象		莱文统计	自由度 1	自由度 2	Sig.
旅游投资	基于平均值	1.350	2	22	0.280
	基于中位数	0.821	2	22	0.453
	基于中位数并具有调整后自由度	0.821	2	17.812	0.456
	基于剪除后平均值	1.294	2	22	0.294

(三)方差分析

表 6-4 为方差分析表,可以看出,3 个组总的离差平方和 $SS_T = 162614.000$,其中控制变量不同水平造成的组间离差平方和 $SS_A = 60538.597$,随机变量造成的组内离差平方和 $SS_E = 102075.403$,方差检验统计量 $F = 6.524$,相应的显著性为 0.006,小于显著性水平 0.05,故拒绝原假设,认为不同地区旅游投资额总体均值存在显著性差异,3 个组中至少有一个组和其他两个组有明显区别,也有可能 3 个组之间都存在显著差别。

表 6-4　方差(ANOVA)分析表

统计类别	平方和	自由度	均方	F	显著性
组间	60538.597	2	30269.299	6.524	0.006
组内	102075.403	22	4639.791		
总计	162614.000	24			

(四)多重比较检验

表 6-5 输出的是雪费法、LSD 法、邦弗伦尼法多重比较检验的结果,可以看出第 1 组与第 2 组之间的伴随概率依次为 0.017,0.005,0.014,小于显著性水平 0.05,即第 1 组与第 2 组之间投资均值存在显著差别;第 1 组与第 3 组之间的伴随概率依次为 0.014,0.004,0.012,小于显著性水平 0.05,即第 1 组与第 3 组之间投资均值存在显著差别;第 2 组与第 3 组的伴随概率依次为 0.920,0.686,1.000,大于显著性水平 0.05,第 2 组与第 3 组投资均值不存在显著差别。3 种方法多重比较的结论相一致。

表 6-5　多重比较检验

检验方法	(I)投资来源	(J)投资来源	平均值差值(I-J)	标准误差	显著性	95%置信区间 下限	95%置信区间 上限
雪费法	1	2	103.636*	32.934	0.017	17.21	190.06
		3	117.143*	36.410	0.014	21.59	212.69
	2	1	−103.636*	32.934	0.017	−190.06	−17.21
		3	13.506	32.934	0.920	−72.92	99.93
	3	1	−117.143*	36.410	0.014	−212.69	−21.59
		2	−13.506	32.934	0.920	−99.93	72.92
LSD 法	1	2	103.636*	32.934	0.005	35.34	171.94
		3	117.143*	36.410	0.004	41.63	192.65
	2	1	−103.636*	32.934	0.005	−171.94	−35.34
		3	13.506	32.934	0.686	−54.79	81.81
	3	1	−117.143*	36.410	0.004	−192.65	−41.63
		2	−13.506	32.934	0.686	−81.81	54.79
邦弗伦尼法	1	2	103.636*	32.934	0.014	18.30	188.97
		3	117.143*	36.410	0.012	22.80	211.49
	2	1	−103.636*	32.934	0.014	−188.97	−18.30
		3	13.506	32.934	1.000	−71.83	98.84
	3	1	−117.143*	36.410	0.012	−211.49	−22.80
		2	−13.506	32.934	1.000	−98.84	71.83

注:* 表示平均值差值的显著性水平为 0.05。

（五）相似子集

表 6-6 是由 S-N-K 法和雪费法划分的相似子集。S-N-K 方法第 1 组均值为 1595.00，与其他两组的均值有显著不同，其相似的可能性小于 0.05，被划分出来，形成两个相似子集。在第 2 个子集中，组内相似的概率为 1，第 1 组的组内相似的可能大于 0.05 为 0.696，雪费法第 2 组的组内相似的可能性大于 0.05 为 0.925。通常在相似性子集划分中多采用 S-N-K 法的结论。

表 6-6　相似子集

方法	投资来源	个案数	Alpha 的子集＝0.05	
			1	2
S-N-K 法[1]	3	7	1477.86	
	2	11	1491.36	
	1	7		1595.00
	Sig.		0.696	1.000
雪费法[2]	3	7	1477.86	
	2	11	1491.36	
	1	7		1595.00
	Sig.		0.925	1.000

注：①将显示齐性子集中各个组的平均值。
②使用调和平均值样本大小 7.966。组大小不相等，使用了组大小的调和平均值，无法保证 I 类误差级别。

（六）观测变量均值的折线图

图 6-7 输出的是观测变量均值的折线图。可以看出第 1 组东部的旅游投资额最高，第 2 组中部的旅游投资额也比较理想，而第 3 组西部的旅游投资额最低。

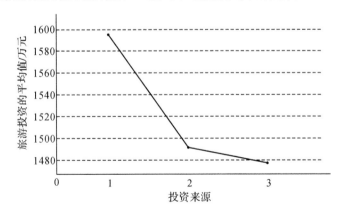

图 6-7　观测变量均值的相似子集

五、实验总结

（1）方差分析一般应满足 3 个基本假设，即要求各个总体应服从正态分布，各个总体的方差应相同，以及观测值是独立的。

（2）单因素方差分析将观测变量总的离差平方和（SS_T）分解为两部分：组内离差平方（SS_E）和与组间离差平方和（SS_A），其数学公式表示为：$SS_T = SS_E + SS_A$。

（3）单因素方差分析的基本分析只能得到控制变量是否对观测变量有显著影响。如果控制变量对观测变量产生了显著性影响，要进一步研究控制变量的不同水平对观测变量的影响程度，则需要进行事后多重比较检验，实现对各个水平下观测变量总体均值的逐对比较。

六、实验作业

[习题 6-1] 为了评价不同行业的服务质量，消费者协会分别在零售业、旅游业、航空公司、家电制造业抽取了不同的企业作为样本，其中零售业 7 家、旅游业 6 家、航空公司 5 家、家电制造业 5 家（基本数据见数据文件 6-2）[①]，然后统计出近期消费者对这 23 家企业的投诉次数，试分析 4 个行业之间的服务质量是否存在显著差异。

数据文件 6-2

[习题 6-2] 某企业有 4 条生产线生产同一种型号的产品，对每条生产线观测其一周的日产量，要求判断不同生产线的日产量是否有显著的差异（基本数据见数据文件 6-3）。

数据文件 6-3

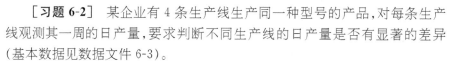

第三节　多因素方差分析

一、实验目的

（1）明确多因素方差分析有关的概念。
（2）理解多因素方差分析的基本思想与原理。
（3）熟练掌握多因素方差分析的方法。
（4）能用 SPSS 软件进行多因素方差分析。
（5）培养运用多因素方差分析解决身边实际问题的能力。

🎬 多因素方差
分析

二、实验内容

某车间 3 台机器（用 1、2、3 表示）生产同一种产品，表 6-7 给出了 4 名工人操作机器 1、2、3 生产的产品的产量（基本数据见数据文件 6-4），请分析机器之间、工人之间在产量上是否存在显著差异。

数据文件 6-4

---

① 相关数据参见赖国毅，陈超. SPSS 17.0 中文版常用功能与应用实例精讲[M]. 北京：电子工业出版社，2010.

表 6-7　不同机器不同工人的产量数据

机器类型	工人			
	1	2	3	4
1	50	47	47	53
2	63	54	57	58
3	52	42	41	48

三、实验步骤

多因素方差分析由 SPSS 25.0 的一般线性模型过程中的单变量子过程实现。下面以案例说明多因素方差分析的单变量子过程的基本操作步骤。

(1)准备工作。在 SPSS 25.0 中打开数据文件 6-4.sav,通过选择"文件"—"打开"命令将数据调入 SPSS 25.0 的工作文件窗口,如图 6-8 所示。

图 6-8　产量的数据文件

(2)选择"分析(A)"—"一般线性模型(G)"—"单变量(V)"命令,打开"一般线性模型:单变量"对话框,如图 6-9 所示。

图 6-9　选择"单变量"命令

(3)图 6-10 所示"单变量"对话框相关内容介绍如下。

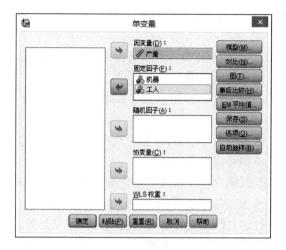

图 6-10 "单变量"对话框

①因变量(D):用于选择观测变量。

②固定因子(F):用于指定固定效应的控制变量。

③随机因子(A):指定随机效应的控制变量。

④协变量(C):指定作为协变量的变量。

⑤WLS 权重:放入加权变量作最小二乘法(WLS)分析。

在"单变量"对话框左端的变量列表中将要检验的变量"产量"添加到右边的因变量框中,将变量"机器"和"工人"移入固定因子栏。

(4)单击"模型(M)"按钮,弹出如图 6-11 所示对话框,该对话框可以选择建立多因素方差模型的种类。相关选项介绍如下。

图 6-11 "单变量:模型"对话框

①指定模型。

a. 全因子(A):SPSS 默认选项,包括所有因素主效应、协变量效应及因素间的交互效应。

b. 构建项(B)或构建定制项(C):表示可以仅指定其中一部分的交互或指定因子协变量交互,必须要指定包含模型中的所有项。

②因子与协变量(F):列出源因素,显示固定因素(F)和协变量(C),R 表示随机因素指定模型。

③模型(M):放入自定义模型各因素,模型的选择取决于数据的性质。

④构建项:从下拉菜单中可以进行选择。

a. 交互:SPSS 默认选项,建立所有被选变量最高水平的交互效应。

b. 主效应:建立每个被选变量的主效应。

c. 所有二阶交互作用:建立被选变量所有可能的两方向交互效应。

d. 所有三阶交互作用:建立被选变量所有可能的三方向交互效应。

e. 所有四阶交互作用:建立被选变量所有可能的四方向交互效应。

f. 所有五阶交互作用:建立被选变量所有可能的五方向交互效应。

⑤平方和(Q):从下拉列表中可以选择下列任一类平方和。

类型Ⅰ:常用于平衡数据方差分析模型,如任何一级交互效应之前的主效应,二级交互效应之前的一级交互效应等;多项式回归模型,如任何高次项之前的低次项;完全嵌套模型,如第二指定效应嵌套的第一指定效应等。

类型Ⅱ:常用于平衡数据方差分析模型,任何仅包含主效应的模型,回归模型和完全嵌套设计。

类型Ⅲ:SPSS 默认选项,适合于一类、二类平方和适用的所有模型,无缺失值的所有平衡与不平衡数据模型,最为常用。

类型Ⅳ:适用于一类、二类平方和适用的所有模型,有缺失值的平衡或不平衡数据模型。

⑥"在模型中包括含截距(I)"项:此为 SPSS 系统默认选项。

本例选择"主效应"模型,平方和选项选择"类型Ⅲ"。然后在"因子与协变量(F)"中将"机器"和"工人"引入模型列表框,如图 6-11 所示。单击"继续(C)"按钮,返回单变量对话框。

(5)单击"事后比较(H)"按钮,弹出如图 6-12 所示对话框,该对话框用来实现多重比较检验。相关选项如下。

①因子(F):列出固定因素。

②下列各项的事后检验(P):选择将做两两比较的因素。

③假定等方差:在该条件下有 14 种比较均值的方法可供选择,各种方法的含义功用,第二节已介绍过,此处不再赘述。

④不假定等方差:在该条件下有 4 种方法,各种方法的含义同前。

将"机器"变量和"工人"变量添加到"下列各项的事后检验(P)"框中,选择 S-N-K 比较检验法。单击"继续(C)"按钮,返回"单变量"对话框。

图 6-12　"单变量:实测平均值的事后多重比较"对话框

（6）单击"确定"按钮,SPSS 自动完成计算。SPSS 结果输出窗口查看器中就会给出所需要的结果。

四、实验结果与分析

（一）组间因素

表 6-8 给出的是各个控制变量水平下观测样本的个数。分组变量"机器"有 3 个水平;每个水平有 4 例;分组变量"工人"有 4 个水平,每个水平有 3 例。

表 6-8　主体间因子

分组变量	水平	个案数
机器	1	4
	2	4
	3	4
工人	1	3
	2	3
	3	3
	4	3

（二）组间效应值

表 6-9 给出了组间效应值。从表中可以看出,因素"机器"的检验统计量 F 值为 29.102,检验的相伴概率 Sig. 值为 0.001,小于 0.05,拒绝零假设,可以认为机器之间加工产量均值存在显著差异,即各机器之间的产量均值不全相等。因素"工人"的检验统计量 F 值为

6.985,检验的相伴概率 Sig. 值为 0.022,小于 0.05,拒绝零假设,即各工人之间的产量均值不全相等。

关于随机变量影响部分,即误差部分,所贡献的离差平方和 SS_E 为 32.833,均方为 5.472。

表 6-9　主体间效应检验

源	Ⅲ类平方和	自由度	均方	F	显著性
修正模型	433.167[①]	5	86.633	15.831	0.002
截距	31212.000	1	31212.000	5703.716	0.000
机器	318.500	2	159.250	29.102	0.001
工人	114.667	3	38.222	6.985	0.022
误差	32.833	6	5.472		
总计	31678.000	12			
修正后总计	466.000	11			

注:①$R^2 = 0.930$,调整后的 $R^2 = 0.871$。

(三)因素"机器"的事后检验

表 6-10 为因素"机器"的事后检验结果。由于本例属于无重复设计,不能求出每个格子的方差,故不能计算方差的齐次性。这里仅选择 S-N-K 法进行均值之间的两两比较。

表 6-10　因素"机器"的事后检验结果(S-N-K)

机器	个案数	子集	
		1	2
3	4	45.75	
1	4	49.25	
2	4		58.00
显著性		0.079	1.000

说明:1.将显示齐性子集中各个组的平均值,基于实测平均值,误差项是均方(误差),为 5.472。
　　　2.使用调和平均值样本大小 4.000。
　　　3.$\alpha = 0.05$。

在均衡子集中,第一均衡子集包含第 3 组(机器="3")和第一组(机器="1"),它们的均值分别为 45.75 和 49.25,两组均值比较的伴随概率 Sig. 值为 0.079,大于 0.05,接受零假设,即可认为"机器 3"和"机器 1"的产量的均值无显著差异,而"机器 2"的差异比较显著。

(四)因素"工人"的事后检验

表 6-11 为因素"工人"的事后检验结果。从表中可以看出,第一均衡子集包含第 2 组(工人="2")、第 1 组(工人="3")和第 4 组(工人="4"),它们的均值分别为 47.67、48.33 和 53.00,两组均值比较的伴随概率 Sig. 值为 0.070,大于 0.05,接受零假设,即可认为"工人

2""工人 3"和"工人 4"的产量的均值之间无显著差异。

表 6-11　因素"工人"的多重验后检验产量(S-N-K)

工人	个案数	子集	
		1	2
2	3	47.67	
3	3	48.33	
4	3	53.00	53.00
1	3		55.00
Sig.		0.070	0.335

说明:1. 将显示齐性子集中各个组的平均值,基于实测平均值,误差项是均方(误差),为 5.472。
　　　2. 使用调和平均值样本大小 3.000。
　　　3. $\alpha=0.05$。

第二均衡子集包含第 4 组(工人="4")和第 1 组(工人="1"),它们的均值分别为 53.00和 55.00,两组均值比较的伴随概率 Sig. 为 0.335,大于 0.05,接受零假设,即可认为在第二均衡子集中"工人 4"和"工人 1"的产量均值之间无显著差异。

第 1 组和第 2、3、4 组没有列入第一均衡子集的同一列中,可以认为它们的均值存在显著差异。

五、实验总结

(1)多因素方差分析需要分析 3 个部分的内容,分别是:每个控制变量独立作用对观测变量的影响,多个控制变量交互作用对观测变量的影响,其他随机变量对结果的影响。

(2)多因素方差分析将观测变量总离差平方和(SS_T)分解为以下几部分(以两个控制变量为例):控制变量 A 独立作用引起的离差(SS_A),控制变量 B 独立作用引起的离差(SS_B),控制变量 A、B 交互作用引起的离差(SS_{AB}),随机因素引起的离差(SS_E)。数学公式可表示为

$$SS_T = SS_A + SS_B + SS_{AB} + SS_E$$

(3)多因素方差分析只能得到多个控制变量的不同水平是否对观测变量有显著影响。如要进一步研究究竟是哪个组或哪些组和其他组之间有显著性差别,则需要再对各个样本进行多重检验。

六、实验作业

[习题 6-3]　某商家有商品销售的数据资料,分析销售额是否受到促销方式和售后服务的影响。用变量"促销"对促销方式进行区分,取值为"0"表示无促销,取值为"1"表示被动促销,取值为"2"表示主动促销。变量"售后"对所采取的售后服务进行刻画,取值为"0"表示没有售后服务,取值为"1"表示有售后服务(基本数据见数据文件 6-5)[①]。

　数据文件 6-5

———————————

①　相关数据参见徐秋艳. SPSS 统计分析方法与应用实验教程[M]. 北京:中国水利水电出版社,2011.

[习题 6-4] 将 4 个不同的水稻品种 A_1、A_2、A_3、A_4 安排在面积相同的 4 种不同土质的地块 B_1、B_2、B_3、B_4 中试种,测得各地块的产量如表 6-12 所示。

表 6-12 不同的水稻品种在不同土质的地块上的产量

品种	不同土质地块产量			
	B_1 产量/千克	B_2 产量/千克	B_3 产量/千克	B_4 产量/千克
A_1	135	120	147	132
A_2	154	129	125	125
A_3	125	129	120	133
A_4	115	124	119	123

假设水稻品种与地块之间无交互作用,建立适当的数据文件,试在显著性水平 $\alpha = 0.05$ 的条件下检验以下内容(基本数据见数据文件 6-6)[1]。

(1)不同的品种对水稻的产量有无显著的影响?

(2)不同的土质对水稻的产量有无显著的影响?

📋 数据文件 6-6

第四节 协方差分析

一、实验目的

(1)明确与协方差分析有关的概念。

(2)理解协方差分析的基本思想与原理。

(3)熟练掌握协方差分析的方法。

(4)能用 SPSS 软件进行协方差分析。

(5)培养运用协方差分析解决身边实际问题的能力。

二、实验内容

某学校实施新政策以改善部分年轻教师的生活水平。政策实施后开始对年轻教师待遇的改善进行调查,调查结果见数据文件 6-7。用实施新政策后的工资来反映生活水平的提高,要求剔除实施新政策前的工资差异,试分析教师的级别和该新政策对年轻教师工资的提高是否有显著影响。[2]

📋 数据文件 6-7

协方差分析由 SPSS 25.0 的一般线性模型过程中的单变量子过程实现。下面以案例说明协方差分析的单变量子过程的基本操作步骤。

---

① 相关数据参见郝黎仁,樊元,郝哲欧,等.SPSS 实用统计分析[M].北京:中国水利水电出版社,2003.

② 相关数据参见杨维忠,张甜,刘荣.SPSS 统计分析与行业应用案例详解[M].北京:清华大学出版社,2011.

(1)准备工作。在 SPSS 25.0 中打开数据文件 6-7.sav,通过选择“文件”—“打开”命令将数据调入 SPSS 25.0 的工作文件窗口,如图 6-13 所示。

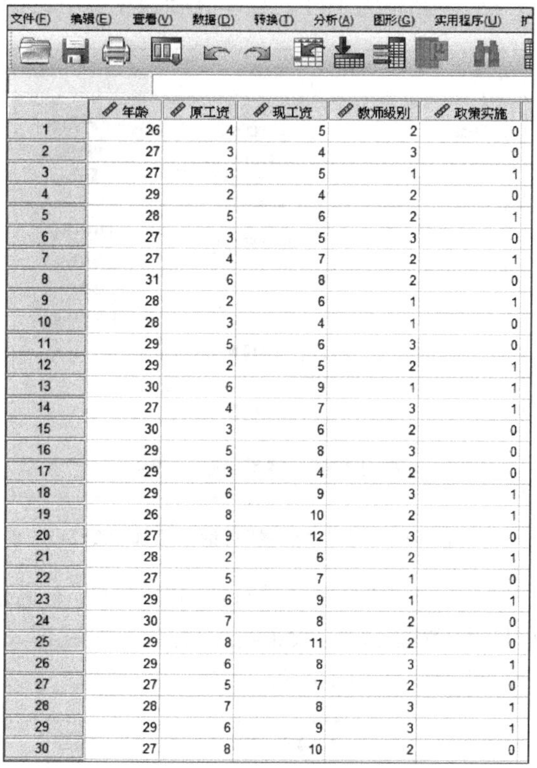

	年龄	原工资	现工资	教师级别	政策实施
1	26	4	5	2	0
2	27	3	4	3	0
3	27	3	5	1	1
4	29	2	4	2	0
5	28	5	6	2	1
6	27	3	5	3	0
7	27	4	7	2	1
8	31	6	8	2	0
9	28	2	6	1	1
10	28	3	4	1	0
11	29	5	6	3	0
12	29	2	5	2	1
13	30	6	9	1	1
14	27	4	7	3	1
15	30	3	6	2	0
16	29	5	8	3	0
17	29	3	4	2	0
18	29	6	9	3	1
19	26	8	10	2	1
20	27	9	12	3	0
21	28	2	6	2	1
22	27	5	7	1	0
23	29	6	9	1	1
24	30	7	8	2	0
25	29	8	11	2	0
26	29	6	8	3	1
27	27	5	7	2	0
28	28	7	8	3	1
29	29	6	9	3	1
30	27	8	10	2	0

图 6-13　教师工资数据文件

(2)选择“分析(A)”—“一般线性模型(G)”—“单变量(U)”命令,打开其对话框,如图 6-14所示。

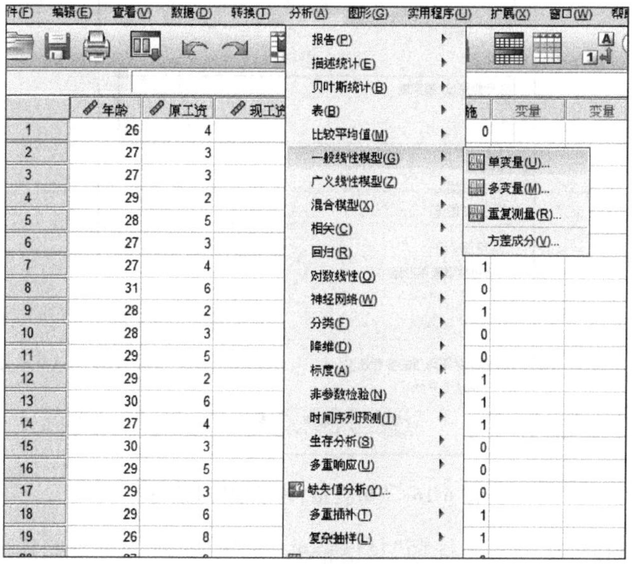

图 6-14　选择“单变量”命令

（3）在图 6-15 所示的"单变量"对话框中，相应的选框与多因素方差分析相同。

本例在"单变量"对话框左端的源变量中将"现工资"添加到右端的"因变量（D）"中，将"教师级别"和"政策实施"移入"固定因子（F）"框中，将"原工资"放入"协变量（C）"框中。

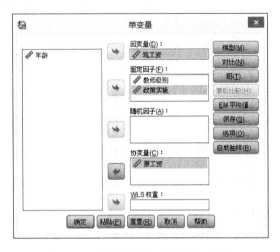

图 6-15　在"单变量"对话框添加变量

（4）多因素交互作用判断。单击"绘制"按钮，弹出"轮廓图"对话框。选择"教师级别"并单击按钮进入"水平轴（H）"编辑框，选择"政策实施"并单击按钮进入"单独的线条（S）"编辑框，然后单击"添加（A）"按钮，进入"图（T）"框，如图 6-16 所示。

图 6-16　"单变量:轮廓图"对话框

（5）单击"选项（O）"按钮，在"选项"对话框的"显示"一栏选择"齐次检验"，并单击"继续

(C)"按钮返回。

(6)"一般线性模型"对话框中的其他按钮,如"模型(M)""对比(N)""保存(S)"对应的对话框与多因素分析一样。本例这些选项选择 SPSS 系统默认项。

(7)单击"确定"按钮,SPSS 自动完成计算。SPSS 结果输出窗口查看器中就会给出所需要的结果。

四、实验结果与分析

(一)莱文方差齐性检验

从表 6-13 莱文方差齐性检验中,可以看出,$F=0.425$,对应的伴随概率 Sig. $=0.827$,大于显著性 0.05,可以认为总的方差齐性。

表 6-13　误差方差的莱文方差齐性检验

F	自由度 1	自由度 2	Sig.
0.425	5	24	0.827

说明:1.检验"各个组中的因变量误差方差相等"这一原假设。
　　2.设计:截距＋教师级别＋政策实施＋教师级别×政策实施＋原工资。

(二)协方差分析表

表 6-14 输出的是主体间效应检验的结果,是协方差分析的主要计算结果。总的离差平方和分解为 3 部分:控制变量对观测变量的独立作用部分、协变量独立作用部分及随机变量影响部分。

控制变量对观测变量的独立作用部分:变量"教师级别"和"政策实施"贡献的离差平方和分别为 0.005 和 4.675,均方分别为 0.003 和 4.675,对应的伴随概率 Sig. 分别为 0.997 和显著性 0.029。"教师级别"伴随概率 Sig. 大于显著性水平 0.05,说明"教师级别"对青年教师的工资提高无显著影响,而"政策实施"伴随概率 Sig. 小于显著性水平 0.05,说明"政策实施"对青年教师的工资提高有显著影响。

协变量对观测量的独立作用:"原工资"的离差平方为 105.101,均方为 105.101。对应的伴随概率 Sig. 为 0,小于显著性水平 0.05,可以认为"原工资"对青年教师工资提高有显著性影响。

表 6-14　主体间效应检验结果

源	Ⅲ类平方和	自由度	均方	F	Sig.	偏 Eta 平方
修正模型	116.951[①]	6	19.492	22.701	0	0.856
截距	21.994	1	21.994	25.614	0	0.527
教师级别	0.005	2	0.003	0.003	0.997	0
政策实施	4.675	1	4.675	5.445	0.029	0.191
教师级别×政策实施	1.049	2	0.525	0.611	0.551	0.050
原工资	105.101	1	105.101	122.403	0	0.842
误差	19.749	23	0.859			

续　表

源	Ⅲ类平方和	自由度	均方	F	Sig.	偏 Eta 平方
总计	1649.000	30				
修正后总计	136.700	29				

注:①$R^2 = 0.856$,调整后的 $R^2 = 0.818$。

(二)参数估计

由校正模型(corrected model)可知,$F = 22.701$,伴随概率 Sig. 为 0,小于显著性水平 0.05,可以认为"现工资"与"原工资"之间存在直线回归关系。

表 6-15 输出的是参数估计值,可以看出,"现工资"与"原工资"之间呈直线关系:现工资 = 2.511 + 0.981 × 原工资,统计量为 11.064,伴随概率 Sig. 为 0,小于显著性水平 0.05,"现工资"与"原工资"之间直线关系显著。

表 6-15　参数估算值

参数	B	标准误差	t	Sig.	95%置信区间 下限	95%置信区间 上限	偏 Eta 平方
截距	2.511	0.660	3.802	0.001	1.145	3.877	0.386
[教师级别=1]	0.570	0.637	0.896	0.380	−0.747	1.887	0.034
[教师级别=2]	0.169	0.603	0.281	0.781	−1.078	1.417	0.003
[教师级别=3]	0*	0	0	0	0	0	0
[政策实施=0]	−0.415	0.590	−0.704	0.489	−1.636	0.806	0.021
[政策实施=1]	0*	0	0	0	0	0	0
[教师级别=1]×[政策实施=0]	−1.089	0.995	−1.095	0.285	−3.148	0.969	0.050
[教师级别=1]×[政策实施=1]	0*	0	0	0	0	0	0
[教师级别=2]×[政策实施=0]	−0.278	0.796	−0.350	0.730	−1.925	1.368	0.005
[教师级别=2]×[政策实施=1]	0*	0	0	0	0	0	0
[教师级别=3]×[政策实施=0]	0*	0	0	0	0	0	0
[教师级别=3]×[政策实施=1]	0*	0	0	0	0	0	0
原工资	0.981	0.089	11.064	0	0.797	1.164	0.842

注:* 表示此参数冗余,因此设置为零。

（四）两因素交互影响折线图

从图 6-17 可以看出，两条折线无相交迹象，说明两因素交互作用不够显著。

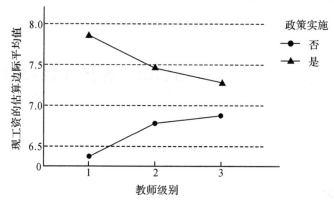

注：按残值对模型中出现的协变量进行求值，原工资＝4.87。

图 6-17 两因素交互折线示意

五、实验总结

（1）协方差分析将一些很难得知的随机变量作为协变量，在分析中将其排除，然后再分析控制变量对观测变量的影响，从而实现对控制变量的准确评价。

（2）协方差分析将观测变量总的离差平方和（SS_T）分解为（以两个控制变量为例）：控制变量 A 独立作用引起的离差（SS_A）、协变量作用引起的离差（SS_C）和随机因素引起的离差（SS_E），其数学公式为

$$SS_T = SS_A + SS_C + SS_E$$

（3）协方差分析要求协变量一般应该是定距变量，多个协变量之间互相独立，且与控制变量之间没有交互作用。

六、实验作业

📖 数据文件 6-8

[**习题 6-5**] 政府为了帮助年轻人提高工作技能，进行了一系列有针对性的就业能力和工作技能培训项目，为检验培训工作的成效，对 1000 例年轻人进行了问卷调查，主要包括培训前和培训后的收入情况，调查结果见数据文件 6-8。要求剔除培训前的收入差异，试分析培训状态对培训后的收入的提高是否有显著的影响。[①]

📖 数据文件 6-9

[**习题 6-6**] 一个班 30 名学生分成 3 组，分别接受了高等数学课程 3 种不同的教学方法，用变量"组别"对学生组进行区分，取值为 1、2、3，分别表示 3 个不同的组别。另外还知道这 30 个学生的数学入学成绩，分析哪些因素影响了学生的高等数学考试成绩（基本数据见数据文件 6-9）。

---

① 相关数据参见赖国毅，陈超.SPSS 17.0 中文版常用功能与应用实例精讲[M].北京：电子工业出版社，2010.

第七章 相关和回归分析

▶ **本章学习目标**

- 理解相关和回归分析的基本思想、原理与两者之间关系
- 明确相关和回归分析的实验目的、实验步骤和实验内容
- 掌握实验结果的统计分析
- 熟练使用散点图
- 掌握相关和回归分析在经济管理数据分析中的应用

统计分析的一项重要课题是,从数量上来揭示、表达和分析变量之间的关系。变量之间关系,一般可以分为确定的和非确定的两类。确定性关系可用函数关系表示,而非确定性关系则不然。例如,人的身高和体重的关系、人的血压和年龄的关系、某产品的广告投入与销售额的关系等,它们之间是有关联的,但是它们之间的关系又不能用普通函数来表示。这类非确定性关系被称为相关关系。相关分析是研究现象之间是否存在某种相关关系,并对具有相关关系的方向及程度进行定量化描述的一种重要方法。回归分析则是根据已得的试验结果,以及以往的经验来建立统计模型,并研究变量间的相关关系,建立起变量之间关系的近似表达式,即经验公式,并由此对相应的变量进行预测和控制等。回归分析是研究两个及两个以上变量相关关系的一种重要的统计方法。

第一节　知识准备

简单相关
分析

一、相关分析基本原理

(一)相关分析的定义

在统计学中,相关分析是一种以分析变量间的线性关系来研究它们之间线性相关密切程度的统计方法。它通过几个描述相关关系的统计量来确定相关的密切程度和线性相关的方向。这些统计量包括皮尔逊相关系数、斯皮尔

曼相关系数和肯德尔秩相关系数,一般用符号 r 来表示。相关系数具有以下一些特性。

(1)它的取值极限在-1和$+1$之间,即$-1 \leqslant r \leqslant +1$。

(2)它具有对称性,即 X 与 Y 之间的相关系数 r_{xy} 和 Y 与 X 之间的相关系数 r_{yx} 相同。

(3)它与原点和测度都无关,即如果定义 $X_i^* = \alpha X_i + c$ 和 $Y_i^* = \beta Y_i + d$,其中 $\alpha > 0, \beta > 0$,且 c 和 d 都是常数,则 X_i^* 和 Y_i^* 之间的 r 无异于原始变量 X 与 Y 之间的 r。

(4)如果 X 和 Y 统计上独立的,则它们之间的相关系数 $r=0$;但反过来,$r=0$ 不等于说 X 和 Y 是独立的。

(5)它仅是线性关联的一个度量,不能用于描述非线性关系。

(二)相关系数的计算方法

1.皮尔逊相关系数

通常,仅对刻度级(scale)变量计算皮尔逊相关系数,公式为

$$r_{xy} = \frac{\sum (x_i - \bar{x})(y_i - \bar{y})}{\sqrt{\sum (x_i - \bar{x})^2 \sum (y_i - \bar{y})^2}} \tag{7-1}$$

其中,$\bar{x}$、$\bar{y}$ 分别为 x_i、$y_i (i=1,2,\cdots,n)$ 的算术平均值。

2.斯皮尔曼和肯德尔秩相关关系

用于反映两个序次或等级变量的相关程度。计算斯皮尔曼相关数据时,要先对原始变量的数据排序,根据秩使用斯皮尔曼相关系数公式进行计算。公式为

$$r_s = \frac{\sum (R_i - \bar{R})(S_i - \bar{S})}{\sqrt{\sum (R_i - \bar{R})^2 (S_i - \bar{S})^2}} \tag{7-2}$$

式中,R_i、S_i 分别是 x_i、y_i 的秩。$\bar{R}$、$\bar{S}$ 分别是变量 R_i、S_i 的平均值。

至于肯德尔秩相关系数的计算公式,此处不再列出。

(三)关于相关系数统计意义的检验

我们通常利用样本来研究总体的特性,由于抽样误差的存在,样本中两个变量之间的相关系数不为 0,不能直接就断定总体中两个变量间的相关系数不是 0,而必须进行检验。假设如下。

(1)零假设:$H_0 : r = 0$。

(2)备择假设:$H_1 : r \neq 0$。

给出显著性水平 α,做出判断。对给定的显著性水平 α,与检验统计量相对应的 p 值进行比较:当 p 值小于显著性水平 α,则拒绝原假设,认为相关系数不为零。如 $\alpha=0.05$,$p=0.01$,则 $p < \alpha$,拒绝零假设,即两个变量相关系数 $r \neq 0$,计算得到的相关系数是有意义的,可以说明两个变量之间的相关程度;反之,当 p 值大于显著性水平 α,则不能拒绝原假设,认为相关系数为零,不能根据计算得到的相关系数来说明两者之间的相关程度。

二、偏相关分析基本原理

(一)偏相关分析的内涵

在多元相关分析中,由于其他变量的影响,皮尔逊相关系数只是从表面

偏相关分析

上反映两个变量相关性,相关系数不能真正反映两个变量间的线性相关程度,甚至会给出相关的假想。因此,在有些场合中,简单的皮尔逊相关系数并不是测量相关关系的本质性统计量。当其他变量控制后,给定的任意两个变量之间的相关系数叫作偏相关系数。偏相关系数才是真正反映两个变量相关关系的统计量。

例如在研究某新产品消费情况时,经常会考察消费者的收入、产品定价与产品销量之间关系。显然产品销量与消费者收入、产品价格存在一定的正相关关系。但是当我们将收入固定下来,对收入相同的人分析产品价格与销量关系时,是否仍然有价格越低,销量越大的正相关关系呢? 恐怕实际中,当价格低于某个区间时,两者关系会发生变化。

进一步思考,当控制了消费者收入变量,并且价格与销量处于线性区间内,利用偏相关分析计算价格与销量的偏相关关系,一定可以得到反映两者的真实关系吗? 结论也是不一定的,因为除了消费者收入,还有消费者其他人口特征变量等许多因素仍然在影响产品价格与销量之间的关系。所以,我们在使用偏相关时只有尽可能地把其他一些影响因素控制起来,才可以得到更加接近真实的相关系数,即应用偏相关分析的前提条件。

(二)偏相关系数的计算公式

设有 n 个变量 $X_1,X_2,\cdots,X_n$,每两个变量间的简单相关关系,即皮尔逊相关系数所构成的相关系数对称矩阵为

$$R = \begin{bmatrix} r_{11} & r_{12} & \cdots & r_{1n} \\ r_{21} & r_{21} & \cdots & r_{2n} \\ \vdots & \vdots & & \vdots \\ r_{n1} & r_{n2} & \cdots & r_{nn} \end{bmatrix} \tag{7-3}$$

排除一个变量 z 的影响后,变量 x、y 之间的偏相关系数为

$$R_{xy,z} = \frac{R_{xy} - R_{xz}R_{yz}}{(1-R_{xz}^2)(1-R_{yz}^2)} \tag{7-4}$$

其中,$R_{xy,z}$ 表示当 z 为控制变量时,变量 x、y 之间的偏相关系数。

三、简单线性回归分析

📖 简单线性
回归分析

线性回归分析一般解决以下问题:第一,确定因变量与若干自变量之间的定量表达式,通常称为回归方程式,并确定它们联系的密切程度;第二,通过控制可控变量的数值,利用求出的回归方程式来预测或控制因变量的取值和精度;第三,进行自变量分析,找出影响因素最为显著的,以区别重要因素和次要因素。

当回归分析主要用于研究变量之间的线性相关关系时,被称为线性回归分析,否则被称为非线性回归分析。又按照自变量多少分为一元线性回归和多元线性回归。

(一)简单线性回归的理论模型

$$y = \beta_0 + \beta_1 x + \varepsilon \tag{7-5}$$

式中,$\varepsilon \sim N(0,\sigma^2)$,$\beta_0$、$\beta_1$ 为待定系数。

其理论假设为

$$\begin{cases} E(y \mid x) = \beta_0 + \beta_1 x \\ \mathrm{var}(y \mid x) = \sigma^2 = \mathrm{var}(\varepsilon) \\ \mathrm{cov}(\varepsilon_i, \varepsilon_j) = \mathrm{cov}(y_i, y_j) = 0, i \neq j \end{cases} \tag{7-6}$$

设 $(x_1, Y_1), (x_2, Y_2), \cdots, (x_n, Y_n)$ 是取自总体 (x, Y) 的一组样本,而 $(x_1, y_1), (x_2, y_2), \cdots,$ (x_n, y_n) 是该样本的观察值,在样本和它的观察值中的 $x_1, x_2, \cdots, x_n$ 是取定的不完全相同的数值,而样本中的 $Y_1, Y_2, \cdots, Y_n$ 在试验前为随机变量,在试验或观测后是具体的数值,一次抽样的结果可以取得 n 对数据 $(x_1, y_1), (x_2, y_2), \cdots, (x_n, y_n)$,则有

$$y_i = \beta_0 + \beta_1 x_i + \varepsilon_i, i = 1, 2, \cdots, n \tag{7-7}$$

其中 $\varepsilon_1, \varepsilon_2, \cdots, \varepsilon_n$ 相互独立。在线性模型中,由理论假设知

$$Y \sim N(\beta_0 + \beta_1 x, \sigma_2), E(Y) = \beta_0 + \beta_1 x \tag{7-8}$$

回归分析就是根据样本观察值寻求 β_0、β_1 的估计值 $\hat{\beta}_0$、$\hat{\beta}_1$。

对于给定 x 值,取

$$\hat{Y} = \hat{\beta}_0 + \hat{\beta}_1 x \tag{7-9}$$

作为 $E(Y) = \beta_0 + \beta_1 x$ 的估计,式(7-9)称为 Y 关于 x 的线性回归方程或经验公式,其图像被称为回归直线,$\hat{\beta}_1$ 称为回归系数。

简单线性回归的主要任务是根据样本数据求出未知参数 β_0 和 β_1 的估计值 $\hat{\beta}_0$ 和 $\hat{\beta}_1$,从而得到估计的回归方程。

(二)最小二乘估计法

在样本的一组观察值 $(x_1, y_1), (x_2, y_2), \cdots, (x_n, y_n)$ 中,对每个 x_i,由线性回归方程(7-9)可以确定一个回归值,即

$$\hat{y}_i = \hat{\beta}_0 + \hat{\beta}_1 x_i$$

这个回归值 $\hat{y}_i$ 与实际观察值 y_i 之差,即

$$y_i - \hat{y}_i = y_i - (\hat{\beta}_0 + \hat{\beta}_1 x_i) \tag{7-10}$$

刻画了 y_i 与回归直线 $\hat{y} = \hat{\beta}_0 + \hat{\beta}_1 x$ 的偏离度,即对所有 x_i,若 y_i 与 $\hat{y}_i$ 的偏离越小,则认为直线与所有试验点拟合得越好。令

$$Q(\beta_0, \beta_1) = \sum_{i=1}^{n} (y_i - \beta_0 - \beta_1 x_i)^2 \tag{7-11}$$

式(7-11)表示所有观察值 y_i 与回归直线上的 $\hat{y}_i$ 的偏离平方和,刻画了所有观察值与回归直线的偏离度。最小二乘估计法就是寻求 β_0 与 β_1 的估计值 $\hat{\beta}_0$ 与 $\hat{\beta}_1$,使 $Q(\hat{\beta}_0, \hat{\beta}_1) = \min Q(\beta_0, \beta_1)$。利用微分的方法,求 Q 关于 β_0、β_1 的偏导数,并令其为 0,得

$$\begin{cases} \dfrac{\partial Q}{\partial \beta_0} = -2 \sum_{i=1}^{n} (y_i - \beta_0 - \beta_1 x_i) \\ \dfrac{\partial Q}{\partial \beta_1} = -2 \sum_{i=1}^{n} (y_i - \beta_0 - \beta_1 x_i) x_i \end{cases}$$

整理得

$$\begin{cases} n\beta_0 + \sum_{i=1}^{n} (x_i)\beta_0 = \sum_{i=1}^{n} (y_i) \\ \sum_{i=1}^{n} (x_i)\beta_0 + \sum_{i=1}^{n} (x_i^2)\beta_1 = \sum_{i=1}^{n} (x_i y_i) \end{cases}$$

称此为正规方程组,解正规方程组得

$$\begin{cases} \hat{\beta}_0 = \bar{y} - \bar{x}\hat{\beta}_1 \\ \hat{\beta}_1 = \Big[\sum_{i=1}^{n}(x_i y_i) - n\bar{x}\bar{y} \Big] \Big/ \sum_{i=1}^{n}(x_i^2 - n\bar{x}^2) \end{cases}$$

式中,$\bar{x} = \dfrac{1}{n}\sum_{i=1}^{n}(x_i)$,$\bar{y} = \dfrac{1}{n}\sum_{i=1}^{n}(y_i)$。若记

$$L_{xy} \overset{\text{def}}{=} \sum_{i=1}^{n}(x_i - \bar{x})(y_i - \bar{y}) = \sum_{i=1}^{n}(x_i y_i) - n\bar{x}\bar{y}$$

$$L_{xx} \overset{\text{def}}{=} \sum_{i=1}^{n}(x_i - \bar{x})^2 = \sum_{i=1}^{n}x_i^2 - n\bar{x}$$

则

$$\begin{cases} \hat{\beta}_0 = \bar{y} - \bar{x}\hat{\beta}_1 \\ \hat{\beta}_1 = L_{xy}/L_{xx} \end{cases} \tag{7-12}$$

式(7-12)称为 β_0、β_1 的最小二乘估计。而

$$\hat{Y} = \hat{\beta}_0 + \hat{\beta}_1 x$$

为 Y 关于 x 的一元经验回归方程。

定理1: 若 β_0、β_1 为 $\hat{\beta}_0$、$\hat{\beta}_1$ 的最小二乘估计,则 $\hat{\beta}_0$、$\hat{\beta}_1$ 分别是 β_0、β_1 的无偏估计,且

$$\hat{\beta}_0 \sim N\Big(\beta_0, \sigma^2\Big(\frac{1}{n} + \frac{\bar{x}^2}{L_{xx}}\Big)\Big), \hat{\beta}_1 \sim N\Big(\beta_1, \frac{\sigma^2}{L_{xx}}\Big) \tag{7-13}$$

(三)回归方程的显著性检验

1. 总偏差平方和分解公式

前面关于线性回归方程 $\hat{y} = \hat{\beta}_0 + \hat{\beta}_1 x$ 的讨论是在线性假设 $Y = \beta_0 + \beta_1 x + \varepsilon, \varepsilon \sim N(0, \sigma^2)$ 下进行的。这个线性回归方程是否有实用价值,首先要根据有关专业知识和实践来判断,其次还要根据实际观察得到的数据运用假设检验的方法来判断。

由线性回归模型 $Y = \beta_0 + \beta_1 x + \varepsilon, \varepsilon \sim N(0, \sigma^2)$ 可知,当 $\beta_1 = 0$ 时,就认为 Y 与 x 之间不存在线性回归关系,故需要检验假设:$H_0: \beta_1 = 0; H_1: \beta_1 \neq 0$。

为了检验假设 H_0,先分析样本观察值 $y_1, y_2, \cdots, y_n$ 的差异,它可以用总的偏差平方和来度量,记为

$$S_{\text{总}} = \sum_{i=1}^{n}(y_i - \bar{y})^2 \tag{7-14}$$

由正规方程组,有

$$\begin{aligned} S_{\text{总}} &= \sum_{i=1}^{n}(y_i - \hat{y}_i + \hat{y}_i - \bar{y})^2 \\ &= \sum_{i=1}^{n}(y_i - \hat{y}_i)^2 + 2\sum_{i=1}^{n}(y_i - \hat{y}_i)(\hat{y}_i - \bar{y}) + \sum_{i=1}^{n}(\hat{y}_i - \bar{y})^2 \\ &\approx \sum_{i=1}^{n}(y_i - \hat{y}_i)^2 + \sum_{i=1}^{n}(\hat{y}_i - \bar{y})^2 \end{aligned} \tag{7-15}$$

令 $S_{\text{总}} = \sum_{i=1}^{n}(y_i - \bar{y})^2$,$S_{\text{剩}} = \sum_{i=1}^{n}(y_i - \hat{y})^2$ 则有

$$S_{\text{总}} = S_{\text{剩}} + S_{\text{回}} \tag{7-16}$$

式(7-16)被称为总偏差平方和分解公式。$S_{回}$被称为回归平方和,它由普通变量x的变化引起,它的大小(在与误差相比下)反映了普遍变量x的重要程度;$S_{剩}$被称为剩余平方和,它是由试验误差及其他未加控制因素引起的,它的大小反映了试验误差及其他因素对试验结果的影响。关于$S_{回}$和$S_{剩}$,有下面的性质。

定理 2: 在线性模型假设下,当H_0成立时,$\hat{\beta}_1$与$S_{剩}$相互独立,且$S_{剩}/\sigma^2 \sim \chi^2(n-2)$,$S_{回}/\sigma^2 \sim \chi^2(1)$对$H_0$的检验有 3 种本质相同的检验方法,即$F$检验法、$t$检验法和相关系数检验法。

在介绍这些检验方法之前,先给出$S_{总}$、$S_{回}$、$S_{剩}$的计算方法,公式如下

$$S_{总} = \sum_{i=1}^{n}(y_i - \bar{y})^2 = \sum_{i=1}^{n}y_i^2 - n\bar{y}^2 \ \text{def} \ L_{xy} \tag{7-17}$$

$$S_{回} = \hat{\beta}_1^2 L_{xx} = \hat{\beta}_1 L_{xy} \tag{7-18}$$

$$S_{剩} = L_{yy} - \hat{\beta}_1 L_{xy} \tag{7-19}$$

其中,$L_{xx} = \sum_{i=1}^{n}(x_i - \bar{x})^2$,$L_{xy} = \sum_{i=1}^{n}(x_i - \bar{x})(y_i - \bar{y})$,$L_{yy} = \sum_{i=1}^{n}(y_i - \bar{y})^2$。

2.检验方法

(1)拟合优度

判定线性回归直线拟合优度的统计量为R^2,计算方法为

$$R^2 = \frac{\sum(\hat{y}_i - \bar{y})^2}{\sum(y_i - \bar{y})^2} \tag{7-20}$$

R^2为判定系数或拟合效度等。R^2越大,表示拟合效果越好。

(2)F检验法

由定理 2 知,当H_0为真时,取统计量为

$$F = \frac{S_{回}}{S_{剩}(n-2)} \sim F(1, n-2) \tag{7-21}$$

对给定显著性水平α,查相关系数表得$F_\alpha(1, n-2)$,根据试验数据(x_1, y_1),(x_2, y_2),…,(x_n, y_n)计算F的值,若$F > F_\alpha(1, n-2)$,则拒绝H_0,表明回归效应显著;若$F \leqslant F_\alpha(1, n-2)$,则接受$H_0$,此时回归效果不显著。

(3)t检验法

由定理 1 知$(\hat{\beta}_1 - \beta_1)/(\sigma/\sqrt{L_{xx}}) \sim N(0,1)$,若令$\hat{\sigma}^2 = S_{剩}/(n-2)$,则由定理 2 知,$\hat{\sigma}^2$为$\sigma^2$的无偏估计,$(n-2)\hat{\sigma}^2/\sigma^2 = S_{剩}/\sigma^2 \sim \chi^2(n-2)$,且$(\hat{\beta}_1 - \beta_1)/(\sigma/\sqrt{L_{xx}})$与$(n-2)\hat{\sigma}^2/\sigma^2$相互独立,故取检验统计量为

$$T = \frac{\hat{\beta}_1}{\sigma}\sqrt{L_{xx}} \sim t(n-2) \tag{7-22}$$

对给定的显著性水平α,查相关系数表得$t_{\alpha/2}(n-2)$,根据试验数据(x_1, y_1),(x_2, y_2),…,(x_n, y_n)计算T的值t,当$|t| > t_{\alpha/2}(n-2)$时,拒绝H_0,这时回归效应显著;当$|t| \leqslant t_{\alpha/2}(n-2)$时,接受$H_0$,此时回归效果不显著。

(4)相关系数检验法

相关系数的大小可以表示两个随机变量线性关系的密切程度,对于线性回归中的变量x与Y,其样本的相关系数为

$$\rho = \frac{\sum_{i=1}^{n}(x_i - \bar{x})(Y_i - \bar{Y})}{\sqrt{\sum_{i=1}^{n}(x_i - \bar{x})^2 \sum_{i=1}^{n}(Y_i - \bar{Y})^2}} = \frac{\sqrt{L_{xy}}}{\sqrt{L_{xx}}\sqrt{L_{yy}}} \tag{7-23}$$

它反映了普通变量 x 与随机变量 Y 之间的线性相关程度,故取检验统计量为

$$r = \frac{\sqrt{L_{xy}}}{\sqrt{L_{xx}}\sqrt{L_{yy}}} \tag{7-24}$$

对给定的显著性水平 α,查相关系数表得 $r_\alpha(n)$,根据试验数据 $(x_1,y_1),(x_2,y_2),\cdots,(x_n,y_n)$ 计算 r 的值,当 $|r| > r_\alpha(n)$ 时,拒绝 H_0,表明回归效果显著;当 $|r| \leqslant r_\alpha(n)$ 时,接受 H_0,表明回归效果不显著。

(四)预测问题

在回归问题中,若回归方程经检验效果显著,则说明回归值与实际值拟合较好,因而可以利用它对因变量 Y 的新观察值 y_0 进行点预测或区间预测。

对于给定的 x_0,由回归方程可得回归值,即

$$\hat{y}_0 = \hat{\beta}_0 + \hat{\beta}_1 x \tag{7-25}$$

称 $\hat{y}_0$ 为 y 在 x_0 的预测值,y 的测试值 y_0 与预测值 $\hat{y}_0$ 之差称为预测误差。

在实际问题中,预测的真正意义就是在一定的显著性水平 α 下,寻找一个正数 $\delta(x_0)$,使得实际观察值 y_0 以 $1-\alpha$ 的概率落入区间 $(\hat{y}_0 - \delta(x_0), \hat{y}_0 + \delta(x_0))$ 内,即

$$P(|Y_0 - \hat{y}_0| < \delta(x_0)) = 1 - \alpha$$

由定理 1 知

$$Y_0 - \hat{y}_0 \sim N\left(0, \sigma^2\left[1 + \frac{1}{n} + \frac{(x_0 - \bar{x})^2}{L_{xx}}\right]\right)$$

又因 $Y_0 - \hat{y}_0$ 与 $\hat{\sigma}^2$ 相互独立,且

$$\frac{(n-2)\hat{\sigma}^2}{\sigma^2} \sim \chi^2(n-2)$$

所以

$$T = (Y_0 - \hat{y}_0) / \hat{\sigma} \sqrt{1 + \frac{1}{n} + \frac{(x_0 - \bar{x})^2}{L_{xx}}} \sim t(n-2) \tag{7-26}$$

故对给定的显著性水平 α,求得 $\delta(x_0) = t_{\alpha/2}(n-1)/\hat{\sigma}\sqrt{1 + \frac{1}{n} + \frac{(x_0 - \bar{x})^2}{L_{xx}}}$,故得 y_0 的置信水平为 $1-\alpha$,其预测区间为 $(\hat{y}_0 - \delta(x_0), \hat{y}_0 + \delta(x_0))$。

显而易见,y_0 的预测区间长度为 $2\delta(x_0)$,对给定 α,x_0 越靠近样本均值 $\bar{x}$,$\delta(x_0)$ 越小,预测区间长度越小,效果越好。当 n 很大,并且 x_0 较接近 $\bar{x}$ 时,有

$$\sqrt{1 + \frac{1}{n} + \frac{(x_0 - \bar{x})^2}{L_{xx}}} \approx 1, t_{\alpha/2}(n-2) = \mu_{\alpha/2}$$

则预测区间近似为 $(\hat{y}_0 - \mu_{\alpha/2}\hat{\sigma}, \hat{y}_0 + \mu_{\alpha/2}\hat{\sigma})$。

(五)DW 检验与残差分析

1. DW 检验

在回归模型的诊断中,有一个非常重要的回归模型假设需要诊断,那就是回归模型中的

误差项的独立性。如果误差项不独立,那么对回归模型的任何估计与假设所做出的结论都是不可靠的。因此,需要进行 DW 检验,即德宾-沃森检验(Durbin-Watso test),用于检验随机误差具有一阶自回归形式的序列相关问题。

2. 残差分析

所谓残差就是指由回归方程计算得到的预测值与实际值之间的误差,公式如下

$$e_i = y_i - \hat{y}_i \tag{7-27}$$

它是回归模型中 ε_i 的估计值,由多个 e_i 形成的序列称为残差序列。可通过残差序列分析来证实模型假设。常以预测值 $\hat{y}_i$ 为横轴,以误差 e_i 或学生化残差为纵轴,绘制残差的散点图。如果散点图呈现明显的规律性,则认为存在自相关性,或者存在非线性、非常数方差的问题。利用残差图还可以判断模型的拟合效果。在残差图中,如果各点呈随机状,并绝大部分落在 $\pm 2\sigma$ 范围内(68%的点落在 $\pm \sigma$ 内,96%的点落在 $\pm 2\sigma$ 之中),说明模型对于数据的拟合效果较好。

(六)SPSS 线性回归分析的数据要求

线性回归过程中包括一元线性回归、多元线性回归、多元逐步回归。可以给出所求回归方程的回归系数估计值(即回归系数参数估计和区间估计)、协方差矩阵、复相关系数 R、方差分析表、因变量的最佳预测值等,还可以输出变量值的散点图等图形。

线性回归过程对数据的要求是:自变量和因变量必须是具有刻度级测度的数值型变量、标志或分类变量,必须记录为二元的哑变量(虚拟变量),或者其他类型的对立变量。

对于因变量的所有观察值(样本)应该认为是来自相互独立的等方差的正态总体,并且因变量与各个自变量之间应具有一定的线性关系。

(七)简单线性回归分析的基本步骤

1. 样本数据绘制散点图

回归分析之前,需要对样本资料是否满足要求进行判断。可以先使用相关分析法确定自变量与因变量之间的相关系数,或者运用散点图功能(scatter),形成直观的散点图,观察自变量与因变量之间关系,以及奇异值等情况。图中明显远离主体的观测值,称为异常点(outlier),这些点很可能对正确评价两变量之间关系有较大影响。对异常点的识别与处理需要从专业知识和数据特征两方面结合起来考虑,结果可能是现有回归模型的假设不合理,需要改变模型形式,也可能是样本造成的误差。需要特别强调的是,实践中不能通过简单剔除异常数据的方式来得到拟合效果较好的模型,需要仔细地核对原始数据,并检查其产生的过程,认定是否是过失误差,或者通过重复测定确定是抽样误差造成的偶然结果,才可以通过剔除或采用其他估计方法,比如采用非线性回归或者变分线性为线性关系等。

2. 观察数据的分布

分析因变量的正态性、方差齐性,确定是否可以进行线性回归分析。模型拟合完毕,通过残差分析结果来考察模型是否可靠。如果变量进行了变换,则应重新绘制散点图并观察数据分布。

3. 估计参数,建立回归预测模型

利用检验统计量对回归预测模型进行显著性检验,得到拟合回归直线。

4.残差分析

对于数据是否符合模型假设条件,主要从以下两个方面来考察。首先考察残差(参数用 DW 表示)是否独立。实际上就是考察因变量取值是否相互独立,采用 DW 残差序列相关性进行分析,其取值范围为:$0<DW<4$,统计意义为:若 $DW\approx2$,表明相邻两点的残差项相互独立;若 $0<DW<2$,表明相邻两点的残差项正相关;若 $2<DW<4$,表明相邻两点的残差项负相关。其次,考察残差分布是否为正态。实际上就是考察因变量趋势是否服从正态分布,可以采用残差列表及相关指标法进行分析,直方图(histogram)是图示法观察用的。

完成上述 4 步,才能认为得到的是一个统计学意义上的无误的模型。

5.利用回归模型进行预测,分析评价预测值

线性回归用于预测时,其适用范围一般不应超出样本中自变量的取值范围,此时求得的预测值成为内插(interpolation),而超出自变量取值范围所得到的预测值成为外延(extrapolation)。若无充分理由说明现有自变量范围以外的两变量间仍然是线性关系,则应尽量避免不合理的外延。同时线性模型的预测效果不及非线性模型,所以一般不用线性模型来开展预测功能。

(六)相关分析与回归分析的关系

(1)概念关系。相关分析与回归分析有密切的关系,它们都是研究变量之间线性关系的统计分析方法。但是两者又有区别。相关分析中的变量视为随机变量,仅研究变量之间是否存在线性关系;而回归分析中研究的变量分为因变量和自变量,因变量是随机变量,又称为被解释变量,自变量又称为解释变量,是可以加以控制的变量。

(2)虽然因果分析研究一个变量对另一个(些)变量的依赖关系,但它并不一定意味着因果关系。用莫里斯·肯德尔和艾伦·斯图亚特的话说:"一个统计关系式,不管多强也不管多么有启发性,都永远不能确定因果方面的联系;对因果关系的理念,必须来自统计学以外,最终来自这种或那种理论。"

📄 多元线性回归分析

四、多元线性回归分析基本原理

(一)多元线性回归的理论模型

(1)多元线性回归模型是指含有多个自变量的线性回归模型,用于解释因变量与其他多个自变量之间的线性关系。

线性回归的一般数学模式是

$$Y_i = \beta_0 + \beta_1 x_{i1} + \cdots + \beta_p x_{ip} + \varepsilon_i, i = 1,2,\cdots,n \tag{7-28}$$

式中,因变量 Y 的变化由两个部分来解释:一是由 p 个自变量 x 的变化引起的 Y 变化部分;二是由其他随机因素 ε 引起的 Y 的变化部分。

(2)SPSS 线性回归分析过程 $x_1,x_2,\cdots,x_p,Y$ 做了 n 次观测,得到观测值

$$x_{i1},x_{i2},\cdots,x_{ip},y_i,i=1,2,\cdots,n \tag{7-29}$$

其中,$x_{i1},x_{i2},\cdots,x_{ip}$ 分别为第 i 次观测时自变量 $x_1,x_2,\cdots,x_p$ 的取值;y_i 为因变量 Y 的观测值。

(3)回归分析需要对模型中的未知参数 $\beta_0,\beta_1,\cdots,\beta_p$ 做出估计,分别称为回归常数和偏回归系数。偏回归系数表示假设在其他所有自变量不变的情况下,某一个自变量变化引起

的因变量变化的比率。

对建立的回归方程进行回归系数显著性检验,即检验假设 $H_0: \beta_i = 0, i = 1, 2, \cdots, p$。也就是检验第 i 个偏回归系数与 0 无显著差异。检验 β_i 的显著性统计量为 T 统计量。

(4)多元线性回归方程显著性检验的零假设为

$$H_0: \beta_1 = \beta_2 = \cdots = \beta_p = 0, i = 1, 2, \cdots, p$$

检验的统计量为 F 统计量,如果检验拒绝 H_0,则认为回归方程有效。与一元回归方程相同,在多元回归中也使用判定系数 R^2 来解释回归模型中自变量的变异在因变量变异中所占的比率,此时反映的是 Y 的变异由自变量联合解释的比例,因此,称 R^2 为复判定系数(multiple coefficient of determination)。同时,复判定系数的值随着进入回归方程的自变量个数 p 或样本容量的大小的增加而增大。因此,为了消除自变量个数及样本量的大小对判定系数的影响,引入了经调整的判定系数(adjusted R^2)。调整的判定系数的公式是

$$\text{adjusted } R^2 = \frac{\sum (\hat{y}_i - \bar{y})^2 / (n - p - 1)}{\sum (y_i - \bar{y})^2 / (n - 1)} = 1 - \frac{\sum (y - \hat{y})^2 / (n - p - 1)}{\sum (y - \bar{y})^2 / (n - 1)} \quad (7\text{-}30)$$

其中,p 为自变量的个数,n 为观测量的数目。可以看出,自变量个数大于 1 时,其值小于判定系数。自变量个数越多,与判定系数的差值越大。

(二)多元线性回归分析基本步骤

(1)根据研究问题,确定因变量与自变量,并初步设定多元线性回归方程。

(2)估计方程参数,确定估计多元线性回归方程。

(3)利用统计量对回归预测模型进行各项显著性检验。

(4)检验通过后,可以利用回归模型进行预测,分析评价预测值。

五、曲线估计基本原理

(一)非线性模型的基本内容

曲线估计问题,即曲线拟合问题。现实中,变量之间的关系往往不是简单的线性关系,而是呈现某种曲线或非线性关系。此时,选择适当的曲线拟合可以更加准确地反映实际情况。

曲线估计

变量之间的非线性关系可以划分为本质线性关系和本质非线性关系。所谓本质线性关系是指变量形式上虽表现为非线性关系,但可以通过变量转化方式变换为线性关系,并可最终进行线性回归分析,建立线性模型。本质非线性关系是指变量之间不仅形式上为非线性关系,而且也无法转化为线性关系。

SPSS 的曲线估计(curve estimation)就是用来解决这类问题的。它提供了包括线性回归在内的 11 种不同的曲线估计回归模型,如表 7-1 所示,表中模型不含线性模型。

表 7-1 曲线拟合模型

序号	模型名称	回归方程	线性转化形式
1	二次曲线 (quadratic)	$y = \beta_0 + \beta_1 x + \beta_2 x^2$	$y = \beta_0 + \beta_1 x + \beta_2 x_1$(令 $x_1 = x^2$)

续 表

序号	模型名称	回归方程	线性转化形式
2	复合曲线 （compound）	$y = \beta_0 \beta_1^x$	$\ln y = \ln\beta_0 + \ln(\beta_1) \cdot x$
3	增长曲线 （growth）	$y = e^{\beta_0 + \beta_1 x}$	$\ln y = \beta_0 + \beta_1 x$
4	对数曲线 （logarithmic）	$y = \beta_0 + \beta_1^{\ln x}$	$y = \beta_0 + \beta_1 x_1 （令 x_1 = \ln x）$
5	三次曲线 （cubic）	$y = \beta_0 + \beta_1 x + \beta_2 x^2 + \beta_3 x^3$	$y = \beta_0 + \beta_1 x + \beta_2 x_1 + \beta_3 x_2$ $（令 x_1 = x^2, x_2 = x^3）$
6	S 曲线 （s-curve）	$y = e^{\beta_0 - \frac{\beta_1}{x}}$	$\ln y = \beta_0 + \beta_1 x_1 （令 x_1 = 1/x）$
7	指数曲线 （exponential）	$y = \beta_0 e^{\beta_1 x}$	$\ln y = \ln\beta_0 + \beta_1 x$
8	逆曲线 （inverse）	$y = \beta_0 + \dfrac{\beta_1}{x}$	$y = \beta_0 + \beta_1 x_1 （令 x_1 = 1/x）$
9	幂指曲线 （power）	$y = \beta_0 (x^{\beta_1})$	$\ln y = \ln\beta_0 + \beta_1 \ln x$
10	逻辑曲线 （logistic）	$y = \dfrac{1}{\dfrac{1}{u} + \beta_0 \beta_1^x}$	$\ln\left(\dfrac{1}{y} - \dfrac{1}{u}\right) = \ln\beta_0 + \ln(\beta_1) \cdot x$

（二）曲线估计的基本步骤

（1）根据数据资料绘制散点图，应用必要的专业知识和经验，大致选定曲线类型。

（2）选择多个曲线回归预测模型，估计参数。

（3）利用输出的统计量对回归预测模型进行各项显著性检验。

（4）选择一种最合适的曲线模型，并进行预测和分析评价。

📖 二项 logistic
　回归分析

六、二项 logistic 回归分析基本原理

（一）logistic 回归介绍

一般的回归模型中，因变量为刻度变量，并且理论上要求其服从正态分布等 LINE（线性、独立、正态、等方差）假定条件。logistic 回归与它们的主要区别在于：因变量的类型不同。通过一组解释变量或自变量，采用 logistic 回归，可以预测一个分类变量每一分类发生的概率。解释变量可以是刻度变量、分类变量或两者的混合。如果解释变量均为刻度数据，则可以采用判别分析等方法进行分析。通常情况下，logistic 回归对预测变量的假定条件较少，所以 logistic 回归更为常用。

分类变量可以分为有序变量（序次级）和无序变量（名义级）。无序变量分为二项分类变量和无序多项分类变量两种情况。如候选人是否会当选为二项分类变量；消费者对某个产品使用满意程度分为很满意、一般、不满意，结果变量满意程度为有序分类变量；不同人群将

会选择不同品牌(如联想、苹果、戴尔等)的电脑,这里的结果变量电脑品牌为无序多项分类变量。

(二)二项 logistic 回归模型

令因变量 Y 服从二项分布,其二项分类的取值分别为 $0,1$,$Y=1$ 的总体概率为 $\pi(Y=1)$,则 k 个自变量分别为 $X_1,X_2,\cdots,X_k$ 所对应的 logistic 回归模型为

$$\pi(Y=1) = \frac{\exp(\beta_0 + \beta_1 X_1 + \beta_2 X_2 + \cdots + \beta_k X_k)}{1 + \exp(\beta_0 + \beta_1 X_1 + \beta_2 X_2 + \cdots + \beta_k X_k)} \tag{7-31}$$

或

$$\text{logit}[\pi(Y=1)] = \ln\left[\frac{\pi(Y=1)}{1-\pi(Y=1)}\right] = \beta_0 + \beta_1 X_1 + \beta_2 X_2 + \cdots + \beta_k X_k \tag{7-32}$$

式(7-31)通常被称为 logistic 回归预测模型,将某一个个体的自变量 X_j 值$(x_1,x_2,\cdots,x_k)$代入式(7-31),在求得回归系数估计值的情况下,可以得到该个体概率 $\pi(Y=1)$ 的预测值(或称估计值,$\hat{p}$),即

$$\hat{p} = \frac{\exp(\beta_0 + \beta_1 x_1 + \beta_2 x_2 + \cdots + \beta_k x_k)}{1 + \exp(\beta_0 + \beta_1 x_1 + \beta_2 x_2 + \cdots + \beta_k x_k)} \tag{7-33}$$

logistic 回归模型实际上是对概率 $\pi(Y=1)$ 进行了 logit 变换后的线性回归模型,所以通常也称 logistic 回归模型为 logit 模型。通过 logit 变换,使 $0\sim1$ 范围取值的 $\pi(Y=1)$ 变成了 $-\infty\sim+\infty$ 范围取值的 logit 值。

(三)二项 logistic 回归方程参数的意义及其解释

在一般线性回归模型中,通过普通最小二乘估计法求解回归系数。在二项分类 logistic 回归模型中,通过最大似然估计法求解回归参数。为了理解二项分类 logistic 回归模型参数的意义,需要先理解优势(odds)与优势比(odds ratio)的概念。

一个事件的优势被定义为它发生的可能性与不发生的可能性之比。例如,抛一枚硬币后,其正面向上的优势为 $0.5/0.5=1$;从 52 张桥牌中抽出一张 A 的优势为$(4/52)/(48/52)=1/12$。这里不要把优势的含义与概率混淆,其概率值为 $4/52=1/13$,两者的关系可以用简单的公式来表示。如果事件概率用 $\hat{p}$(二项分类变量的非事件概率用 $1-\hat{p}$)来表示,优势用 $\hat{O}$ 来表示,则有优势

$$\hat{O} = \frac{\text{事件概率}}{\text{非事件概率}} = \frac{\hat{p}}{1-\hat{p}} \tag{7-34}$$

由式(7-32)和式(7-33)可得

$$\text{logit}(p) = \ln\frac{p}{1-p} = \ln(\hat{O}) = b_0 + b_1 X_1 + b_2 X_2 + \cdots + b_k X_k \tag{7-35}$$

根据式(7-35),回归系数 $b_j(j=1,2,\cdots,k)$ 表示在其他自变量固定不变的情况下,某一个自变量 X_j 改变一个单位,$\text{logit}\hat{p}$ 或对数优势的平均改变量。在实际应用中,logistic 回归不是直接用回归系数来解释,而是解释优势比。优势比被用来作为衡量效应大小的指标,度量某自变量对因变量优势影响程度的大小。某一个自变量 X_j 对应的优势比为

$$\hat{OR}_j = \exp b_j \tag{7-36}$$

将公式(7-36)等号两边同时取以自然对数 e 为底的指数,有

$$\text{优势} = \hat{O} = \exp(b_0 + b_1 X_1 + b_2 X_2 + \cdots + b_k X_k) \tag{7-37}$$

优势比的含义是在其他自变量固定不变的情况下,某一自变量 X_j 改变一个单位,因变量对应的优势比平均改变 $\exp b_j$ 个单位。如 X_1 从一个任意实数 α 变为 $\alpha+1$,则

$$\hat{OR}_1 = \frac{\hat{O}_2}{\hat{O}_1} = \frac{\exp[b_0 + b_1(\alpha+1) + b_2 X_2 + \cdots + b_k X_k]}{\exp(b_0 + b_1\alpha + b_2 X_2 + \cdots + b_k X_k)} = \exp b_1 \qquad (7\text{-}38)$$

所以,当一个自变量的系数为正值,它意味着优势比将会增加,此值会大于 1;当系数为 0 时,此值等于 1。如果系数为负值,它意味着优势比将会减小,此值将会小于 1。

(四)二项 logistic 回归方程的假设检验

1. 回归系数的显著性检验

对于较大样本的系数的检验,使用基于卡方分布的沃尔德(Wald)统计量。Wald 统计量也有弱点,当回归系数的绝对值开始变大时,其标准误的值将发生更大的改变,这样 Wald 统计量的值开始变得很小,将导致拒绝回归系数的零假设,即认为变量的回归系数为零。因此,当变量的系数很大时,就不要依据 Wald 统计量,应建立两个包含与不包含要检测的变量的模型,利用对数似然比的变化值进行假设检验,可以选择 Backward LR(后向剔除回归)方式作为变量的选择方法。

2. 评价包含所有变量模型的拟合度

判别模型与样本之间的"想象度"是判别模型好坏的方法之一。在 SPSS 的"Model Summary"(模型摘要)输出结果中,给出了 Cox and Snell(考克斯-斯内尔)决定系数和 Nagelkerke(内戈尔科)决定系数。Cox and Snell 决定系数的缺点是最大值小于 1,使得解释变得困难。Nagelkerke 决定系数修改了 Cox and Snell 决定系数,使 R^2 的取值在 0~1。这里给出的决定系数不像一般回归模型,它不是真正意义上的决定系数,而是伪决定系数(Pseudo R^2),解释时只能作为模型拟合优度的参考。

3. 模型判别与模型校对

经常用来检查模型判别能力的指标为 C 统计量,其取值范围为 0.5~1。0.5 表示模型对观测量的判别作用非常弱,1 表示模型可以很好地识别观测量的类别。在 SPSS 的逻辑回归过程中,为了计算 C 统计量,必须要保存预测概率,再利用 ROC 曲线(receiver operating characteristic curve,受试者特征曲线)进行计算。

模型校对用来评估观测概率、预测概率与整个概率之间的关系,它对观测量概率与预测概率之间的距离进行解释,常用的检测方法是 Hosmer-Lemeshow(霍斯默-莱梅肖)卡方统计量。当协变量配对的数量巨大并且标准拟合度卡方检验不能被使用时,它们是非常有效的检测方法。

为了计算 Hosmer-Lemeshow 卡方统计量,实际操作方法是根据估计观测量的预测概率将观测量分成数量大致相等的 10 个组,观察观测量与预测发生事件的数量,以及预测不发生事件的数量之间的比较。卡方检验用来评价实际发生与预测事件发生之间的数量差别。Hosmer-Lemeshow 卡方统计量一般要求观测量较大,如样本数大于 100。

第二节　相关分析

一、实验目的

(1)了解相关分析的方法原理。

(2)熟练掌握相关分析的 SPSS 操作命令。

(3)熟练应用 3 个常用相关系数的计算方法及其数据测度要求。

(4)能运用相关分析解决管理学实际问题。

相关分析

二、实验内容

某大学一年级 12 名女生的胸围(厘米)、肺活量(升)与身高(米)数据如表 7-2 所示。试分析胸围与肺活量两个变量之间相关关系(基本数据见数据文件 7-1)。

数据文件 7-1

表 7-2　12 名大一女生胸围、肺活量与身高相关数据

学生编号	胸围/厘米	肺活量/升	身高/米
1	72.50	2.50	1.60
2	83.80	3.12	1.68
3	78.30	1.91	1.61
4	88.60	3.27	1.65
5	77.20	2.82	1.69
6	81.70	2.86	1.64
7	78.40	3.17	1.63
8	74.80	1.91	1.59
9	73.60	2.97	1.66
10	79.40	3.28	1.70
11	85.80	3.42	1.68
12	72.50	2.78	1.62

三、实验步骤

(1)绘制散点图,以判断两个变量之间有无线性相关趋势,如图 7-1 所示。

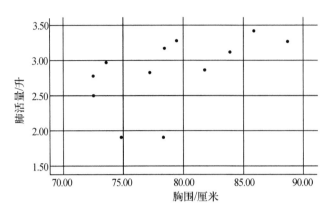

图 7-1　女生胸围与肺活量的散点图

从图 7-1 可见,大一年级女生胸围与肺活量之间有线性相关趋势,可以做线性相关分析。

(2)从菜单上依次选择"分析(A)—"相关(C)"—"双变量(二元相关)(B)"命令,打开对话框,如图 7-2 所示。选择"胸围""肺活量"到变量框;选择"相关系数"—"皮尔逊"、"显著性检验"—"双尾(T)"、"标记显著性相关性(F)"。单击"确定"按钮。

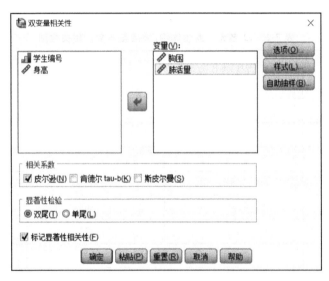

图 7-2　"双变量相关性"对话框

四、实验结果与分析

从表 7-3 可以看出,变量间相关系数是用 2×2 方阵形式出现的。每一行和每一列的两个变量对应的单元格就是这两个变量相关分析的结果,有 3 个数字,分别为皮尔逊相关性、Sig.(双尾)、个案数。胸围与肺活量的皮尔逊相关系数为 0.549,显著性检验为 0.064,个案数为 12。单从相关系数可以看出,两者是正相关的而且具有中等相关性。但是,显著性检验 $0.064>0.05$,接受零假设 $H_0:r=0$,所以皮尔逊相关系数为 0.549 的值没有通过显著检验。根据这 12 个小样本推断该大学一年级女生胸围与肺活量之间没有线性相关性。

表 7-3 胸围与肺活量相关性

变量	分析结果	胸围	肺活量
胸围	皮尔逊相关性	1	0.549
	Sig.（双尾）		0.064
	个案数	12	12
肺活量	皮尔逊相关性	549	1
	Sig.（双尾）	0.064	
	个案数	12	12

五、实验总结

(1)皮尔逊相关系数适用于两变量的度量水平都是间隔尺度数据、两变量的总体是正态分布或近似分布的情况,否则其反映的线性关系可能失真。

(2)斯皮尔曼和肯德尔秩相关关系,用于反映两个序次或等级变量的相关程度。适用于两变量的度量水平不是间隔尺度数据而是顺序尺度的数据,或变量的总体分布不详等情况。

(3)相关系数的显著性检验通常是检验总体相关相关系数是否等于零,对于不同的相关系数,其统计检验的统计量也不相同,构建的假设检验也略有差异。

六、实验作业

[习题 7-1] 请继续分析表 7-2 某大学一年级女生的胸围、肺活量与身高的相关性,并查找相关医学文献,对比实验结果与医学知识的关系。

[习题 7-2] 1990 年,某中心在国内公众中就职业态度相关问题做问卷调查,列举了 12 个职业,要求被调查者对声望高低和值得信任程度进行回答。根据回收问卷,按照公众对各职业人数排列,获得了以下数据,如表 7-4 所示。试分析职业的社会声望与值得信任程度的相关性。

表 7-4 公众对待 12 种社会职业的评价态度数据

职业	社会声望	值得信任程度
科学家	1	1
医生	2	2
政府官员	3	7
中小学教师	4	3
大学教师	5	5
工程师	6	4
新闻记者	7	8
律师	8	6
企业管理员	9	12

续 表

职业	社会声望	值得信任程度
银行管理员	10	10
建筑设计师	11	9
会计师	12	11

数据来源:郝黎仁.樊元.郝哲欧.等.SPSS实用统计分析[M].北京:中国水利水电出版社.2003.

第三节 偏相关分析

一、实验目的

(1)准确理解偏相关分析的方法原理和使用前提。

(2)熟练掌握偏相关分析的 SPSS 操作方法。

(3)了解偏相关分析中介变量的运用方法。

二、实验内容

研究人员收集了 26 个旅游景点某年的商店投资数据、游客增长率和风景区的经济增长率(基本数据见数据文件 7-2)。问景区商业投资是否确实导致了风景区的经济增长率[①]

数据文件 7-2

三、实验步骤

风景区的经济增长率显然受到景点投资和游客增长率的共同影响。因此,要分析景区商业投资是否确实导致了风景区的经济增长率,需要控制游客增长率变量后,通过分析景区商业投资与风景区的经济增长率偏相关关系才能回答提出的问题。

(1)在 SPSS 25.0 中打开数据文件 7-2.sav,通过选择"文件"—"打开"命令将数据调入 SPSS 25.0 的工作文件窗口,如图 7-3 所示。

(2)从菜单上依次选择"分析(A)"—"相关(C)"—"偏相关(R)"命令,打开对话框,如图 7-4 所示。选择"商业投资"与"经济增长"作为相关分析变量,加入变量框中;选择"游客增长率"作为控制变量,用箭头加入右边的控制框中。

点击"选项(O)"按钮,如图 7-5 所示,选择零阶相关系数(也就是两两简单相关系数,可以用于偏相关系数比较)。点击"继续(C)"按钮返回到"偏相关性"对话框,点击"确定"按钮。

---

① 相关数据参见马庆国.管理统计[M].北京:科学出版社.2006.

图 7-3　26 个旅游景点的相关数据

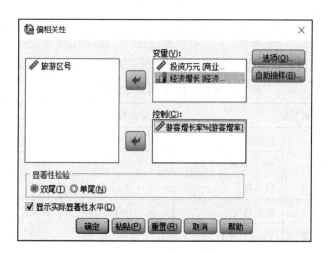

图 7-4　"偏相关性"对话框

图 7-5　"偏相关：选项"对话框

四、实验结果与分析

(一)描述性统计分析

由表 7-5 可以看出,26 个景点的商业投资平均值为 1521.9231 万元,标准差为 85.09567,景区经济增长率和游客增长率均值分别为 2.2019 和 3.7173。

表 7-5　描述性统计量

统计对象	平均值	标准差	个案数
商业投资/万元	1521.9231	85.09567	26
经济增长率/%	2.2019	0.46914	26
游客增长率/%	3.7173	0.61066	26

(二)偏相关分析

表 7-6 上半部分为零阶相关分析结果,下半部分为偏相关分析结果。在控制游客增长率后,商业投资与景点经济增长率的偏相关系数为 0.083,显著性概率为 0.695>0.05,说明剔除游客增长率的变量影响后,景点商业投资额与景点的经济增长率没有显著关系,因此,也不能说风景区的商业投资导致了风景区的经济增长。对比零阶相关分析可以看出,商业投资与景点经济增长和游客增长率都是显著性正相关的,所以,单凭相关分析来判定两者关系有时会误导决策。

表 7-6　零阶相关、偏相关与显著性检验

控制变量			商业投资	经济增长率	游客增长率
无①	商业投资	相关性	1.000	0.644	0.791
		Sig.(双尾)	0	0	0
		自由度	0	24	24
	经济增长率	相关性	0.644	1.000	0.773
		Sig.(双尾)	0	0	0
		自由度	24	0	24
	游客增长率	相关性	0.791	0.773	1.000
		Sig.(双尾)	0	0	
		自由度	24	24	0
游客增长率	商业投资	相关性	1.000	0.083	
		Sig.(双尾)	0	0.695	
		自由度	0	23	
	经济增长率	相关性	0.083	1.000	
		Sig.(双尾)	0.695	0	
		自由度	23	0	

注:①单元格包含零阶(皮尔逊)相关性。

五、实验总结

(1)偏相关系数的数值与简单相关系数的数值常常是不同的,在计算简单相关系数时,所有其他自变量不予考虑。在计算偏相关系数时,要考虑其他自变量对因变量的影响,是把其他自变量当作常数处理了。

(2)多元回归中不看重简单相关系数,而是看重偏相关系数。根据偏相关系数,可以判断自变量对因变量的影响程度;对那些对因变量影响较小的自变量,则可以舍去。

六、实验作业

[习题 7-3]　卫生陶瓷产品是现代建筑中不可缺少的建材。卫生陶瓷产品的用量与建筑面积的竣工有直接的关系。为了研究它们之间的关系,现收集了我国近 20 年来的卫生陶瓷产品的年需求量及各类建筑竣工面积的历史资料(见表 7-7)。问卫生陶瓷产品年需求量与年城镇住宅建筑竣工面积之间关系如何?

表 7-7　卫生陶瓷产品年需求量

序号	卫生陶瓷产品年需求量/万平方米	年城镇住宅建筑竣工面积/万平方米	年新增医疗卫生机构面积/万平方米	年新增办公楼等建筑面积/万平方米
1	4.00	9.00	1.40	2.90
2	6.00	9.00	1.10	2.80
3	4.00	10.00	1.10	3.10
4	3.00	17.00	1.00	4.10
5	5.00	16.00	1.10	5.00
6	7.00	18.00	1.40	4.50
7	10.00	10.00	0.80	1.80
8	4.00	9.00	0.40	0.60
9	5.00	9.00	0.50	0.80
10	7.00	10.00	0.90	2.10
11	11.00	12.00	1.10	2.10
12	8.00	14.00	2.20	4.00
13	9.00	19.00	2.20	4.00
14	10.00	21.00	2.40	3.60
15	14.00	20.00	2.20	4.20
16	18.00	22.00	2.30	4.60
17	20.00	21.00	2.10	4.00
18	24.00	28.00	2.30	4.30
19	22.00	33.00	2.40	4.70

续　表

序号	卫生陶瓷产品年 需求量/万平方米	年城镇住宅建筑 竣工面积/万平方米	年新增医疗卫生 机构面积/万平方米	年新增办公楼等 建筑面积/万平方米
20	26.00	50.00	2.60	6.00

数据来源：郝黎仁．樊元．郝哲欧．等.SPSS实用统计分析[M].北京：中国水利水电出版社.2003.

　简单线性回
归分析

　数据文件7-3

第四节　简单线性回归分析

一、实验目的

(1)准确理解简单线性回归分析的方法与原理。

(2)熟练掌握简单线性回归分析的 SPSS 操作与分析方法。

(3)了解相关性与回归分析之间的关系。

(4)培养运用简单线性回归分析解决实际问题的能力。

二、实验内容

某市商品房交易市场,30 套商品房(y)、报价(x)如表 7-8 所示(基础数据见数据文件 7-3),试进行一元线性回归分析。

表 7-8　某市商品房交易市场报价与成交价

序号	成交价/万元	报价/万元	序号	成交价/万元	报价/万元
1	194.10	178.17	16	206.70	184.36
2	201.90	180.24	17	181.50	172.94
3	188.65	174.03	18	194.50	176.50
4	215.50	186.31	19	169.00	166.28
5	187.50	175.22	20	196.90	179.74
6	172.00	165.54	21	186.50	172.78
7	191.50	172.43	22	197.90	177.90
8	213.90	185.61	23	183.00	174.31
9	169.34	160.80	24	197.30	179.85
10	196.90	181.88	25	200.80	184.78
11	196.00	179.11	26	197.90	181.61
12	161.90	159.93	27	190.50	174.92
13	193.00	175.27	28	197.00	179.98
14	209.50	185.88	29	192.00	177.96
15	193.75	176.64	30	195.90	179.07

三、实验步骤

在 SPSS 25.0 中打开数据文件 7-3. sav。

（1）进入线性回归分析的对话框。选择"分析（A）"—"回归（R）"—"线性（L）"命令,弹出如图 7-6 所示的回归对话框。

（2）选择分析变量。将"成交价格"放入因变量分析框,将"报价"放入自变量分析框。

（3）在"方法（M）"框中选择回归分析方法。

①输入（Enter）:所选择的自变量全部进入回归模型,该选项是默认方式。

②步进（Stepwise）:它是向前选择法与向后剔除法的结合。在"选项（O）"

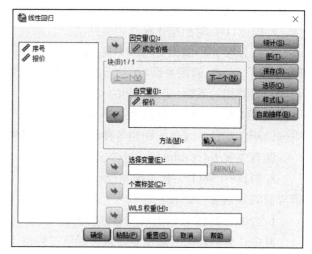

图 7-6 "线性回归"对话框

对话框中进行设定,首先根据方差结果选择符合要求的自变量,对因变量贡献最大的进入方程,然后根据向后剔除法,将模型中 F 值最小的且符合剔除要求的变量剔除出模型,重复进行,直到回归方程中的自变量均符合进入模型,模型外的自变量都不符合进入模型要求为止。

③除去（Remove）:建立回归方程时,根据设定的要求剔除部分自变量。

④后退（Backward）:先建立全模型,根据在"选项（O）"对话框中的设定,每次剔除一个最不符合要求的变量,直到回归模型中不再含有不符合要求的自变量为止。

⑤前进（Forward）:从模型中无自变量开始,根据在"选项（O）"对话框中的设定,每次将一个最符合的变量加入模型,直至所有符合要求的变量都进入模型为止。第一个进入模型的变量应该与因变量间的相关系数的绝对值的差距最大。如果指定的依据是 F 值,每次将方差分析的 F 值的最大值加入模型。

（4）选择分析统计量。

单击图 7-6"统计（S）"按钮,弹出对话框,如图 7-7所示。

①回归系数。

a.估算值（E）:输出回归系数 β、β 的标准误、标准化回归系数 β、对回归系数进行检验的 t 值、t 值的双侧检验的显著性水平 Sig. 。

b.置信区间（N）:显示每个回归系数或协方差矩阵指定置信度的置信区间。

c.协方差矩阵（V）:输出非标准化回归系数的协方差矩阵、各变量的相关系数矩阵。

②与模型拟合及其拟合效果有关的选择项。

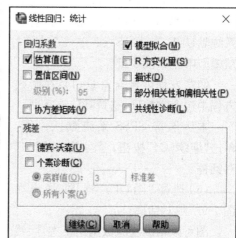

图 7-7 "线性回归:统计"对话框

a.模型拟合(M):输出复相关系数 R、复相关系数 R^2 及其修正值、估计值的标准误、ANOVA 方差分析表、引入模型和从模型中剔除的变量。这是系统默认选择项。

b.R 方变化量(S):表示由于添加或删除自变量而产生的 R^2 统计量的变化。如果较大，说明进入和从方程中剔除的变量有可能是一个较好的回归变量。

c.描述(D):输出描述统计相关结果。

d.部分相关和偏相关性(P):输出部分相关系数(表明当一个自变量进入回归方程后，R^2 增加了多少)、偏相关系数(表示排除了其他自变量对因变量的影响后，与因变量的相关程度)、零阶相关系数(变量之间的简单相关系数)。

e.共线性诊断(L):共线性或多重共线性指一个自变量是其他自变量的线性函数。输出用来诊断各变量共线性问题的各种统计量和容限值。

③有关残差(residuals)分析的选择项。

a.德宾-沃森(U):输出德宾-沃森统计量及可能的奇异值的观察量诊断表。

b.个案诊断(C):输出观测量诊断表。

其中,"离群值(O)"选项是设置奇异值的判据,默认值≥3。"所有个案"选项,输出所有观察量的残差值。

(5)单击"分析(O)"选项,出现如图 7-8 所示对话框。

①步进法条件:设置变量进入模型或从模型中剔除的判据。

a.使用 F 的概率(O):作为以 F 检验的概率为变量进入模型或从模型中剔除的判据。系统默认值为 0.05。当一个变量的 Sig. 值≤0.05 时,该变量进入回归方程;当一个变量的 Sig. 值≥0.10 时,该变量从回归方程中删除。可以在其后的编辑框中输入自定义值,但是进入值要小于删除值。

图 7-8 "线性回归:选项"对话框

b.使用 F 值(V):作为以 F 值为变量进入模型或从模型中剔除的判据。系统默认 F 值≥3.84,F 值≤2.71 时从模型中删除该变量。

②在方程中包含常量(I):在回归方程中包含常数项,这是默认选择项。

本例选择 SPSS 系统默认设置。单击"继续(C)"按钮,返回"线性回归"对话框。

(6)选择"图(T)"选项,弹出如图 7-9所示对话框。

图可以帮助检验数据的正态性、线性和方差相等的假设。还可以帮助识

图 7-9 "线性回归:图"对话框

别离群值、异常观察值和有影响的观测量等非正常数据。

①散点图:可以绘制以下各项中的任意两种:DEPENDNT(因变量)、* ZPRED(标准化预测值)、* ZRESID(标准化残差)、* DRESID(剔除残差)、* ADJPRED(调整的预测值)、* SRESID(学生化的残差)、* SDRESID(学生化的已删除残差)。针对标准化预测值绘制标准化残差,以检查线性关系和等方差性。

②标准化残差图:可以获取"直方图(H)",输出带有正态曲线的标准化残差的直方图;输出正态概率图(R),即 P-P 图,以检查残差的正态性。

③生成所有局部图(P):输出每一个自变量的残差相对于因变量残差的散点图。要生成部分图,方程中必须至少有两个自变量。

单击"继续(C)"按钮,返回"线性回归:图"对话框。

(7)单击"保存(S)"选项,弹出保存变量对话框,如图 7-10 所示。

①预测值:输出回归模型对每个个案的预测值。

a. 未标准化(U):非标准化形式,模型为因变量预测的值。

b. 标准化(R):将每个预测值转换为其标准化形式。

c. 调整后(J):当某观测量从回归系数的计算中排除时,生成观测量的预测值。

d. 平均值预测值标准误差(P):表示预测值的标准误,即对于自变量具有相同值的观测量所对应的因变量的均值的标准差的估计。

②残差。

a. 未标准化(N):表示未标准化残差为因变量的实际值与模型预测值之间的差。

b. 标准化(A):表示标准化残差,即残差除以其标注差的估计。标准化残差也称皮尔逊残差,它的均值为 0,标准差为 1。

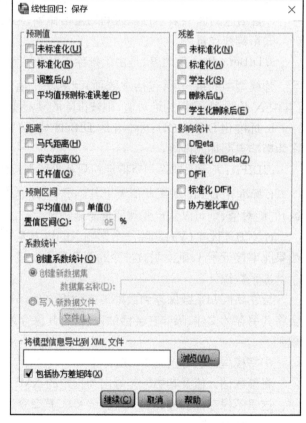

图 7-10 "线性回归:保存"变量对话框

c. 学生化(S):表示学生化残差,残差除以其随观测量变化的标准差的估计,取决于每个观测量的自变量值与自变量均值之间的距离。

d. 删除后(L):表示剔除残差,当某个观测量从回归系数的计算中排除时,该观测量的残差,是因变量的值和经调整的预测值之差。

e. 学生化删除后(E):表示学生化剔除残差,一个观测量的剔除残差除以其标准误。

③距离。

将自变量的异常观测值和对回归模型产生较大影响的观测值区分出来。

a. 马氏距离(H):即马哈拉诺比斯距离,简称为马氏距离,是一个测量自变量观测值中有多少观测值与所有观测值均值不同的测度,把马氏距离数值大的观测值视为极端值。

b. 库克距离(K):当一个特殊的观察值被排除在回归系数的计算之外时,库克距离用于测量所有观测量的残差将会有多大的变化。当将库克距离数值大的观测量排除在回归分析的计算之外时,会导致回归系数发生根本变化。

c. 杠杆值(G):用于度量某个点对回归拟合的影响。集中的杠杆值范围为从 0(对拟合无影响)到$(N-1)/N$。

④预测区间。

a. 平均值(M):表示均值预测区间的上下限。

b. 单值(I):表示因变量的单个观测量的预测区间。

c. 置信区间(C):表示预测区间的置信概率,可在小框中输入 1～99.99 之间的值。

⑤影响统计量。

a. DfBeta:Beta 值之差,是由于排除了某个特定观测量而导致的回归系数的改变。

为模型中的每一项(包括常数项)计算一个值。一般情况下,如果此值大于界值$2/\sqrt{N}$(其中 N 为观测量数)的绝对值,则被排除的观测量有可能是影响点。

b. 标准化 DfBeta(Z):标准化的 DfBeta 值,可以用来识别其绝对值大于 2 的观测量,并作为影响点而加以排除。

c. DfFit:表示因排除一个特定的观测量所引起的预测值的变化量。

f. 标准化 DfFit:如果此值大于其临界值$2/\sqrt{P/N}$(其中 P 为自变量个数,N 为观测量数)的绝对值,则可以认定此观测量为影响点。

e. 协方差比率(V):剔除一个影响点的协方差矩阵与全部观测量的协方差矩阵的比率。如果比率接近于 1,则说明被排除的观测量不能显著改变协方差矩阵。

⑥系数统计。

旨在将回归系数保存到数据集或数据文件。可以在同一会话中继续使用数据集,但不会将其另存为文件,除非在会话结束前,将其保存为文件。数据集名称必须符合变量名命名规则。

⑦将模型信息导出到 XML 文件。

将参数估计值及其协方差导出为指定的 XML 格式文件。

这里不保存任何值,然后单击"继续(C)"命令返回"线性回归"对话框。

(8)执行程序。

单击图 7-6"确定"按钮,则在输出窗口中输出回归分析结果。

四、实验结果与分析

(一)回归模型概述表

从表 7-9 可以看出,相关系数 R 为 0.962,R^2 为 0.926,调整后 R^2 为 0.923,这些数值表明,两个变量之间存在一定的线性相关关系。

表 7-9　模型汇总

模型	R	R^2	调整后 R^2	标准估算的错误
1	0.962[①]	0.926	0.923	3.47493

注:①预测变量为(常量)、报价。

（二）方差分析表

从表 7-10 可知，F 为 348.374，Sig. 为 0，即检验假设"H_0：回归系数 $B=0$"等于 0，从而应该拒绝 H_0，说明回归效果显著。

表 7-10　方差分析表（ANOVA）

模型		平方和	自由度	均方	F	Sig.
1	回归	4206.671	1	4206.671	348.374	0
	残差	338.105	28	12.075		
	总计	4544.775	29			

说明:1.因变量为成交价格。
　　　2.预测变量为(常量)、报价。

（三）线性回归方程系数表

表 7-11 显示回归系数:常量为 -122.344，自变量为 1.782，回归系数的显著性水平分别为 0、0，都小于 0.05，具有统计学意义，由此可知回归方程为

$$\hat{Y}_i = -122.344 + 1.782X_i$$

表 7-11　模型系数表

模型		未标准化系数		标准化系数	t	Sig.
		B	标准错误	Beta		
1	（常量）	-122.344	16.876		-7.249	0
	报价	1.782	0.095	0.962	18.665	0

说明:因变量为成交价格。

（四）残差统计量

残差统计量如表 7-12 所示。

表 7-12　残差统计表

统计值	最小值	最大值	平均值	标准偏差	个案数
预测值	162.6057	209.6073	192.4280	12.04399	30
残差	-6.08126	6.62290	0	3.41450	30
标准预测值	-2.476	1.426	0	1.000	30
标准残差	-1.750	1.906	0	0.983	30

说明:因变量为成交价格。

五、实验总结

1.回归方程的显著性检验旨在检验所有自变量与因变量之间的线性关系是否统计显著,如果线性关系统计显著,说明自变量确实能影响因变量,就可以用自变量的取值预测因变量取值;反之则说明自变量与因变量之间没有显著的线性关系。一般采用 F 统计量进行检验。假设"$H_0:B=0,H_1:B\neq0$",其中 $B=(\beta_0,\beta_1)$。如果样本的显著性概率(Sig.)小于 0.05,从而拒绝 H_0,说明方程的回归效果显著。

2.回归系数的显著性检验旨在检验单个自变量与因变量之间的线性关系是否统计显著,系数的显著性检验通过 T 检验完成。假设"$H_0:\beta_1=0,H_1:\beta_1\neq0$",如果样本的显著性概率(Sig.)小于 0.05,从而拒绝 H_0,说明回归系数具有统计显著。

3.在一元线性回归中,由于只有一个自变量,所以回归方程的显著性检验可以替代回归系数的显著性检验,但在一般的多元回归条件下,两种检验要说明的问题不同,不能相互替代。

六、实验作业

[习题 7-4] 测得变量 X 与 Y 的数据如表 7-13 所示。

表 7-13 X 与 Y 变量数据

变量	1	2	3	4	5	6	7	8	9	10	11
X	49.1	50.1	49.2	49.1	49.0	49.5	49.8	49.8	50.3	50.3	51.0
Y	16.7	17.0	26.9	16.5	16.7	16.9	16.9	17.1	17.2	17.1	17.6

(1)判断变量 X 与 Y 之间是否有线性相关关系?

(2)若线性相关,求出两个变量的回归方程。

(3)请分析回归方程的拟合优度。

(4)请分析回归方程的回归效果。

(5)参数是否具有统计学意义?

(6)当 $X=50$,求 Y 的预测值,并求 95% 的均值区间与单值区间。

第五节 多元线性回归分析

多元线性
回归分析

一、实验目的

(1)准确理解多元线性回归分析的方法与原理。

(2)熟练掌握多元线性回归分析的 SPSS 操作与分析方法。

(3)了解相关性与回归分析之间的关系。

(4)培养运用多元线性回归分析解决实际问题的能力。

二、实验内容

为研究儿童的智力状况,调查了 16 所小学的平均语言测试得分(y)、教师语言测试得分(x_1)及母亲教育水平(x_2)的数据(基本数据见数据文件 7-4),如表 7-14 所示。试进行多元线性回归分析。

📄 数据文件 7-4

表 7-14 小学的平均语言测试得分数据

平均语言测试得分(y)	教师语言测试得分(x_1)	母亲教育水平(x_2)
37.01	26.60	6.19
26.51	24.40	5.17
36.51	25.70	7.04
40.70	35.50	7.10
37.10	32.60	6.15
41.80	40.30	6.85
33.40	25.10	5.78
44.01	41.50	6.51
23.30	23.51	5.62
34.90	24.51	5.80
33.10	25.80	6.19
22.70	25.20	5.62
39.70	25.10	6.94
31.80	25.01	6.33
31.70	24.80	6.01
43.10	41.60	7.51

三、实验步骤

(一)散点图

直观地观察自变量与因变量之间关系是否有线性特点。

(1)按"图形(G)"—"旧对话框(L)"—"散点图/点状(S)"—"简单散点图"顺序展开,如图 7-11所示。单击"定义"出现图 7-12 所示的"简单散点图"对话框。

图 7-11 散点图类型选择框

(2)将变量"平均语言测试得分""教师语言测试得分"依次放入 Y 轴与 X 轴,单击"确定"按钮。

生成的图形如图 7-13 所示,根据同样操作方法,以"平均语言测试得分"为 Y 轴,分别以其他几个自变量为 X 的散点图。

从图中可以看出"平均语言测试得分"与"教师语言测试得分"之间存在明显的线性关系,由此可以判断建立线性回归方程是非常适合的。对其他需要引入模型的变量也应做散点图,以助判断。应当注意的是,在最终确定回归方程结果之前还应探索数据中的奇异点、影响点。如果发现这些点,应有效处置。

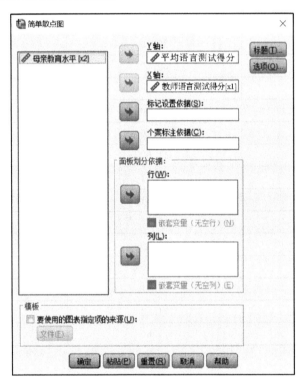

图 7-12 "简单散点图"对话框

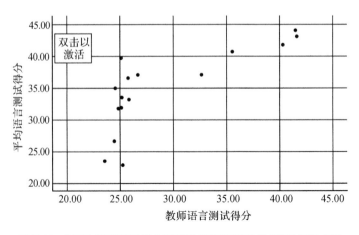

图 7-13 "平均语言测试得分"与"教师语言测试得分"指标散点图

(二)回归模型操作

(1)按"分析(A)"—"回归(R)"—"线性(L)"顺序进入图 7-14 所示"线性回归"对话框,选择"平均语言测试得分"作为因变量加入"因变量(D)"框中。选择"教师语言测试得分""母亲教育水平"变量作为自变量加入"自变量(I)"框中。在"方法(M)"框中选择步进法作为分析方式。

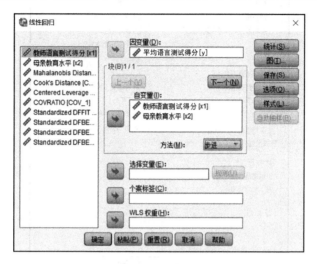

图 7-14 "线性回归"对话框

(2)单击"统计(S)"按钮,打开如图 7-15 所示对话框。在回归系数一栏中选择"估算值(E)""模型拟合(M)""共线性诊断(L)";在残差一栏中选择"德宾-沃森(U)",在"个案诊断"中的"离群值(O)"参数框中键入 3,表示观察量标准差大于等于 3 为奇异值。单击"继续(C)"按钮,返回"线性回归"对话框。

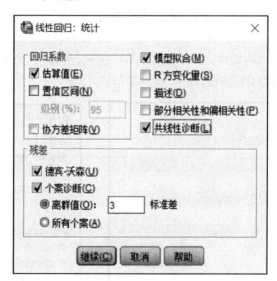

图 7-15 输出统计量对话框

(3)单击"保存(S)"按钮,打开图 7-16 所示对话框。选择"距离"一栏中的"马氏距离(H)""库克距离(K)""杠杆值(G)";选择"影响统计"一栏中的"标准化 DfBeta(Z)""标准化

DfFit""协方差比率（V）"，以确定影响点，单击"继续（C）"按钮，返回"线性回归"对话框。

图 7-16 "线性回归：保存"对话框

（4）为了从图形上检查模型的线性和方差齐性等，应做散点图。单击"绘制（T）"按钮，打开绘图对话框，如图 7-17 所示，将变量 ZPRED 与 ZRESID 分别放入"X""Y"框中；标准化残差图中选择"直方图（H）""正态概率图（R）"。单击"继续（C）"按钮，返回"线性回归"对话框。

（5）在"线性回归"对话框中，单击"选项（O）"按钮，选择"在方程中包括常量（I）"，如图 7-18所示。单击"继续（C）"按钮，返回"线性回归"对话框。

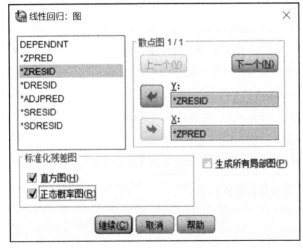

图 7-17 "线性回归：图"对话框

图 7-18 "线性回归：选项"对话框

（6）提交系统输出结果。

四、实验结果与分析

输出结果见表 7-15 至表 7-19、图 7-19 和图 7-20 所示。

（一）回归方程

表 7-15 自左到右各列含义为：回归模型拟合过程步骤编号；进入回归方程的自变量标签；从回归方程中被剔除的自变量标签；自变量进入回归方程或从回归模型中剔除的判据。可以看出，2 个被选择的自变量经过逐步回归过程进入了回归方程，没有被剔除的变量。

表 7-15　输入/移去的变量

模型	输入的变量	除去的变量	方法
1	x_2（母亲教育水平）	0	步进（条件：要输入的 F 的概率≤0.050，要除去的 F 的概率≥0）
2	x_1（教师语言测试得分）	0	步进（条件：要输入的 F 的概率≤0.050，要除去的 F 的概率≥0）

说明：因变量为 y（平均语言测试得分）。

表 7-16 自左到右各列含义为：回归模型拟合过程步骤编号、R 回归方程的复相关系数、R^2 系数、调整后的 R^2、标准估算的错误、德宾-沃森统计量（DW）。可以看出，随着模型中自变量个数的增加，R^2 系数的值不断变大，但这并不意味着模型就越好，也未必会减小估计的标准误。而调整 R^2 值与变量的数目无关，能确切地反映拟合度。因此，除非模型需要，否则自变量个数不应太多，多余的自变量会给解释回归方程造成困难。包含多余的自变量模型不但不能改善预测值，反而有可能增加标准误差。

表 7-16 中模型 2 中 R^2 为 0.752，调整后的 R^2 为 0.714，可以看出建立的回归方程拟合比较好。DW 为 2.614，DW 是一个检验一阶变量自回归形式的序列相关问题的统计量，DW 在数值 2 的附近，说明模型变量无序列相关。

表 7-16　拟合过程模型汇总

模型	R	R^2	调整后的 R^2	标准估算的错误	DW
1	0.809①	0.655	0.630	3.98861	
2	0.867②	0.752	0.714	3.50958	2.614

注：①预测变量为（常量）、x_2（母亲教育水平）。
　　②预测变量为（常量）、x_2（母亲教育水平）、x_1（教师语言测试得分）。
说明：因变量为 y（平均语言测试得分）。

表 7-17 方差分析表为回归拟合过程中每一步的方差分析结果。方差分析结果表明，当回归方程包含不同的自变量时，其显著性概率值均小于 0。最后一个模型 2，F 为 19.702，显著性概率小于 0，拒绝总体回归系数均为 0 的原假设。因此，回归方程应该包括这两个自变量。

表 7-17 方差分析结果

模型		平方和	自由度	均方	F	Sig.
1	回归	422.742	1	422.742	26.572	0①
	残差	222.727	14	15.909		
	总计	645.468	15			
2	回归	485.345	2	242.672	19.702	0②
	残差	160.123	13	12.317		
	总计	645.468	15			

注:①预测变量为(常量)、x_2(母亲教育水平)。
　　②预测变量为(常量)、x_2(母亲教育水平)、x_1(教师语言测试得分)。
说明:因变量为 y(平均语言测试得分)。

表 7-18 自左至右各列分别为:模型编号、非标准化回归系数、标准化回归系数、偏回归系数为 0(常数项为 0)的假设检验的值、偏回归系数为 0(常数项为 0)的假设检验的显著性水平值、共线性统计量。

表 7-18 回归系数分析结果

模型		未标准化系数		标准化系数	t	Sig.	共线性统计	
		B	标准错误	Beta			容差	VIF
1	(常量)	16.936	10.092		−1.678	0.116		
	x_2(母亲教育水平)	8.217	1.594	0.809	5.155	0	1.000	1.000
2	(常量)	12.054	9.140		−1.319	0.210		
	x_2(母亲教育水平)	5.612	1.817	0.553	3.088	0.009	0.596	1.697
	x_1(教师语言测试得分)	0.395	0.175	0.404	2.254	0.042	0.596	1.679

说明:因变量为 y(平均语言测试得分)。

偏回归系数 B 是在控制了其他统计量之后得到的。注意,只有当所有的自变量单位统一时,它们的大小才有可比性。比较偏回归系数时还应该注意,在多元回归方程中,方差分析是对整个回归方程的显著性检验,与单独地进行每个偏回归方程系数的显著性检验不一定等效。也就是说,由方差分析得出回归方程有统计意义,但回归方程中的每一个偏回归系数不一定都有显著性,但至少要有一个是显著的。Beta 是标准化回归系数,当所有的变量标准化(Z 得分)后,它具有可比性。

表 7-19 体现了回归方程得出的逐步回归过程的每一步的结果。各系数和常数项均具有统计意义。它们的共线性诊断的指标主要有:容差(tolerance),分别为 0.596、0.596(常数项除外),大小适中,不是很小;方差膨胀因子(VIF,根据经验规则,如果一个变量的 VIF 超过 10,则说该变量是高度共线的)分别为(常数项除外)1.697、1.679,小于 10,从而可以拒绝

它们之间的共线性假设。最终得到模型 2 为

平均语言测试得分＝12.054＋5.612×母亲教育水平＋0.395×教师语言测试得分

表 7-19　已排除的变量

模型		输入 Beta	t	Sig.	偏相关	共线性统计		
						容差	VIF	最小容差
2	x_1（教师语言测试得分）	0.404[①]	2.254	0.042	0.530	0.596	1.679	0.596

注：①模型中的预测变量为（常量）、x_2（母亲教育水平）。

说明：因变量为 y（平均语言测试得分）

（二）共线性诊断

表 7-20 自左至右分别为：模型编号、维度、特征值、条件指标、方差比例。这里的"条件"一词其实指 ill-conditioned（病态），所以也有翻译为病态指数的。根据经验规则，如果条件指标在 10～30，就算有中强多重共线性；如果条件指数在 30 以上，就算有严重多重共线性。在方差比（variance proportions）里，某一个变量的总方差被分解成为若干个方差之和，其和等于 1。如在模型 1 中，变量"母亲教育水平"的方差为 100% 的方差。

如果同一特征值序号上的若干个系数的方差比例较大，则说明它们之间存在相关性。例如表 7-20 中，在回归方程模型 2 中，其特征值分别为 2.971、0.025、0.004，而条件指数较高，分别为 1.000、10.797、28.665。从方差比例一栏中观察，常量项与自变量"母亲教育水平""教师语言测试得分"所占的比例分别为 0.88、0.99 与 0.30，即特征值可以解释常量项的 0.88、变量"母亲教育水平"0.99、"教师语言测试得分"0.30 的方差，方差比例都很大，因此有理由怀疑常量项与自变量"母亲教育水平"之间存在较强的共线性，可以进一步判断。这里记住简·克曼塔的一个忠告是有益的：多种共线性是一个程度问题而不是有无的问题，有意义的区分不在于有与无之间，而在于它的不同的程度；由于多重共线性是对被假定为非随机的解释变量的情况而言，所以它是一种样本而非总体特征。

表 7-20　共线性诊断

模型	维	特征值	条件指标	方差比例		
				（常量）	x_2（母亲教育水平）	x_1（教师语言测试得分）
1	1	1.995	1.000	0	0	
	2	0.005	20.193	1.00	1.00	
2	1	2.971	1.000	0	0	0
	2	0.025	10.797	0.12	0.01	0.69
	3	0.004	28.665	0.88	0.99	0.30

说明：因变量为 y（平均语言测试得分）。

（三）奇异值和影响点判断

表 7-21 是"平均语言测试得分"作为因变量时奇异值分析表的一部分。各列自左至右

分别为:个案号、标准残差、y(平均语言测试得分)、预测值、残差。表中给出了被怀疑为奇异值的个案的编号,本样本中有 7 个,这些观测量之所以被怀疑为奇异值,是因为它们的标准化残差绝对值都大于设置值 3。

表 7-21　案例奇异值诊断

个案号	标准残差	y(平均语言测试得分)	预测值	残差
1	1.090	37.01	33.1856	3.82443
7	0.885	33.40	30.2925	3.10751
8	0.896	44.01	40.8648	3.14522
9	−1.558	23.30	28.7668	−5.46679
10	1.347	34.90	30.1718	4.72824
12	−1.919	22.70	29.4341	−6.73411
16	−0.973	43.10	46.5159	−3.41593

说明:因变量为 y(平均语言测试得分)。

(四)残差统计

表 7-22 为残差统计结果。着重注意观察表中马氏距离、库克距离、居中杠杆值等。

居中杠杆值,从理论上说,希望数据所有观测值的杠杆值都接近于 P/N(P 为自变量个数),当杠杆值大于 $2 \times P/N$ 时,说明此观察值的影响力很大。

表 7-22　残差统计量

统计值	最小值	最大值	平均值	标准偏差	个案数
预测值	26.5930	46.5159	34.8337	5.68826	16
标准预测值	−1.449	2.054	0	1.000	16
预测值的标准误差	0.949	2.124	1.465	0.416	16
调整后预测值	26.6259	48.3130	34.8536	5.80924	16
残差	−6.73411	4.72824	0	3.26724	16
标准残差	−1.919	1.347	0	0.931	16
学生化残差	−2.066	1.426	−0.003	1.025	16
剔除残差	−7.80383	5.29675	−0.01990	3.99513	16
学生化剔除残差	−2.421	1.492	−0.029	1.099	16
马氏距离	0.160	4.557	1.875	1.570	16
库克距离	0	0.254	0.076	0.095	16
居中杠杆值	0.011	0.304	0.125	0.105	16

说明:因变量为 y(平均语言测试得分)。

残差分布和观测量累积概率如图 7-19 和图 7-20 所示。

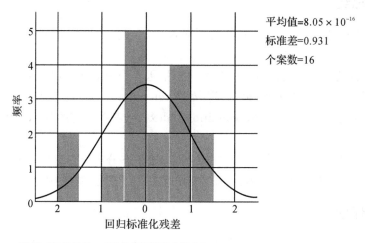

平均值=8.05×10^{-16}
标准差=0.931
个案数=16

说明:因变量为 y(平均语言测试得分)。

图 7-19 残差分布

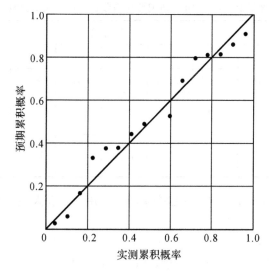

说明:因变量为 y(平均语言测试得分)。

图 7-20 观测量累计概率

在回归分析中,总假定残差 ε 服从正态分布,这两张图就是根据样本数据的计算结果显示残差分布的实际情况,然后对残差分布是否为正态分布的假设做检验。

从回归残差的直方图与附于图上的正态分布曲线相比较,可以认为残差分布还是比较好地服从了正态分布。再看观测量累积概率图,图中的斜线对应一个均值为 0 的正态分布。如果图中的散点紧密地散布在这条斜线附近,说明随机变量残差 ε 服从正态分布,从而证明样本确实是来自正态总体。如果偏离这条直线太多,应该怀疑随机变量 ε 的正态性。因此可以认为残差分布基本上是正态的。

五、实验总结

(1)多元回归方程与多元回归系数的显著性检验,与一元回归方程检验的原理和方法相似。

(2)多重共线性诊断方法:第一,方差的膨胀因子(variance inflation factor,VIF),当VIF 大于 10,则可能存在共线性;第二,容忍度(tolerance),当容忍度小于 0.1,则可能存在比较严重的共线性;第二,条件指数(condition index),当某些维度的指标值大于 30 时,则可能存在共线性。

(3)在进行回归分析的时候,残差的分布必须是正态分布,否则回归方程没有任何实际的意义。在检验残差的分布是否为正态的时候,要用到 P-P 图和直方图。

六、实验作业

[习题 7-5] 某研究中心每年的净收益(net income)的主要影响因素为该中心每年实际研究费用(research)和研究人员数量(labor),收集近 10 年来的数据如表 7-23 所示。

表 7-23 某研究中心近 10 年研究费用净收益和研究人员数量相关数据

净收益影响因素	年份编号									
	1	2	3	4	5	6	7	8	9	10
净收益/万元	123.5	124.0	125.7	126.4	127.2	127.4	129.0	130.5	131.9	133
研究费用/万元	254	256	273	292	295	296	310	327	345	350
研究人员数量/人	1610	1640	1660	1700	1720	1750	1780	1840	1880	1990

建立数据文件,求因变量净收益对自变量研究费用和研究人员数量的线性回归方程,给出分析结果报告。

[习题 7-6] 表 7-24 为我国某年度 31 个省(市、区)的人均食品支出、粮食单价与人均收入,求人均食品支出对粮食单价和人均收入的线性回归方程。

表 7-24 某年度 31 个省(区、市)的人均食品支出、粮食单价与人均收入

地区	人均食品支出/元	粮食单价/元	人均收入/元
1	992	0.78	2512
2	772	0.67	2008
3	968	1.01	2139
4	1267	1.37	3329
5	874	0.72	2106
6	638	0.73	1641
7	621	0.77	1611

地区	人均食品支出/元	粮食单价/元	人均收入/元
8	711	0.72	1684
9	654	0.70	1951
10	540	0.74	1532
11	644	0.84	1612
12	767	0.70	1727
13	723	0.63	2045
14	763	0.75	1963
15	1072	1.21	2675
17	665	0.70	1683
18	1234	0.98	2925
19	576	0.65	1691
20	733	0.84	1929
21	968	1.49	2032
22	717	0.80	1906
23	716	0.72	1705
24	627	0.61	1542
25	829	0.70	1987
26	1016	1.04	2359
26	650	0.78	1764
27	928	1.01	2087
28	650	0.83	1959
29	852	0.72	2101
30	609	0.68	1877
31	863	0.98	2006

数据来源：马庆国.管理统计[M].北京：科学出版社，2006.

第六节　曲线估计

一、实验目的

(1)准确理解曲线回归的方法原理。

（2）熟练掌握曲线估计的 SPSS 操作与分析方法。

（3）掌握根据 11 种曲线模型,选择建立简单又适合的模型的方法。

（4）掌握利用曲线回归方程进行预测的方法。

📖 数据文件 7-5

二、实验内容

某公司有一种新产品上市,选择 8 个地区做试销活动。收集了试销广告投入与销量的数据(基本数据见数据文件 7-5),结果如表 7-25 所示。问广告投入与销量之间的关系如何?

表 7-25　广告投入与销量数据

变量	地区							
	1	2	3	4	5	6	7	8
广告投入/万元	0.2	0.4	0.6	0.8	1.0	1.2	1.4	1.6
销量/件	7.5	12.4	15.9	18.3	18.9	21.3	22.7	24.0

三、实验步骤

（1）绘制散点图。选择"图形（G）"—"旧时对话框（L）"—"散点/点状（S）"—"简单散点图"—"定义"命令,将"销售"变量放入 Y 轴,"广告投入"放入 X 轴,按"确定"按钮得到散点图,如图 7-21 所示。从图中看出两者的斜率有逐渐减缓的曲线趋势,因此,选用二次曲线模型、三次曲线模型和对数曲线模型。

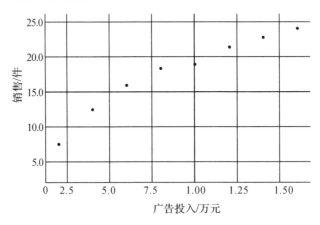

图 7-21　散点图

（2）选择"分析（A）"—"回归（R）"—"曲线估算（C）"命令,弹出"曲线估算"对话框,如图 7-22所示。将"销售"放入"因变量（D）"框,将"广告投入"放入"变量（V）"框。如果自变量是时间变量或观测量序号 ID,可以选择时间,这时曲线估计产生一个时间变量,观测量之间的时间长度视为均匀的。

图 7-22 "曲线估算"对话框

(3)选择分析变量。

①在方程中包括常量(I):估计回归方程式中的常数项。

②模型绘图(O):对照自变量绘制因变量的值,每个模型产生一个单独的曲线。

③模型:有 11 种常用曲线。此处选中"对数(I)""二次(Q)""三次(C)"等选项,"线性(L)"选项是默认的。

④显示 ANOVA 表(Y):为每个选定的模式输出方差分析表。

(4)选择"保存(A)",弹出如图 7-23 所示对话框。

①保存变量:对于每个选定的模型,可以保存预测值、残差和预测区间。此处 3 个都选中。

②预测个案:在数据集中,如果选择时间而不是变量作为自变量,则可以指定超出时间序列结尾的预测期。可以选择以下选项之一。

a.从估算到最后一个个案的预测(L):在估算期内的观测量的基础上预测文件中所有观测量的值。

b.预测范围(T):根据估算期的观测量,预测指定日期、时间或观测号范围内的值。此功能用于预测超出时间序列中最后一个观测量的值。

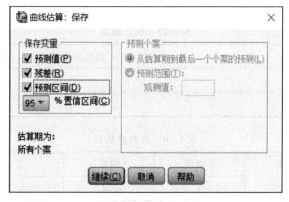

图 7-23 "曲线估算:保存"对话框

单击"继续(C)"按钮,返回图 7-22"曲线估算"对话框。

(5)选择"确定"按钮,则在输出窗口中输出曲线估计分析结果,并在当前数据文件中保存相应变量结果。

四、实验结果与分析

(一)线性模型

线性模型结果如表 7-26 至表 7-28 所示。

表 7-26　模型摘要

R	R^2	调整后的 R^2	标准估算的错误
0.968	0.936	0.926	1.510

说明:自变量为广告投入。

表 7-27　方差分析表

结果	平方和	自由度	均方	F	Sig.
回归	201.086	1	201.086	88.137	0
残差	13.689	6	2.282		
总计	214.775	7			

说明:自变量为广告投入。

表 7-28　回归系数表

观测对象	未标准化系数		标准化系数	t	Sig.
	B	标准误差	Beta		
广告投入	10.940	1.165	0.968	9.388	0.000
(常量)	7.779	1.177		6.609	0.001

(二)对数曲线模型

对数曲线模型结果如表 7-29 至表 7-31 所示。

表 7-29　模型摘要

R	R^2	调整后的 R^2	标准估算的错误
0.997	0.994	0.993	0.474

说明:自变量为广告投入。

表 7-30　方差分析表

	平方和	自由度	均方	F	Sig.
回归	213.426	1	213.426	948.953	0

	平方和	自由度	均方	F	Sig.
残差	1.349	6	0.225		
总计	214.775	7			

说明:自变量为广告投入。

表 7-31　回归系数表

观测对象	未标准化系数		标准化系数	t	Sig.
	B	标准误差	Beta		
广告投入	7.850	0.255	0.997	30.805	0
(常量)	19.853	0.183		108.721	0

(三)二次曲线模型

二次曲线模型结果如表 7-32 至表 7-34 所示。

表 7-32　模型摘要

R	R^2	调整后的 R^2	标准估算的错误
0.993	0.985	0.979	0.799

说明:自变量为广告投入。

表 7-33　方差分析表

结果	平方和	自由度	均方	F	Sig.
回归	211.586	2	105.793	165.869	0
残差	3.189	5	0.638		
总计	214.775	7			

说明:自变量为广告投入。

表 7-34　回归系数表

观测对象	未标准化系数		标准化系数	t	Sig.
	B	标准误差	Beta		
广告投入	22.190	2.840	1.963	7.813	0.001
广告投入^2	−6.250	1.540	−1.019	−4.057	0.010
(常量)	4.029	1.114		3.616	0.015

(四)三次曲线模型

三次曲线模型结果如表 7-35 至 7-37 所示。

表 7-35　模型摘要

R	R^2	调整后的 R^2	标准估算的错误
0.998	0.996	0.992	0.483

说明:自变量为广告投入。

表 7-36　方差分析表

结果	平方和	自由度	均方	F	Sig.
回归	213.841	3	71.280	305.303	0
残差	0.934	4	0.233		
总计	214.775	7			

说明:自变量为广告投入。

表 7-37　回归系数表

观测对象	未标准化系数		标准化系数	t	Sig.
	B	标准误差	Beta		
广告投入	38.057	5.387	3.366	7.065	0.002
广告投入^2	−27.045	6.756	−4.411	−4.003	0.016
广告投入^3	7.702	2.478	2.047	3.108	0.036
(常量)	0.979	1.191		0.822	0.457

结果显示,包括线性回归在内的 4 个模型均有统计学意义。由拟合优度来确定最佳的模型,三次曲线模型的拟合优度最好,应该选择该模型。但是考虑到三次曲线模型的参数比较多,相对来说比较复杂,而对数曲线模型的拟合优度与三次曲线模型相差无几,但它的参数较少,因此可以选择对数曲线模型,如图 7-24 所示。

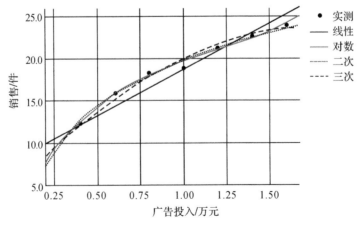

图 7-24　不同模型的拟合结果

数据文件中保存的新变量由图 7-25 可以看出,数据文件中保存了新的变量。

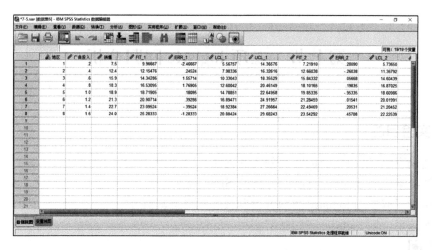

图 7-25　数据文件中的新变量保存情况

五、实验总结

(1)曲线回归(曲线拟合、曲线估计)是研究一个自变量和一个因变量之间的非线性关系的一种方法。如果曲线选择得好,那么可以揭示因变量与自变量的内在关系,并对因变量的预测有一定的意义。

(2)在曲线回归中,需要解决两个问题:一是选用哪种理论模型,即用哪种方程来拟合观测值;二是当模型确定后,如何选择合适的参数,使得理论数据和实际数据差异性尽可能小。

六、实验作业

[习题 7-7]　某企业生产的一种产品生产过程中的半成品的废品率与它所含有的一种化学成分有关,为提高产品质量,公司通过收集一批数据,拟分析废品率与化学成分含量的关系,作为产品质量改进的依据,如表 7-38 所示。

表 7-38　某企业产品化学成分与废品率相关数据

序号	成分	废品率/%	序号	成分	废品率/%
1	34	1.29	9	40	0.43
2	36	1.10	10	41	0.55
3	37	0.73	11	42	0.31
4	38	0.91	12	43	0.43
5	39	0.82	13	43	0.36
6	39	0.70	14	45	0.41
7	39	0.61	15	47	0.42
8	40	0.52	16	48	0.62

第七节　二项 logistic 回归分析

一、实验目的

(1)准确理解二项 logistic 回归分析的方法与原理。

(2)熟练掌握二项 logistic 回归分析的 SPSS 操作方法。

(3)明确了解二项 logistic 回归方程参数的意义及其解释。

(4)能运用二项 logistic 回归分析解决实际问题。

数据文件 7-6

二、实验内容

为了分析孕妇有否顺产(1＝顺产,0＝其他)的影响因素,研究者收集了1402 名产妇的相关信息:年龄、身高、体重、职业(1＝工人、农民等体力劳动者,2＝管理者与知识分子等脑力劳动者,3＝商人,4＝其他)和文化程度(0＝文盲,1＝小学,2＝中学,3＝大学及以上)等指标(基本数据见数据文件 7-6[①])。

在 SPSS 25.0 中打开数据文件 7-6.sav,如表 7-26 所示。

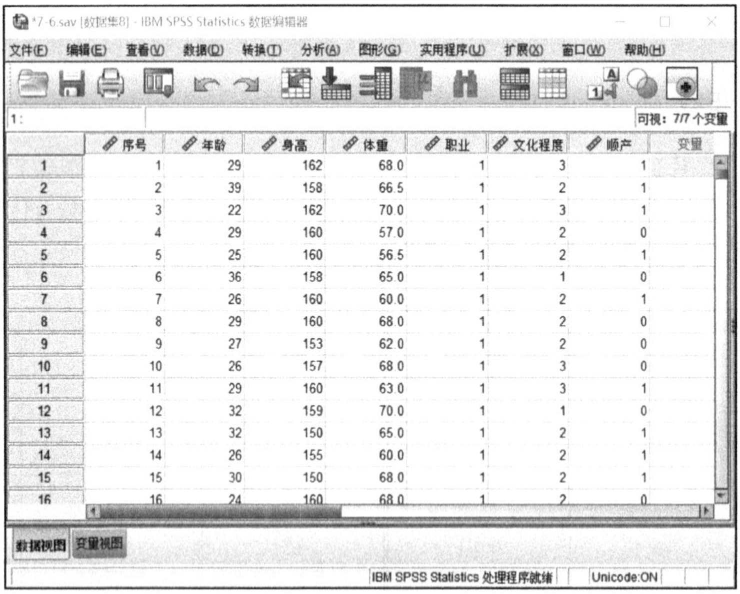

	序号	年龄	身高	体重	职业	文化程度	顺产	变量
1	1	29	162	68.0	1	3	1	
2	2	39	158	66.5	1	2	1	
3	3	22	162	70.0	1	3	1	
4	4	29	160	57.0	1	2	0	
5	5	25	160	56.5	1	2	1	
6	6	36	158	65.0	1	1	0	
7	7	26	160	60.0	1	2	1	
8	8	29	160	68.0	1	2	0	
9	9	27	153	62.0	1	2	0	
10	10	26	157	68.0	1	3	0	
11	11	29	160	63.0	1	3	1	
12	12	32	159	70.0	1	1	0	
13	13	32	150	65.0	1	2	1	
14	14	26	155	60.0	1	2	1	
15	15	30	150	68.0	1	2	1	
16	16	24	160	68.0	1	2	0	

图 7-26　孕妇顺产影响因素相关数据

① 相关数据参见宇传华. SPSS 与统计分析[M]. 北京:电子工业出版社,2007.

三、实验步骤

(1)依次单击"分析(A)"—"回归(R)"—"二元 logistic 回归"命令,打开"logistic 回归"对话框,如图 7-27 所示。

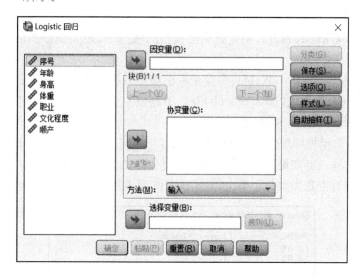

图 7-27 "logistic 回归"对话框

(2)选择变量。在变量列框中选择"顺产"变量后,单击向右箭头添加到"因变量(D)"框中;然后选择"年龄""身高""体重""职业""文化程度"变量,单击向右箭头,将它们移到"协变量(C)"框中,如图 7-28 所示。

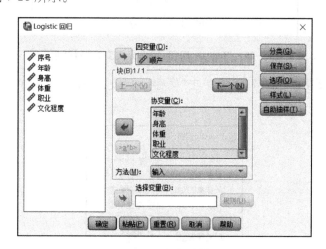

图 7-28 选择变量

(3)方法(M):在图 7-28 中单击"方法(M)"下拉菜单项,可以选择自变量进入模型的多种方法。

①输入(Enter):变量全部进入模型。

②向前:条件(Forward:conditional),将变量剔出模型的依据是,条件参数估计的似然比统计量的概率值。

③向前:LR(Forward:LR),将变量剔出模型的依据是,最大偏似然估计所得的似然比统计量的概率值。

④向前:Wald(Forward:Wald),将变量剔出模型的依据是 Wald 统计量的概率值。

⑤向后:条件(Backward:conditional),将变量剔出模型的依据是,条件参数估计的似然比统计量的概率值。

⑥向后:LR(Backward:LR),将变量剔出模型的依据是,最大偏似然估计所得的似然比统计量的概率值。

⑦向后:Wald(Backward:Wald),将变量剔出模型依据是 Wald 统计量的概率值。

还可以将一个变量选入"选择变量(B)"框,根据该变量的值,通过右侧的"规则"按钮,设置一个选择条件,而只对部分数据进行分析。

(4)在图 7-28 对话框中单击"分类(G)"按钮,弹出定义分类变量对话框(见图 7-29)。选择"职业"变量进入右框。当变量不是连续型变量,而是分类变量时,采用此对话框,计算机可以自动对这类变量进行变量类型化。单击"继续(C)"按钮,回到图 7-27"logistic 回归"对话框。

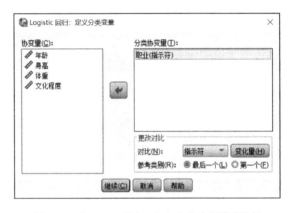

图 7-29 "logistic 回归:定义分类变量"对话框

(5)保存命令设置。在图 7-27 中单击"保存(S)"按钮,弹出图 7-30 所示"logistic 回归:保存"对话框。

图 7-30 "logistic 回归:保存"对话框

在 logistic 回归分析中,有很多重要信息可以通过该对话框保留下来,如预测值、影响点的分析等。本案例选择"概率(P)""组成员(G)""标准化(N)"等选项。

(6)选项设置。单击图 7-28 中"选项(O)"按钮,弹出如图 7-31 所示对话框。选择"分类图(C)""霍斯默-莱梅肖拟合优度(H)""个案残差列表(W)""Exp(B)的置信区间"等选项。

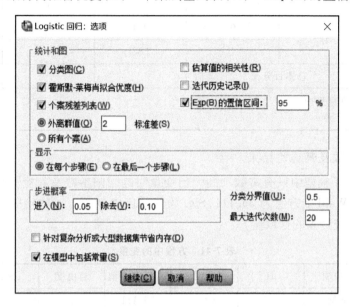

图 7-31　"logistic 回归:选项"对话框

四、实验结果与分析

(一)分类变量编码

由表 7-39 可以看出对于四分类的职业,计算机自动地产生了 3 个哑变量,即哑变量(1)、哑变量(2)、哑变量(3)。当某一个观测量的职业为工人或农民时,则 3 个哑变量参数编码为 1、0、0。

表 7-39　分类变量编码

分类		频率	参数编码		
			(1)	(2)	(3)
职业	1	310	1	0	0
	2	347	0	1	0
	3	208	0	0	1
	4	537	0	0	0

(二)分类表

表 7-40 给出了模型中只有常数项而无自变量时,正确预测百分率为 58.1%。

表 7-40 分类表

过程	实测		预测		
			顺产		正确百分比/%
			0	1	
步骤 0	顺产	0	814	0	100.0
		1	588	0	0
	总体百分比				58.1

说明:1.常量包括在模型中。
　　　2.分界值为 0.500。

(三)回归参数及其检验结果

表 7-41 给出了模型中只有常数项而无自变量时的回归参数及其检验结果。B 检验统计量为 -0.325；Wald 卡方值为 36.111，Sig. 为 0 是自由度为 1 时的检验 p 值；$\exp(B)$ 为 0.722，是 B 检验统计量的指数值。

表 7-41 方程中的变量

过程	常数项	B	标准误差	Wald 卡方值	自由度	Sig.	$\exp(B)$
步骤 0	常量	-0.325	0.054	36.111	1	0	0.722

(四)单因变量分析结果

表 7-42 为单因变量分析结果。在将每个变量放入模型之前,采用得分检验方法,检验某一自变量与因变量之间有无联系。在 0.05 的显著性水平下,变量年龄、身高、体重与因变量之间的联系有统计学意义,职业与因变量无统计学意义,文化程度处于临界检验状态。

表 7-42 还给出了自变量全部放入模型后的得分检验结果,得到得分 44.785,自由度为 7,说明模型全局性检验有统计学意义。

表 7-42 不在方程中的变量

过程	因变量		得分	自由度	Sig.
步骤 0	变量	年龄	13.704	1	0
		身高	14.761	1	0
		体重	4.602	1	0.032
		职业	2.311	3	0.510
		职业(1)	1.373	1	0.241
		职业(2)	0.314	1	0.575
		职业(3)	0.243	1	0.622
		文化程度	3.655	1	0.056
	总体统计		44.785	7	0

（五）模型系数全局性检验结果

表 7-43 为模型系数的全局性检验结果。对于"输入"方法,这 3 种检验结果相同,说明至少有一个自变量具有统计学意义。

表 7-43　模型系数的综合检验

过程		卡方	自由度	Sig.
步骤 1	步骤	45.380	7	0
	块	45.380	7	0
	模型	45.380	7	0

（六）模型摘要

表 7-44 为模型摘要,给出了 Cox and Snell R^2 决定系数和 Nagelkerke R^2 决定系数分别为 0.032 和 0.043。与线性模型中的 R^2 相似,也说明了拟合不佳。

表 7-44　模型汇总

步骤	−2 对数似然	Cox and Snell R^2	Nagelkerke R^2
1	1861.615[①]	0.032	0.043

注:①由于参数估算值的变化不足 0.001,因此估算在第 4 次迭代时终止。

（七）Hosmer-Lemeshow 检验结果

表 7-45 为 Hosmer-Lemeshow 检验结果,拟合优度得到检验 Sig. 值为 0.332,表明由预测概率获得的期望频数与观察频数之间差异无统计学意义,即模型拟合较好。与上面分析结果有所差异,所以还要进一步与其他统计量进行研判。

表 7-45　Hosmer-Lemeshow 检验

过程	卡方	自由度	Sig.
步骤 1	9.126	8	0.332

（八）最终分类表

表 7-46 为最终观测量分类表,顺产中有 463 个被预测为非顺产,预测准确率只有 21.3%,总的正确判断率为 59.3%。显然这个回归方程不能在实际中有效应用。

表 7-46　分类表

实测			预测		
			顺产		正确百分比/%
			0	1	
步骤 1	顺产	0	707	107	86.9
		1	463	125	21.3
	总体百分比/%				59.3

说明:分界值为 0.500。

(九)最终模型统计量

表 7-47 为模型中的各变量的相关统计量。年龄、身高、体重 3 个自变量具有统计学意义，文化程度在临界检验水平，职业无统计学意义。

表 7-47　方程中的变量

对象		B	标准误差	Wald 卡方值	自由度	Sig.	$\exp(B)$	$\exp(B)$的 95% 置信区间 下限	上限
步骤 1	年龄	0.055	0.017	10.780	1	0.001	1.056	1.022	1.091
	身高	−0.067	0.015	19.969	1	0	0.936	0.909	0.963
	体重	0.032	0.010	10.651	1	0.001	1.032	1.013	1.052
	职业			3.968	3	0.265			
	职业(1)	0.177	0.147	1.458	1	0.227	1.194	0.895	1.592
	职业(2)	0.273	0.156	3.079	1	0.079	1.314	0.969	1.783
	职业(3)	0.009	0.170	0.003	1	0.959	1.009	0.724	1.407
	文化程度	−0.183	0.095	3.701	1	0.054	0.833	0.691	1.003
	常量	6.962	2.266	9.443	1	0.002	1055.864		

说明：在步骤 1 输入的变量为年龄、身高、体重、职业、文化程度。

如果要写预测概率模型，不是将职业变量放入，而是应将哑变量职业(1)、职业(2)和职业(3)放入模型中。本案例的预测模型为

$$\hat{p} = \frac{\exp(6.692 + 0.055\,\text{年龄} - 0.067\,\text{身高} + 0.032\,\text{体重})}{1 + \exp(6.692 + 0.055\,\text{年龄} - 0.067\,\text{身高} + 0.032\,\text{体重})} \tag{7-39}$$

五、实验总结

(1)logistic 回归和线性回归最大的区别在于 Y 的数据类型。线性回归分析的因变量 Y 属于定量数据，而 logistic 回归分析的因变量 Y 属于分类数据。二项 logistic 回归模型中因变量可以取两个值"1"和"0"(虚拟因变量)，而多元 logistic 回归模型中因变量可取多个值。

(2)logistic 回归统计检验常用的检验方法有 −2 对数似然检验、霍斯默－莱梅肖 (Hosmer-Lemeshow)的拟合优度检验、沃尔德检验等。

(3)logistic 回归中的回归系数(β_i)表示，某一因素改变一个单位时，事件发生与不发生的概率之比的对数变化值。

六、实验作业

[习题 7-8]　继续分析上述例题的估计概率的直方图，判断分组效果如何。利用获得的预测概率 $\hat{p}$ 作为检验变量，"顺产"因变量作为"金标准"，利用 ROC 曲线分析方法，来进一步判断拟合效果。

[习题 7-9]　为了研究荨麻疹史(1＝有,0＝无)、性别与慢性气管炎(1＝病例,0＝对照)

的关系,某调查结果如表 7-48 所示,试用 logistic 回归分析方法进行分析。

表 7-48　慢性气管炎的影响因素

序号	性别	荨麻疹史	慢性气管炎	频数
1	1	1	0	17
2	0	1	0	13
3	1	0	0	153
4	0	0	0	99
5	1	1	1	30
6	0	1	1	20
7	1	0	1	139
8	0	0	1	95

数据改编自:宇传华. SPSS 与统计分析[M].北京:电子工业出版社,2007.

第八章　聚类分析与判别分析

▶ 本章学习目标

- 理解聚类分析、判别分析的基本思想与原理。
- 掌握聚类分析、判别分析方法。
- 掌握聚类分析、判别分析的实验目的、实验内容和实验步骤。
- 掌握实验结果的分析与利用。
- 了解聚类分析、判别分析在经济管理数据分析中的应用。

　　类群划分是更好地发现特点、找出规律的一种常用方法。通过对不同群体的比较分析，可以更好地理解事物之间的差异、规律和特点。俗话说："物以类聚，人以群分。"通过"类聚"，可以看出同一类别中的共性与特点，通过"群分"可以看出类别之间的差异。在社会经济研究中，有大量的问题可以或者必须通过分类加以解决。聚类分析（cluster analysis）是按照样本或指标在性质上的亲疏或相似程度进行分类的一种多元统计分析方法，也叫类群分析法或群分析。

　　聚类的原则是类内的规律和特点相似，类间的差异明显。聚类分析可以解决的问题有：所有的样本可以分为几个类别？每个类别有什么规律？有哪些特点？类别之间是什么关系？哪些类别相似些，哪些类别差异大些？

　　在聚类分析的基础上需要构建样本类别归属的分析方法以判断某个样本归属哪个类别。判别分析方法就是解决这一问题的常用方法。判别分析方法的基本思想是：从已知分类情况中总结规律，建立判断函数，并用以判断新样本的所属类别。常用的判别方法有聚类判别、贝叶斯判别、费希尔判别与逐步判别。

　　聚类分析与判别分析同是多元统计方法中解决分类问题的方法，所不同的是：聚类分析是在未知分类的情况下进行分类，而判别分析是在已知分类的基础上对样本进行判断分类。因此，在实际应用中，往往可以先使用聚类分析得到分类结果，然后再利用判别分析加以确认。

　　SPSS统计分析软件中常用的聚类分析方法包括系统聚类、K-均值聚类、二阶聚类。本教材重点讲解系统聚类与K-均值聚类。

第一节 知识准备

一、系统聚类分析

(一)系统聚类分析的定义与基本思想

系统聚类分析又称为层次聚类分析,其基本思想是依据样品或变量之间的亲疏远近关系,将最相似的对象结合在一起,以逐次聚合的方式,将样品或变量进行分类,直到最后所有的样品或变量都聚成一类。系统聚类有两种形式:Q 型聚类和 R 型聚类。

Q 型聚类与
R 型聚类

(二)聚类变量

聚类分析首先要解决的问题就是依据哪些指标或者特征进行类群的划分,这里所依据的指标或特征就是聚类变量。因此,聚类变量就是进行聚类分析所依据的指标或特征。

(三)聚类统计量

为了对样品进行分类,首先要引进衡量样品之间距离远近、相似或关联程度的度量,称为聚类统计量。常用的聚类统计量有 3 种:匹配系数、距离、相似系数。

聚类统计量

1.匹配系数

当聚类变量 $x_1, x_2, \cdots, x_p$ 为类别标度变量时,也就是说,分类指标的数据类型是定类数据的时候,通常可采用匹配系数作为聚类统计量。匹配系数是衡量样品之间匹配度的统计量。匹配系数越大,说明两个样品越相似,越应划归为同一类。

匹配系数的计算方法如下:第 i 个样品与第 j 个样品的匹配系数为

$$S_{ij} = Z_1 + Z_2 + \cdots + Z_p \tag{8-1}$$

当 x_{ik} 等于 x_{jk} 时,$Z_k = 1$;当 x_{ik} 不等于 x_{jk} 时,$Z_k = 0$。

匹配系数计算案例举例如下。

假设有 p 个定类数据的聚类变量,每个聚类变量有 m 个取值,即有 m 个类别,聚类变量用 $x_1, x_2, \cdots, x_p$ 表示。共测量 n 个样本,n 个样本的数据如表 8-1 所示。假设,指标 x_1 有 3 个取值:x_{1a}, x_{1b}, x_{1c};指标 x_2 有 4 个取值:$x_{2a}, x_{2b}, x_{2c}, x_{2d}$;指标 x_3 有 2 个取值:x_{3a}, x_{3b}。以此类推,指标 x_p 有 m 个取值。如果计算两个样本的匹配系数,则比较这两个样本的 p 个聚类变量的取值,如果两个样本在指标 x_k(k 为第 k 个聚类变量,$k=1, p$)上的取值相同,即当 x_{ik} 等于 x_{jk} 时,$Z_k = 1$;当 x_{ik} 不等于 x_{jk} 时,$Z_k = 0$。以样本 1 和样本 2 为例,$Z_1 = 1$,$Z_2 = 0$,$Z_3 = 1$,则根据第 i 个样品与第 j 个样品的匹配系数计算公式 $S_{ij} = Z_1 + Z_2 + \cdots + Z_{pp}$ 计算,$S_{12} = 1 + 0 + 1 + \cdots$,显然匹配系数越大,两样品越相似,越应划归为同一类。

表 8-1 聚类统计量为定类数据的案例

样本	聚类变量				
	x_1	x_2	x_3	x_k	x_p
样本 1	x_{1a}	x_{2a}	x_{3a}	x_{ka}	x_{pa}
样本 2	x_{1a}	x_{2d}	x_{3a}	x_{kb}	x_{pb}
样本 3	x_{1b}	x_{2d}	x_{3b}	x_{kc}	x_{pc}
样本 4	x_{1c}	x_{2c}	x_{3a}	x_{kd}	x_{pd}
样本 n	…	…	…	x_{kn}	x_{pn}

2. 距离

当指标中有间隔标度变量时,用匹配系数作聚类统计量已经不再适宜。此时,可将每个样品观测值看作 p 维空间中的一个点,这样两个样品之间的相似程度可以用 p 维的空间距离来度量。距离越小,相似程度越高,两样品越应归为一类。

计算距离的方法有以下几种。

(1)兰氏距离

兰氏距离仅适用于一切 $X_{ij} > 0$ 的情况,这个距离也可以克服各个指标之间量纲的影响,这是一个自身标准化的量,由于它对大的奇异值不敏感,特别适合于高度偏倚的数据,但其没有考虑指标之间的相关性。计算公式如下

$$d_{ij}(L) = \frac{1}{p} \sum_{k=1}^{p} \frac{|X_{ik} - X_{jk}|}{X_{ik} + X_{jk}} \tag{8-2}$$

(2)闵可夫斯基距离

闵可夫斯基距离计算公式如下

$$d_{ij}(q) = \left(\sum_{k=1}^{p} |X_{ik} - X_{jk}|^q \right)^{\frac{1}{q}} \tag{8-3}$$

闵可夫斯基距离按 q 的取值不同又可分成以下几类距离。

①绝对距离,计算公式为

$$(q=1)d_{ij}(1) = \sum_{k=1}^{p} |X_{ik} - X_{jk}| \tag{8-4}$$

②欧几里得距离,计算公式为

$$(q=2)d_{ij}(2) = \left(\sum_{k=1}^{p} |X_{ik} - X_{jk}|^2 \right)^{\frac{1}{2}} \tag{8-5}$$

③切比雪夫距离,计算公式为

$$(q=\infty)d_{ij}(\infty) = \max_{1 \leqslant x \leqslant p} |X_{ij} - X_{jk}| \tag{8-6}$$

(3)马氏距离

设 X_i 与 X_j 是来自均值向量为 μ、协方差为 $\sum (>0)$ 的总体中的 p 维样品,则两个样品间的马氏距离为

$$d_{ij}(M) = (X_i - X_j) \sum{}^{-1} (X_i - X_j) \tag{8-7}$$

马氏距离考虑了观测变量之间的相关性及观测变量之间的变异性,不再受各指标量纲

的影响。

3. 相似系数

有些事物的相似并非一定要求数值上一致或相近,例如相似三角形、父亲与儿子之间的相似度,尽管尺寸、大小相差悬殊,却非常相似。这类事物相似性的衡量统计量应用相似系数。相似系数又可以分为夹角余弦与相关系数。

(四)类与类间距离的确定方法

(1)最短距离法(nearest neighbor)。将某个样本与已经形成小类中的各样本距离的最小值作为当前样本与该小类之间的距离。

(2)最长距离法(furthest neighbor)。将某个样本与已经形成小类中的各样本距离的最大值作为当前样本与该小类之间的距离。

(3)组间平均衔接法(between-groups linkage)。两个小类之间的距离为两个小类内所有样本间的平均距离。

(4)组内平均衔接法(within-groups linkage)。与组间平均衔接法类似,这里的平均距离是所有样本对的距离平均值,包括小类之间的样本对及小类内的样本对。

(5)重心法(centroid clustering)。将两小类间的距离定义成两小类重心间的距离,每一个小类重心就是该类中所有样本在各个变量上的均值代表点。

(6)离差平方和法(Ward method)。离差平方和法是由 J. H. 沃德(J. H. Ward)提出的,因此也称 Ward method(沃德方法)。离差平方和聚类的原则是:聚类过程中应使小类内离差平方和增加最少的两类首先合并为一类。

二、K-均值聚类分

(一)K-均值聚类的思想

K-均值聚类是在知道该样本可以划分为几个类别的情况下,依据一定的聚类方法将样本中的个案按照最短距离法进行归类,最后算出每一类别的聚类中心的方法。聚类的具体过程是,如果已知要聚为 n 类,则先按照一定的方法选择 n 个聚类中心(cluster center),然后计算每一个个案与各聚类中心的距离,依照距离最短的原则,将个案向最近的聚类中心凝聚,形成初始分类,然后按照最近距离原则不断修改不合理的分类,直至合理为止。

(二)K-均值聚类的步骤

(1)找出原始聚类中心。

(2)计算距离。

(3)归类并调整直至合理。

(4)计算最终聚类中心。

(三)应用 SPSS 软件进行 K-均值聚类的步骤

(1)选择聚类变量。

(2)确定聚类数目。

(3)选择聚类方法。

(4)选择 K-均值聚类各选项。

贝叶斯判别法

三、判别分析

(1)判别分析的定义与基本思想

根据历史上划分类别的有关资料和某种最优准则,确定一种判别方法,判定一个新的样本归属哪一类。也就是希望利用调查数据,找出一种判别函数,使得这一函数具有某种最优性质,能把属于不同类别的样本点尽可能地区别开来,并对测得同样 p 项指标数据的一个新样本,判断归属于哪一类。

SPSS 软件提供的判别分析过程根据已知的观测量类别归属和表明观测量特征的指标变量值推导出判别函数,并把各观测量的自变量值回代到判别函数中,根据判别函数对观测量所属类别进行判别。对比原始数据的分类和按判别函数所判的分类,给出错分概率。

(二)判别分析的过程

第一阶段,分析和解释各组的指标特征之间存在的差异,并建立判别函数。

在这部分工作中,首先要处理已知分组属性的案例,具体需要进行以下操作:①确定是否能在特征变量数据的基础上判别出已知的分组来;②确定分组能被判别的程度;③确定哪些特征变量是最有用的判别因素。其次,为了分组的目的推导一个或多个数学方程,这些数学方程称为"判别函数",它们以某种数学形式将表示特征的判别变量与分组属性结合起来,使我们能辨识一个案例所最近似的分组。

第二阶段要处理的是未知分组属性的案例,以第一阶段的分析结果为依据将这些案例进行判别分组。这相当于根据以往经验来"预测"案例的分组属性。

(三)判别分析的类别

按判别的总体数来分,可分为两个总体判别分析、多个总体判别分析。

按区分不同总体所用的数学模型来分,可分为线性判别、非线性判别。

按判别时所使用的变量方法来分,可分为逐步判别、序惯判别。

(四)判别准则

判别准则包括马氏距离最小准则、Fisher 准则、平均损失最小准则(贝叶斯判别法)、最小平方准则、最大似然准则、最大概率准则。

(五)判别分析的基本假设

当被解释变量是属性变量而解释变量是度量变量时,判别分析是合适的统计分析方法。其假设条件如下。

(1)每一个判别变量(解释变量)不能是其他判别变量的线性组合,即解释变量之间不存在多重共线性。

(2)各组变量的协方差矩阵相等。

(3)各判别变量之间具有多元正态分布,即每个变量对于所有其他变量的固定值有正态分布。

(4)分组类型在两种以上,各鉴别变量的测度水平在间距测度等级以上;各分组的案例在各鉴别变量的数值上能够体现差异;要求案例数量(n)比变量的个数(k)多两个以上。

(六)判别分析的基本模型

判别分析的基本模型就是判别函数,它表示为分组变量与满足假设的条件的判别变量

的线性函数关系,计算公式如下

$$y = b_0 + b_1 x_1 + b_2 x_2 + \cdots + b_k x_k \qquad (8\text{-}8)$$

其中,判别函数值 y 又称为判别值(discriminat score),它代表各分组在某一空间上的坐标;b_k 为各判别变量对于判别函数值的影响。

判别模型的几何含义是:各判别变量代表了 k 维空间。每个案例按其判别变量值成为这一 k 维空间中的一个点,如果各组案例就其判别变量值有明显不同,就意味着每一组将会在这一空间的某一部分形成明显分离的蜂集点群。即使这些组的点群在空间位置上有少量重叠,其各自的"领域"也大体可以分清。为了概括这个组的位置,我们可以计算它的领域的中心。中心位置可以用这个组别中各案例在每个变量上的组平均值作为其坐标值。因为每个中心代表了所在组的基本位置,我们可以通过研究它们来理解这些分组之间的差别。

判别分析的实质就是希望利用已经测得的变量数据,找出一种判别函数,使得这一函数具有某种最优性质,能把属于不同类别的样本点尽可能地区别开来。

(七)判别分析模型的各参数指标及其统计检验

1.非标准化判别系数

判别系数又称函数系数(function coefficient),包括两种:非标准化的判别系数(unstandardized discriminant coefficient)和标准化的判别系数(standardized discriminant coefficient)。

非标准化的判别系数也称为粗系数(raw coefficient)。将原始变量值直接输入模型,得到的系数估计就是非标准化的粗系数。非标准化系数是用来计算判别值的。将案例的各判别变量值代入就可以分别计算出每一个案例的两个判别值,于是就可得到其在二维空间中的位置。SPSS可以直接在数据文件中保存各案例点的判别变量值。如果做出散点图,就可以表示在判别空间中各案例的点,并可以进一步分析具体案例点与组别之间的位置。

2.标准化判别系数

标准化判别系数使得每个变量都将自己的平均值作为数轴原点,将自己的标准差作为单位,这样一来,每个案例的原始变量值,一方面表现为与平均值之间的距离,另一方面以正负号形式表示了自己偏离平均值的方向,并且各标准化系数之间具有横向可比性。哪个变量的标准化系数绝对值大,就意味着将对判别值有更大的影响,于是可以用来比较各变量对判别值的相对作用。

3.结构系数

判别分析中的结构系数(structural coefficient)又称为判别负载(discriminant loading),它实际上是某个判别变量 x_i 与判别值 y 之间的相关系数,它表达了两者之间的拟合水平。当这个系数的绝对值很大时,这个判别函数表达的信息与这个变量的信息几乎相同;当这个系数接近于 0 时,它们之间就没有什么共同之处。如果一些变量与一个函数之间有很大的结构系数值,我们就可以用这些变量的名字命名这个函数。

4.分组的矩心

分组的矩心(group centroid)描述在判别空间中每一组案例的中心位置。其计算过程是将每一组别的每一个判别变量的平均值分别代入两个判别函数。分组的矩心表示每个分组在各判别轴上的坐标值。考察在判别空间中每个案例点与各组的矩心之间的距离,便于分析具体案例分组属性的倾向。

5.判别力指数

有时判别分析可以推导出多个判别函数,然而这些判别函数不一定都很有用。可以根据一定指标来描述其对于判别的效益。这里所说的判别力,既包括了每个判别变量对于判别函数的作用,也包括了本判别函数对于所有原始变量总方差的代表性。

判别力指数(potency index)就是这样一个指标,有时它也叫作方差百分比(percent of variance)。判别分析通过判别函数所能代表的所有原始变量的总方差百分比来表示每个判别函数的判别力。在判别分析中,一个判别函数所代表的方差量用所对应的特征值(eigenvalue)来相对表示。特征值的合计就相对代表了总方差量。而每个特征值占这一合计的比例就是相应判别函数能够代表的总方差比例,即它的判别力指数。判别力指数越大的判别函数越重要,而那些判别力指数很小的判别函数则可以被去掉。

6.残余判别力

残余判别力的含义是指,在以前计算的函数中已经提取过原始信息之后,残余的变量信息对于判别分组的能力。

残余判别力用统计量威尔克 Lambda(Wilks Lambda,表示组内平方和与总平方和之比)来测量,其值是一个反面度量,值越小表示越高的判别力,即分组矩心极大地分离,并且相对于分组内部的离散程度非常明显。当威尔克 Lambda 增加到最大值 1 时,组矩心就完全吻合了,这时没有分组之间的差别。

(八)判别分析的步骤

1.解释变量和被解释变量的选择

首先要选择解释变量与被解释变量,其中,解释变量为定量变量,被解释变量为定性变量。

2.样本的分割

分割成两个子样本,一个用于估计判别函数,另一个用于验证。

3.估计判别模型

估计判别模型主要有以下方法。

(1)全模型法。

(2)向前选择法。

(3)向后选择法。

(4)逐步选择法。

注意:当样本容量与解释变量个数之比低于 20 时,逐步估计变得不稳定。这些情况下用多种方法来验证结果尤其重要。

4.评估判别函数的统计显著性

在计算了判别函数以后,必须评估它的显著性。威尔克 Lamada、Hotelling(霍特林)和 Pillai(皮莱)准则都是评估判别函数判别效力的显著性统计量。Roy(罗伊)最大特征根只检验第一个判别函数。如果使用逐步法来估计判别函数,则马氏距离和 Rao's V(拉奥增值法)测量是最合适的。

5.评估整体拟合

一旦判别方程通过了显著性检验,注意力便转向确定保留的判别函数的整体拟合性。这个评估包括 3 个任务:计算每个观测的判别 Z 得分,检验各组在判别 Z 得分上的差异和评估组的关系的预测精度。

6.利用判别函数对观测量进行分类

用判别分析过程导出的线性判别函数的数目与类别数目相同。确定一个观测量属于哪一类,可以把该观测量的各变量值代入每一个判别函数,哪个判别函数值大,该观测量就属于哪一类。

第二节　系统聚类分析

🎬 聚类分析方法

一、实验目的

(1)明确聚类分析有关的概念。

(2)理解系统聚类的基本思想与原理。

(3)熟练掌握系统聚类的方法。

(4)能用 SPSS 软件进行系统聚类分析。

(5)培养运用系统聚类方法解决身边实际问题的能力。

二、实验内容

某牙膏公司为了调查消费者购买牙膏时会考虑哪些因素,设计调查问卷进行调查,问卷如下(基础数据见数据文件 8-1)。

📄 数据文件 8-1

1.您购买牙膏时,认为防蛀功能重要程度如何?

A.非常重要　　B.比较重要　　C.重要　　D.一般　　E.不重要　　F.比较不重要

G.非常不重要

2.您购买牙膏时,认为提亮牙齿功能重要程度如何?

A.非常重要　　B.比较重要　　C.重要　　D.一般　　E.不重要　　F.比较不重要

G.非常不重要

3.您购买牙膏时,认为保护牙龈功能重要程度如何?

A.非常重要　　B.比较重要　　C.重要　　D.一般　　E.不重要　　F.比较不重要

G.非常不重要

4.您购买牙膏时,认为清新口气功能重要程度如何?

A.非常重要　　B.比较重要　　C.重要　　D.一般　　E.不重要　　F.比较不重要

G.非常不重要

5.您购买牙膏时,认为坚固牙齿功能重要程度如何?

A.非常重要　　B.比较重要　　C.重要　　D.一般　　E.不重要　　F.比较不重要

G.非常不重要

6.您购买牙膏时,认为美白牙齿功能重要程度如何?

A.非常重要　　B.比较重要　　C.重要　　D.一般　　E.不重要　　F.比较不重要

G.非常不重要

共调查了 30 位消费者,调查数据如表 8-2 所示。请对此 30 位消费者依据购买牙膏时考虑因素的不同进行分类,并分析每一类群消费者的特点。

表 8-2 消费者购买某品牌牙膏考虑因素调查数据

序号	防蛀功能	提亮牙齿	保护牙龈	清新口气	坚固牙齿	美白牙齿
1	7	3	6	4	2	4
2	1	3	2	4	5	4
3	6	2	7	4	1	3
4	4	5	4	6	2	5
5	1	2	2	3	6	2
6	6	3	6	4	2	4
7	5	3	6	3	4	3
8	6	4	7	4	1	4
9	3	4	2	3	6	3
10	2	6	2	6	7	6
11	6	4	7	3	2	3
12	2	3	1	4	5	4
13	7	2	6	4	1	3
14	4	6	4	5	3	6
15	1	3	2	2	6	4
16	6	4	6	3	3	4
17	5	3	6	3	3	4
18	7	3	7	4	1	4
19	2	4	3	3	6	3
20	3	5	3	6	4	6
21	1	3	2	3	5	3
22	5	4	5	4	2	4
23	2	2	1	5	4	4
24	4	6	4	6	4	7
25	6	5	4	2	1	4
26	3	5	4	6	4	7
27	4	4	7	2	2	5
28	3	7	2	6	4	3
29	4	6	3	7	2	7
30	2	3	2	4	7	2

三、实验步骤

考虑到调查问卷中所涉及的指标有 6 个,因此可以考虑先对 6 个指标进行因子分析,提取出公因子后以公因子为聚类指标进行聚类。聚类分析选用系统聚类法。系统聚类法由 SPSS 25.0 的“分类”过程中的“系统聚类”过程实现。下面以案例说明系统聚类过程的基本操作步骤。

(1)准备工作。在 SPSS 25.0 中打开数据文件 8-1. sav,通过选择“文件”—“打开”命令将数据调入 SPSS 25.0 的工作文件窗口,如图 8-1 所示。首先对 6 个变量进行因子分析(操作过程参考因子分析一章)。共提取两个公因子,分别命名为“护牙因子”和“美牙因子”。

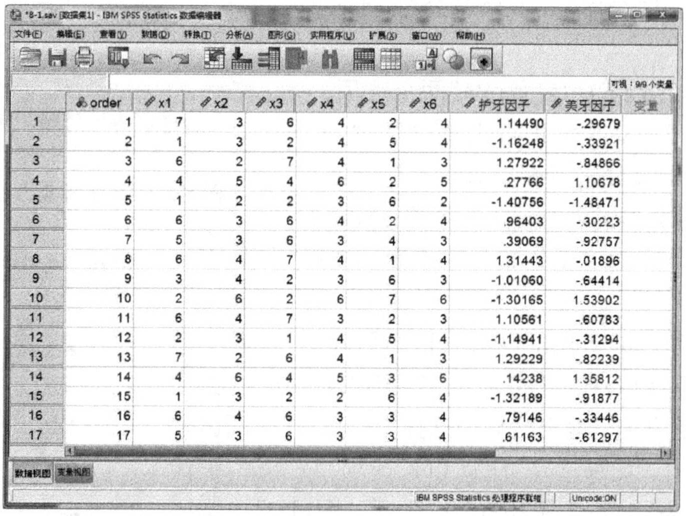

	order	x1	x2	x3	x4	x5	x6	护牙因子	美牙因子
1	1	7	3	6	4	2	4	1.14490	-.29679
2	2	1	3	2	4	5	4	-1.16248	-.33921
3	3	6	2	7	4	1	3	1.27922	-.84866
4	4	4	5	4	6	2	5	.27766	1.10678
5	5	1	2	2	3	6	2	-1.40756	-1.48471
6	6	6	3	6	4	2	4	.96403	-.30223
7	7	5	3	6	3	4	3	.39069	-.92757
8	8	6	4	7	4	1	4	1.31443	-.01896
9	9	3	4	2	3	6	3	-1.01060	-.64414
10	10	2	6	2	6	7	6	-1.30165	1.53902
11	11	6	4	7	3	2	3	1.10561	-.60783
12	12	2	3	1	4	5	4	-1.14941	-.31294
13	13	7	2	6	4	1	3	1.29229	-.82239
14	14	4	6	4	5	3	6	.14238	1.35812
15	15	1	3	2	2	6	4	-1.32189	-.91877
16	16	6	4	6	3	3	4	.79146	-.33446
17	17	5	3	6	3	3	4	.61163	-.61297

图 8-1　消费者购买某品牌牙膏考虑因素调查数据文件

(2)从菜单上依次选择“分析(A)”—“分类(F)”—“系统聚类(H)”命令,打开系统聚类对话框,如图 8-2 所示。

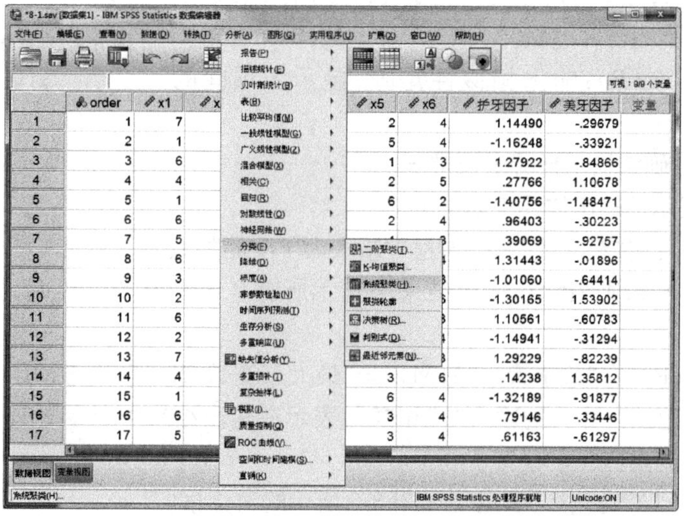

图 8-2　系统聚类命令

（3）在如图 8-3 所示的"系统聚类分析"对话框中，相关内容介绍如下。

①检验变量列表：在"系统聚类分析"对话框的左侧，列出了所有供选择聚类变量的变量。

②变量（V）：用于输入聚类变量。

在图 8-3 对话框左端的变量列表中，将要选择的聚类变量添加到右边的检验变量列表中。本例选择因子分析所得到的两个公因子"护牙因子"和"美牙因子"作为聚类变量。

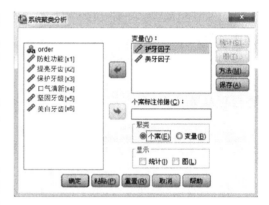

图 8-3　"系统聚类分析"对话框

③个案标注依据（C）：选入具有唯一标识作用的变量以标注出"个案"。本例选择"order"变量。

④聚类：有"个案（E）""变量（B）"两个选项，"个案（E）"选项表示对个案进行系统聚类，"变量（B）"选项表示对变量进行聚类分析。这是因为，聚类分析依据分类的对象不同，可以分为对个案即样本的聚类和对变量的聚类。本案例选择"个案（E）"选项。

⑤显示：有两个单选项，即"统计（I）""图（L）"，这两个选项决定了右侧"统计（I）"功能按钮或者"图（L）"功能按钮的置亮情况，也就是决定了输出结果中选择"统计（I）"选项还是选择"图（L）"选项。如果选择"统计（I）"选项，右上角"统计（I）"功能按钮置亮；如果选择"图（L）"选项，"图（L）"功能按钮置亮。

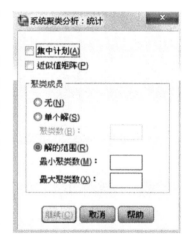

图 8-4　"系统聚类分析：统计"
对话框

（4）单击"统计（S）"选项按钮，出现如图 8-4 所示对话框，可定义其他选项。

①集中计划（A）：输出系统聚类进度表，列出聚类过程中每一步的样品或类的合并过程。

②近似值矩阵（P）：输出相似性矩阵，显示各项间的距离。

③聚类成员：确定输出样品隶属类表。

a. 无（N）：表示不输出样品隶属类表。

b. 单个解（S）：在"聚类数"后的方框中输入大于 1 的整数 n，则显示划分为 n 类时的样品隶属类表。如输入 5，则表示在输出结果中显示所有个案划分为 5 类时，每个个案的归属情况。

c. 解的范围（R）：在"最小聚类数（M）"与"最大聚类数（X）"后的方框中分别输入要显示各案归属的类的范围。如分别输入"3"和"5"，表示在输出结果中显示划分为 3 类、4 类和 5 类时的样品隶属类表。

（5）单击"图（T）"功能按钮，出现如图 8-5 所示的对话框。

①谱系图（D）：选择此项输出反映聚类结构的龙骨图。

②冰柱图:定义显示冰柱图的类别数。

a. 全部聚类(A):表示显示全部聚类结果的冰柱图。

b. 指定范围内的聚类(S):限制聚类解范围,在下面的"开始聚类(T)""停止聚类(P)""依据(B)"后的 3 个小框中分别输入 3 个正整数值 $m,n,k(m\leqslant n,k\leqslant n)$,表示从最小聚类解 m 开始,以增量 k 为步长,到最大聚类解 n 为止,显示冰柱图。本案例中,在"开始聚类(T)"后的变量框中输入"3",在"停止聚类(P)"后的变量框中输入"7",在"依据(B)"后的变量框中输入"2",则会显示出分为 3、5、7 类的冰柱图。

c. 无(N):表示不显示冰柱图。

③方向:"垂直(V)"与"水平(H)"定义冰柱图的显示方向,即垂直冰柱图或水平冰柱图。

(6)在"系统聚类分析"对话框中选择"方法(M)"功能按钮,展开如图 8-6 所示的对话框,在此对话框中,定义样本与类、类与类间距离及样本与样本间距离的确定方法。

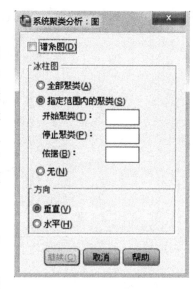

图 8-5　"系统聚类分析图"对话框

①聚类方法(M)。

"聚类方法(M)"选项是选择样本与类、类与类间距离的计算方法。如图 8-7 中的"聚类方法"所示,共有 7 种计算样本与类、类与类间距离的方法。

a. 组间联接:合并两类使得两类间的平均距离最小,是系统默认选项。

b. 组内联接:合并两类使得合并后的类中所有项间的平均距离最小。

c. 最近邻元素:也称作最近距离法,以两类中最近的样品之间的距离为类间距离。

d. 最远邻元素:也称作最远距离法,以两类中最远的样品之间的距离为类间距离。

e. 质心聚类:也称作重心法,以两类中各样品的重心之间的距离为类间距离。

图 8-6　"系统聚类分析:方法"对话框

f. 中位数聚类:也称作中位数法,以两类中各样品的中位数之间的距离为类间距离。

g. 瓦尔德法:也称作华德最小偏差平方和法,聚类时,使类内各样品的偏差平方和最小,类间偏差平方和尽可能大。

图 8-7　计算类间距离的方法

②测量。

确定类内距离的计算方法如图 8-8 中的"测量"功能所示。

"测量"选项是计算样本与样本之间距离的方法,根据聚类变量的测度水平不同,有 3 种计算方法供选择:"区间(N)""计数(T)""二元(B)"。

这里需要注意的是,当聚类指标的测度水平不同时,应选择不同的计算聚类的方法。如果聚类变量为定比数据,选择"区间(N)"选项中的距离计算方法;如聚类变量为定类数据,应选择"计数(T)"选项中的距离计算方法;如聚类变量为虚拟变量,则选择"二元(B)"选项中的距离计算方法。

"区间(N)"选项中共有 8 种计算类内样品间距离的方法,具体如图 8-8 所示。当聚类指标为定类数据时,在"计数(T)"选项下有"卡方测量"和"Phi 平方度量"两种计算样品间距离的方法。

图 8-9 为"二元(B)"选项中的距离计算方法。当聚类指标为虚拟变量时,有"平方欧氏距离""大小差""模式差""方差""离散""形状""简单匹配""Phi 4 点相关"等多种计算样品间距离的方法。

图 8-8　"区间(N)"选项中的距离计算方法

图 8-9　"二元(B)"选项中的距离计算方法

③"转换值"选项栏。

"转换值"选项栏用于选择数据标准化方法。当"测量"选项选择"区间（N）"或"计数（T）"两个选项时，有 7 种进行标准化方法可以选择，如图 8-10 所示。

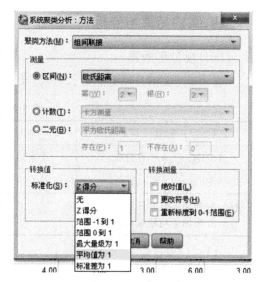

a. 无：表示不进行标准化，为系统默认选项。

b. Z 得分：表示应用标准化计算公式进行标准化处理。

c. 范围－1 到 1：表示标准化结果分布在－1 到＋1 之间。

d. 范围 0 到 1：表示标准化结果分布在 0 到＋1 之间。

e. 最大量级为 1：即将数据标准化到最大值 1。

f. 平均值为 1：表示将数据标准化到均值为 1。

图 8-10 转换值标准化方法

g. 标准差为 1：表示将数据标准化到标准差为 1。

在选择标准化方法之后，要在选择框下的"标准化（S）"下的两个单选项中选择"按变量（V）"或"按个案（C）"施行标准化。

④"转换测量"选项。

"转换测量"选项用于选择测度转换方法。在距离测度选择完毕后，可以选择本栏选项对距离测度的结果进行测度转换。共有以下 3 个选项，如图 8-11 所示。

a. 绝对值（L）：绝对值转换法，将测度值的负号移去。一般当只对相关数量感兴趣的时候才使用此法。

b. 更改符号（H）：变号转换法，进行相似测度和不相似测度之间的相互转换。选择此项，通过改变符号来颠倒距离测度的顺序。

图 8-11 "转换测量"选项

c. 重新标度到 0～1 范围（E）：采用此法将各距离测度值减去最小距离值再除以其全距，使距离测度标准化。

（7）"保存"功能按钮。选择"系统聚类分析"对话框中的"保存（A）"功能按钮，打开如图 8-12 的对话框。

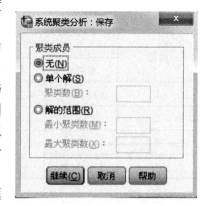

"聚类成员"功能区下有 3 个单选项，该 3 个单选项与图 8-4"聚类成员"功能区下的 3 个单选项完全相同，区别在于"系统聚类分析：保存"对话框中的聚类成员归属情况保存在数据文件中。对"聚类成员"功能区中的选项进行选择后，结果显示在输出数据文件中。

各选项选择完毕，点击图 8-3"系统聚类分析"对话框

图 8-12 "系统聚类分析：保存"对话框

中的"确定"按钮提交系统运行。

四、实验结果与分析

（一）观测量概述

表 8-3 为案例处理汇总表，对进行系统聚类的观测量个数、缺失值等情况进行概述。

表 8-3 案例处理汇总

有效		缺失		总计	
个案数	百分比/%	个案数	百分比/%	个案数	百分比/%
30	100.0	0	0	30	100.0

说明：1. 使用平方欧氏距离。
　　　2. 采用平均联接（组间）。

（二）聚类表

表 8-4 表示系统聚类过程进度的集中计划表，列出了系统聚类过程中，个案或类合并的顺序，本例中共有 30 个个案，经过 29 步聚类，最终所有的个案被合并为一类。聚类表显示了从 30 类到 1 类的全部聚类过程。

1. 第一列：阶段

聚类阶段表示聚类过程中的步数，本例一共聚类 29 次，因此共有 29 个阶段。

2. 第二列：组合聚类

表示聚类 1 与聚类 2 合并为一个新的类别。

3. 第三列：系数

表示距离测度系数。

4. 第四列：首次出现聚类的阶段

该列聚类 1 或聚类 2 取值为"0"，表示聚类 1 或聚类 2 为个案；聚类 1 或聚类 2 取值不为"0"，表示聚类 1 或聚类 2 为类群而不是个案。如果聚类 1 和群聚类 2 取值均为"0"，表示在此阶合并的是两个个案；如果聚类 1 和聚类 2 取值均不为"0"，表示在此阶合并的是两个类别；如果聚类 1 和聚类 2 取值一个为"0"，一个不为"0"，则表示在此阶是一个个案与一个类群进行合并。

表 8-4 集中计划

阶段	组合聚类		系数	首次出现聚类的阶段		下一个阶段
	聚类 1	聚类 2		聚类 1	聚类 2	
1	9	19	0.001	0	0	15
2	3	13	0.001	0	0	11
3	2	12	0.001	0	0	8
4	16	27	0.002	0	0	5
5	16	25	0.011	4	0	7

| 阶段 | 组合聚类 | | 系数 | 首次出现聚类的阶段 | | 下一个阶段 |
	聚类1	聚类2		聚类1	聚类2	
6	15	30	0.012	0	0	9
7	6	16	0.024	0	5	12
8	2	23	0.034	3	0	15
9	15	21	0.039	6	0	19
10	4	14	0.081	0	0	24
11	3	11	0.085	2	0	22
12	1	6	0.090	0	7	18
13	8	18	0.105	0	0	21
14	24	26	0.110	0	0	20
15	2	9	0.134	8	1	23
16	7	17	0.148	0	0	25
17	20	28	0.160	0	0	26
18	1	22	0.188	12	0	21
19	5	15	0.331	0	9	23
20	24	29	0.351	14	0	24
21	1	8	0.368	18	13	22
22	1	3	0.447	21	11	25
23	2	5	0.556	15	19	28
24	4	24	0.621	10	20	27
25	1	7	0.648	22	16	28
26	10	20	0.731	0	17	27
27	4	10	1.230	24	26	29
28	1	2	5.094	25	23	29
29	1	4	6.108	28	27	0

5.第五列:下一个阶段

表示此阶段合并后的类在下一次聚类出现在哪一阶段。如本例中第一行为15,表示个案9和个案19合并后的类将出现在第15阶段。

在本例中,聚类表显示,第一步先将所有30个个案中距离最近的个案9与个案19合并为一类,因为两者之间的距离测度系数仅为0.001,为最小。此阶段中合并的两个聚类在"首次出现聚类的阶段"列的取值都为"0",因此第一阶是两个个案的合并。"下一阶"取值为15,表示合并后的类在第15阶段中将再次参与合并。

在第15阶中,聚类1是个案2,聚类2是个案9,两者之间的距离测度系数为0.134,"首次出现聚类的阶段"中聚类 1 为 8,聚类 2 为 1,表示参与本次聚类的聚类 1,即个案 2 是一个类群,不是个案,该类群来源于第 8 阶段聚类的结果。聚类 2 也是类群,该类群来源于第 1 阶聚类的结果,第 15 阶是两个类的合并,合并后的类将在第 23 阶段再次参与聚类分析。依此追踪,可以在聚类表中看出所有的聚类过程。

(三)聚类成员

表 8-5 为聚类成员归属结果,也称聚类分析结果归属表。表中共显示了分成 5 类、4 类和 3 类时的聚类结果。如分成 4 类时,聚类结果显示,第　类包括 1、3、6、7、8、11、13、16、17、18、22、25、27,第二类包括 2、5、9、12、15、19、21、23、30,第三类包括 4、14、24、26、29,第四类包括 10、20、28。

表 8-5 　聚类成员归属结果

个案	5 个聚类	4 个聚类	3 个聚类
1	1	1	1
2	2	2	2
3	1	1	1
4	3	3	3
5	2	2	2
6	4	1	1
7	4	1	1
8	1	1	1
9	2	2	2
10	5	4	3
11	1	1	1
12	2	2	2
13	1	1	1
14	3	3	3
15	2	2	2
16	4	1	1
17	4	1	1
18	1	1	1
19	2	2	2
20	5	4	3
21	2	2	2
22	4	1	1
23	2	2	2

个案	5个聚类	4个聚类	3个聚类
24	3	3	3
25	4	1	1
26	3	3	3
27	4	1	1
28	5	4	3
29	3	3	3
30	2	2	2

（四）冰柱图

图8-13冰柱图显示聚类过程与类群的归属问题,左侧 y 轴为聚类数目,标识出划分类群的个数,横轴表示个案。用一个直尺与横轴平行放置在冰柱图上,如直尺放置在集群数为5的位置,直尺割断突出的冰柱,则没有被割断的冰柱表示的个案就归为一类。

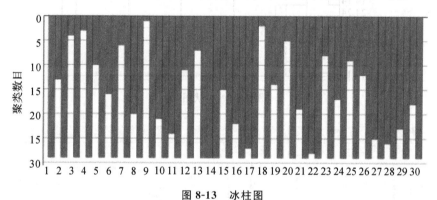

图8-13　冰柱图

（五）树状图

图8-14为树状图,也叫龙骨图。树状图与冰柱图基本相似,也能直观地显示聚类的过程。从图中也可以清楚地看出聚类的过程与个案的归属情况。

在树状图的最上方,"重新标度的聚类组合"表示聚类重新标定距离。即相当于冰柱图中的纵轴"聚类数目"。树状图的解读方法与冰柱图类似,用一把直尺切割树状图的横线,当直尺放置在集群数为5的位置,直尺垂直放置后,可以切割3类横线,表示可以将30个个案划分为3个类群,每一类群所包含的个案就是该被割断的横线所包含的个案数。在树状图中的纵轴有两列,第一列表示"系统聚类分析"对话框中所选入"标注个案"中的变量的取值,第二列表示个案的观测量序号。

（六）聚类结果显示

系统聚类类别归属结果显示在数据文件中。系统聚类分析后,在数据文件中保存了3个新的变量,分别储存了分为5类、4类和3类时,每个样本的类群归属,如图8-15所示。利于后续的数据分析。

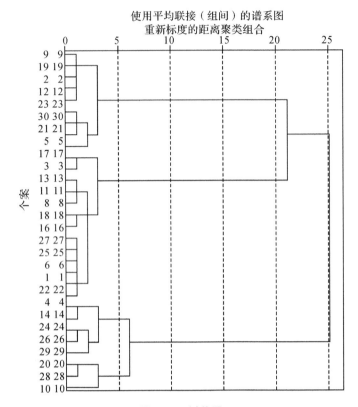

图 8-14　树状图

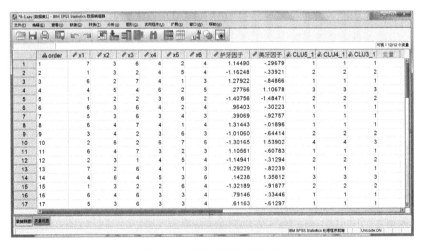

图 8-15　系统聚类类别归属

三、实验总结

（1）系统聚类可以分为两种类型，一种是对个案进行分类，一种是对变量进行分类。比较常用的是对个案进行分类。

（2）系统聚类首先要根据解决的问题，选择聚类变量。应用不同的聚类变量进行聚类分析,聚类的结果大相径庭,同时能反映各类别的特点与规律也存在较大的差异。聚类变量的数量不宜过多,如果过多,则特点与规律不明显,且类别的划分比较复杂;也不宜过少,如果只有一个聚类指标,则无须聚类。如果变量数量过多,可以考虑先对变量进行因子分析,用提取出的公因子作为聚类变量,会使问题的分析简化且规律明显。

(3)系统聚类可以帮助我们选择聚类数目,但不能告诉我们每一类别的聚类中心的位置,因此具有一定的局限性,可以选择 K-均值聚类方法进行深入分析。

(4)值得注意的是,选用的聚类方法不同,计算距离的方法不同,所得到的分类结果会存在差异,建议选用其他聚类方法,对多种聚类结果进行比较。比较的方法有两种,一是根据对分类问题本身有关的专业知识来判断哪种分类结果更合理;二是将各种结果中的共性取出来,将有疑问的个案放在一边待判,先将其余个案进行分类。最后用最短距离法对待判的个案作特殊处理以决定它们的归属。

六、实验作业

[习题 8-1] 某家具公司对购买家具的顾客的偏好情况进行调查,主要调查对家具样式、图案、颜色三方面的偏好情况,获得 10 位顾客的数据资料,请对该 10 位顾客作聚类分析。调查指标如表 8-6 所示。

X_1:喜欢的式样——老式记为 1,新式记为 2。

X_2:喜欢的图案——素式记为 1,格子式记为 2,花式记为 3。

X_3:喜欢的颜色——蓝色记为 1,黄色记为 2,红色记为 3。

表 8-6 顾客购买家具偏好调查

顾客序号	X_1(式样)	X_2(图案)	X_3(颜色)
1	1	3	1
2	1	2	2
3	2	3	3
4	2	2	3
5	1	1	1
6	1	1	2
7	1	2	1
8	2	2	2
9	2	3	3
10	2	3	3

[习题 8-2] 某运动队对 13 名运动员的生理状况和心理状况进行评估,获得的数据如表 8-7 所示。利用生理分与心理分对 13 名运动员进行类别划分。

表 8-7　运动员的生理状况和心理状况评估

运动员编号	生理分	心理分
1	8.00	7.00
2	6.00	6.00
3	7.00	8.00
4	4.00	3.00
5	9.00	3.00
6	4.00	2.00
7	3.00	4.00
8	4.00	4.00
9	6.00	6.00
10	3.00	3.00
11	4.00	5.00
12	8.00	2.00
13	8.00	7.00

第三节　K-均值聚类分析

一、实验目的

(1)找出各类别的聚类中心及类别归属情况。

(2)理解 K-均值聚类的基本思想与原理。

(3)熟练掌握应用 SPSS 软件进行 K-均值聚类的方法。

(4)能对 K-均值聚类结果进行深入分析。

(5)培养运用 K-均值聚类方法解决实际问题的能力。

二、实验内容

以系统聚类实验数据为本实验的数据,以牙膏购买时考虑的"护牙因子"和"美牙因子"为聚类变量,对 30 个个案进行 K-均值聚类,对划分为 3 类时的个案归属及各类特点进行分析。分析每一类别的特点和规律。

三、实验步骤

K-均值聚类由 SPSS 25.0 中的"分类"过程中"K-均值聚类"子过程实现。下面以案例说明 K-均值聚类过程的基本操作步骤。

(1)在 SPSS 25.0 中打开数据文件 8-1. sav,通过选择"文件"—"打开"命令将数据调入 SPSS 25.0 的工作文件窗口。

(2)从菜单上依次选择"分析(A)"—"分类(F)"—"K-均值聚类",打开其对话框,如图 8-16 所示,执行上述操作即可打开"K-均值聚类分析"对话框,如图 8-17 所示。

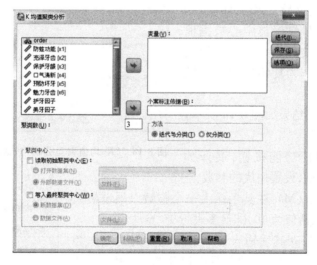

图 8-16 打开"K-均值聚类分析"对话框

图 8-17 "K-均值聚类分析"对话框

(3)选择聚类变量。

从"K-均值聚类分析"对话框中左侧源变量框中选择聚类变量移入右侧的"变量(V)"框中,如本例中选择"护牙因子"和"美牙因子"两个变量移入右侧的变量框中。

(4)确定聚类数目。

在"聚类数(U)"功能区右侧的方框中输入聚类数目,如本例已知把 30 个个案划分为 3 类,因此在"聚类数(U)"后的方框内输入 3。

(5)确定聚类方法。

K-均值聚类中有两种聚类方法:"迭代与分类(T)""仅分类(Y)"。

①迭代与分类(T):该方法是系统默认的方法,表示在迭代过程中不断地更新聚类中心。

②仅分类(Y):用初始聚类中心对个案进行聚类,聚类中心始终不变。

(6)选择标记变量。

从左侧源变量框中选择一个具有唯一标识作用的变量移入"个案标记依据"下的变量框中。如本例选择"order"变量。

(7)选择是否从外部提取初始聚类中心。

在 K-均值聚类主对话框的下方,有一个"聚类中心"功能区,该功能区有两项功能:"读取初始聚类中心(E)"和"写入最终聚类中心(W)"。

①读取初始聚类中心(E):当有事先保存好的初始聚类中心的数据文件时,调用该数据文件作为本案例的初始聚类中心;如果没有事先保存好的初始聚类中心的信息,则不用选择此项。本例不选择此项。

②写入最终聚类中心(M):单击此项后,"新数据集"和"数据文件"两个单选项,可以进行选择。如果选择"新数据集",则在其后的方框中输入建立的新数据集的名称。如果选择"数据文件",打开文件保存的路径,定义路径和文件名,则将当前聚类分析的最终聚类中心数据保存到该路径下的该文件名中。提供给其他个案聚类分析时作为初始聚类中心数据使用。

(3)～(7)的操作结果如图 8-18 所示。

(8)"迭代"选项。

图 8-18 "K-均值聚类分析"对话框的选项操作结果

单击"迭代(I)"功能按钮,展开如图 8-19所示的对话框,设置迭代的参数。

①最大迭代次数(M):在其后输入一个整数以限定最大的迭代步数,系统默认值为 10,即最多进行 10 步迭代。

②收敛准则(C):在其后输入一个不超过 1 的正数作为判定迭代收敛的标准。缺省的收敛标准值为 0.02,表示当两次迭代计算的聚类中心之间距离的最大改变量小于初始聚类中心间最小距离的 2% 时终止迭代。

③使用运行平均值:选择这个选项表示在迭代过程中,当每个观测量被分配到一类后,随即计算新的聚类中心,并且,数据文件中观测量的次序可能会影响聚类中心。不选择此项

图 8-19 "迭代(I)"功能对话框

则在所有观测量分配完后再计算各类的聚类中心,可以节省迭代时间。

(9)单击"保存(S)"功能按钮。

保存对话框可选择保存新变量的方式,如图 8-20 所示。

①聚类成员(C)：在工作的数据文件中建立一个名为"QCL-1"的新变量，其值为各观测量隶属于哪一类别的状况。本例中"QCL-1"变量的取值为"1""2""3"。

②与聚类中心的距离(D)：在工作的数据文件中建立一个名为"QCL-2"的新变量，其值为各观测量与所属类聚类中心之间的欧式距离。

(10)单击"选项(O)"功能按钮。

图 8-20 "K-均值聚类：保存新变量"对话框

"K-均值聚类分析：选项"对话框中定义输出的统计量值及缺失值的处理方法，如图 8-21 所示。"统计"栏用于指定输出的统计量。

①初始聚类中心(I)：为系统默认选项，输出初始聚类中心表。

②ANOVA 表：输出方差分析表。

③每个个案的聚类信息(C)：选中后，在输出结果中显示各观测量最终被聚入的类别、各观测量与最终聚类中心之间的欧氏距离，以及最终各类聚类中心之间的欧氏距离。"缺失值"栏用于指定缺失值的处理方式。

④成列排除个案(L)：该选项为系统默认选项，当聚类变量中有缺失值时，剔除该观测量。

⑤成对排除个案(P)：选择此选项，只有当一个观测量的全部聚类变量的变量值均缺失时才将其从分析中剔除，否则根据所有其他非缺失变量值，把它分配到最近的一类中。

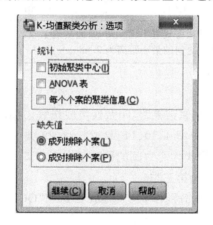

图 8-21 "K-均值聚类分析：选项"对话框

(11)单击"继续(C)"按钮，返回"K-均值聚类分析"对话框，单击"确定"按钮，SPSS 自动完成计算。

一、实验结果与分析

(一)初始聚类中心

表 8-8 给出了初始聚类中心数据。

表 8-8 初始聚类中心

变量	聚类		
	1	2	3
护牙因子	−1.30165	−1.40756	1.49635
美牙因子	1.53902	−1.48471	−0.28659

(二)迭代历史记录

表 8-9 为迭代历史记录,展示了迭代过程中各类聚类中心的演变,即每次迭代类中心与上次迭代类中心的变化量。表下的注释显示,由于聚类中心中不存在变动或者仅有小幅变动,本例共进行了 3 次迭代。任何中心的最大绝对坐标更改为 0.012,初始中心之间的最小距离为 3.026。

表 8-9 迭代历史记录

迭代	聚类中心中的变动		
	1	2	3
1	0.934	0.714	0.503
2	0.104	0.071	0.036
3	0.012	0.007	0.003

说明:由于聚类中心中不存在变动或者仅有小幅变动,因此实现了收敛。任何中心的最大绝对坐标变动为 0.012,当前迭代为 3,初始中心之间的最小距离为 3.026。

(三)聚类成员

表 8-10 给出了聚类成员归属结果,也叫做聚类成员表。指出了聚类后各个案所隶属的类。从表中的数据可以看出,个案 4、10、14、24、26、28、29 共 8 个样品归为第一类。表中的第四列"距离"表示该个案与聚类中心之间的距离。个案 2、5、9、12、15、19、21、23、30 共 9 个样品归为第二类;其余样品归为第三类。

表 8-10 中最后两列的数据分别作为变量"QCL-1"和"QCL-2"的观测值保存于当前工作的数据文件中。

表 8-10 聚类成员归属结果

个案号	order	聚类	距离
1	1.00	3	0.218
2	2.00	2	0.386
3	3.00	3	0.515
4	4.00	1	0.670
5	5.00	2	0.792
6	6.00	3	0.131

个案号	order	聚类	距离
7	7.00	3	0.765
8	8.00	3	0.536
9	9.00	2	0.192
10	10.00	1	1.050
11	11.00	3	0.218
12	12.00	2	0.413
13	13.00	3	0.502
14	14.00	1	0.426
15	15.00	2	0.238
16	16.00	3	0.208
17	17.00	3	0.405
18	18.00	3	0.542
19	19.00	2	0.170
20	20.00	1	0.229
21	21.00	2	0.173
22	22.00	3	0.553
23	23.00	2	0.490
24	24.00	1	0.437
25	25.00	3	0.245
26	26.00	1	0.105
27	27.00	3	0.180
28	28.00	1	0.628
29	29.00	1	0.839
30	30.00	2	0.337

(四)最终聚类中心

表 8-11 为最终聚类中心表,列出了最终的类中心位置。

表 8-11　最终聚类中心

变量	聚类		
	1	2	3
护牙因子	−0.25076	−1.18484	0.97459
美牙因子	1.51761	−0.72344	−0.43308

(五)最终聚类中心间的距离

表 8-12 给出了最终聚类中心间的距离。表中的数据显示,聚类 1 与聚类 2 两类聚类中心间的距离为 2.428,聚类 1 与聚类 3 两类聚类中心间的距离为 2.304。依次可以分析任意两类中心之间的距离。

表 8-12　最终聚类中心间的距离

聚类	1	2	3
1		2.428	2.304
2	2.428		2.179
3	2.304	2.179	

(六)单因素方程分析表

表 8-13 是划分为 3 个类别后,对"护牙因子"和"美牙因子"两个变量分别进行的单因素方差分析。分析结果显示,因为 F 检验的显著性概率均小于 0.05,结论为:3 个类别在"护牙因子"和"美牙因子"两个变量均值之间的差异均达到了统计上的显著水平。

表 8-13　单因素方程分析表

变量	聚类		误差		F	Sig.
	均方	自由度	均方	自由度		
护牙因子	12.743	2	0.130	27	97.896	0
美牙因子	12.787	2	0.127	27	100.761	0

由于已选择聚类以使不同聚类中个案之间的差异最大化,因此 F 检验只应该用于描述目的。实测显著性水平并未因此进行修正,所以无法解释为针对"聚类平均值相等"这一假设的检验。

(七)每个聚类中心中的案例数

表 8-14 给出了每个聚类中的案例数,从表中的数据可以看出,本例中的 30 个个案,聚类 1 包含 8 个个案,聚类 2 包含 9 个个案,聚类 3 包含 13 个个案。

表 8-14　每个聚类中心中的案例数

		数目
聚类	1	8
	2	9
	3	13
有效		30
缺失		0

五、实验总结

(1)进行 K-均值聚类分析时要事先知道划分为多少类。

（2）K-均值聚类分析的重点是了解如何解读最终的聚类中心的坐标,该聚类中心就表示了该类的特点和规律。

（3）K-均值聚类结果与系统聚类的结果往往不同,因为两种聚类方法的思路和步骤存在很大的区别,因此,要依据对案例个案的理论了解,通过比较分析确定最终的聚类结果。

（4）系统聚类的优点是能很好地判断划分为多少类别比较合适,判断的依据是类内的差异最小,类间差异最大。K-均值聚类的优点是能计算出最终的聚类中心,对类的特点有一个较好的把握。

六、实验作业

[习题 8-3]　表 8-15 列出了 11 个国家出生率和死亡率的指标,请用 K-均值聚类法将 11 个国家划分为 2 类。

表 8-15　11 个国家出生率和死亡率数据

序号	国别	出生率/%	死亡率/%
1	中国	19	8
2	日本	10	8
3	法国	13	11
4	德国	10	11
5	意大利	10	10
6	俄罗斯	11	13
7	英国	13	11
8	美国	16	9
10	智利	24	7
11	印度	29	10

第四节　判别分析

一、实验目的

（1）明确判别分析的相关概念。
（2）熟练掌握判别分析的过程。
（3）能用 SPSS 软件进行判断分析。
（4）培养运用判别方法解决实际问题的能力。

二、实验内容

利用聚类分析一章的某牙膏公司调查消费者购买牙膏时考虑哪些因素的数据。该数据

数据文件 8-2

中,消费者购买牙膏时考虑的因子有"护牙因子"和"美牙因子"两大类,应用聚类分析,可以将 30 位顾客划分为 3 个类群。应用该数据,计算判别函数(基础数据见数据文件 8-2)。

三、实验步骤

判别分析由 SPSS 25.0 的"分类"过程中的"判别"子过程实现。下面以案例说明判别分析的基本操作步骤。

(1)准备工作。在 SPSS 25.0 中打开数据文件 8-2. sav,通过选择"文件"—"打开"命令将数据调入 SPSS 25.0 的工作文件窗口。数据文件中,因子分析提取出的两个公因子"护牙因子"和"美牙因子"作为研究对象特征的变量,聚类分析得到的类别归属保存在"类别"变量中。

(2)打开判别分析主对话框。

执行分"分析(A)"—"分类(F)"—"判别式(D)"命令,打开"判别分析"对话框。操作过程如图 8-22 所示。"判别分析"对话框如图 8-23 所示。

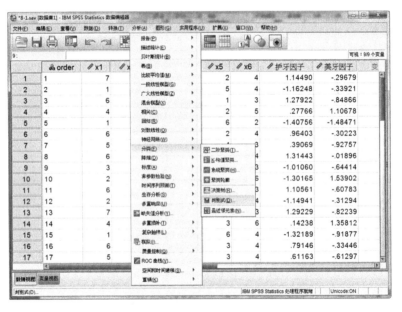

图 8-22 打开"判别分析"对话框

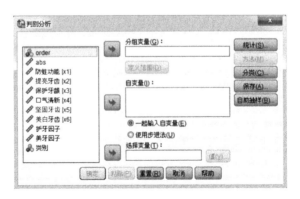

图 8-23 "判别分析"对话框

（3）选择自变量。

从图 8-23"判别分析"对话框左侧的源变量框中选择反映研究对象特征的变量作为自变量，移入右侧的"自变量（I）"下的变量框中。本例选择"护牙因子"和"美牙因子"作为自变量。

（4）选择分组变量并定义分组变量的范围。

从"判别分析"对话框左侧的源变量框中选择保存分组信息的变量作为分组变量，移入右侧"分组变量（G）"下的变量框中。注意，这里所选择的分组变量是离散型变量，且其分组数至少多于两类。本例选择"类别"变量作为分组变量移入"分组变量（G）"框中，此时矩形框下面的"定义范围（D）"置亮，单击该按钮，打开"判别分析：定义范围"小对话框，如图 8-24 所示。

①最小值（N）：在此框中输入该分组变量的最小值，本例输入"1"。

②最大值（X）：在此框中输入该分组变量的最大值，本例输入"3"。

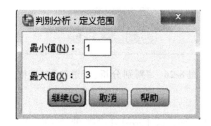

图 8-24　"判别分析：定义范围"对话框

（5）选择观测量。

如果希望使用一部分观测量进行判别分析，推导出判别函数，而另一部分观测量用于验证判别函数的出错率，而且，在数据文件中有一个变量的某个值可以作为这些观测量的标识，则应用"判别分析"对话框中的"选择变量（T）"功能进行选择。操作方法是从左侧源变量框中选择标识变量，移入"选择变量（T）"框中，点击其后的"值（V）"按钮，可以打开图 8-25 所示的对话框。在展开的"选定变量的值"子对话框中，

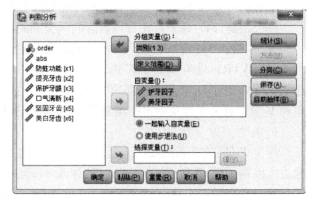

图 8-25　选择观测量子对话框

键入标识参与分析的观测量所具有的该变量的值。本例中的标识变量为"abs"，其标识参与分析的观测量取值为"1"。因此，在"选定变量的值"子对话框中，键入"1"。然后点击"继续（C）"，返回"判别分析"对话框。

（6）选择分析方法。

在"判断分析"对话框中，"自变量（I）"矩形框下面有两个单选项，可以从中选择判别分析的方法。

①一起输入自变量（E）：当认为所有自变量都能对观测量的特性提供丰富的信息，且彼

此独立时使用该选项。判别分析过程将不加选择地使用自变量进行判别分析,建立全模型。

②使用步进法(U):当不认为所有的自变量都能对观测量的特性提供丰富的信息时使用该选项。可以对自变量进行选择,选择的依据是其对判别贡献的大小。单击此选项后,"判别分析"对话框右侧的"方法(M)"功能按钮置亮。单击"方法(M)"按钮,打开"步进法"对话框,如图 8-26 所示。在"判别方法:步进法"对话框中选择判别分析的方法。

图 8-26 "判别分析:步进法"对话框

a. 方法。

威尔克 Lambda(W):也叫"Wilks Lambda"选项,每步都是威尔克的 λ 统计量最小的变量进入判别函数。

未解释方差(U):每步都使各类不可解释的方差之和最小的变量进入判别函数。

马氏距离(M):每步都使靠得最近的两类间的马氏距离最大的变量进入判别函数。

最小 F 比(S):把方差差异最大的自变量优先纳入判别函数中。

拉奥 V(R):也叫"Rao's V"选项,每步选择使 Rao's V 值的增量最大化的变量进入判别函数。选择此项后,需要在下面的"要输入的 V"的矩形框中指定一个 V 值最小增量值,当变量的 V 值增量大于这个指定的增量值时,该变量进入判别函数。

b. 条件。

使用 F 值:这是系统默认选项,当一个变量的 F 值大于指定的"进入"值时,选择这个变量进入判别函数,系统默认的"进入"值为 3.84;当变量的 F 值小于指定的"除去"值时,这个变量将从判别函数中移出,系统默认的"除去"值为 2.71。自行设置"进入"值和"除去"值时要注意,"进入"值要大于"除去"值。

使用 F 的概率(P):该选项选中后,应用 F 检验的概率决定变量进入或移出判别函数,"进入(N)"的默认值为 0.05,"除去(A)"的默认值为 0.10,表示当变量的 F 检验的概率小于 0.05 时,这个变量将被移入判别函数;当变量的 F 检验的概率大于 0.10 时,这个变量将被从判别函数中移出。自行设置"进入(N)"和"除去(A)"值时要注意,"进入(N)"值要大于"除去(A)"值。

c. 显示。

步骤摘要(Y):显示每步选中变量之后各变量的统计量的概述结果,包括威尔克 λ 值、容差、F 值、显著性水平等。

成对距离的 F(D):显示两两类之间的两两 F 值矩阵。

(7)定义输出选项。

单击"统计(S)"功能按钮,打开"判别分析:统计"对话框,如图 8-27 所示。该对话框包括以下 3 个功能区。

①描述。

a.平均值(M):输出各自变量在各类中的观测量和全部观测量的均值、标准差。

b.单变量 ANOVA:单变量方差分析,对各类中同一自变量均值进行假设检验,输出单变量方差分析表。

c.博克斯 M(B):也叫"Box's M",输出对各类协方差矩阵相等的假设进行 Box's M 检验的结果。

②函数系数。

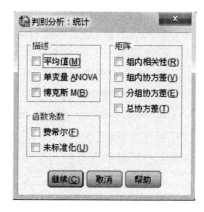

图 8-27　"判别分析:统计"对话框

a.费希尔(F):计算费希尔判别函数系数。可直接用于对新样本的分类,对每一类都给出一组系数,并且指出该类中具有最大判别分数的观测量。

b.未标准化(U):输出非标准化的判别函数系数。

③矩阵。

a.组内相关性(R):输出组内相关系数矩阵。

b.组内协方差(V):输出组内协方差矩阵。

c.分组协方差(E):输出每一类的协方差矩阵。

d.总协方差(T):输出总体样本的协方差矩阵。

(8)指定分类参数和判别结果。

单击"判别分析"对话框中的"分类(C)"按钮,打开分类对话框,如图 8-28 所示。

①先验概率。

a.所有组相等(A):各先验概率相等,若分为 m 类,则各类先验概率均为 $1/m$。

b.根据组大小计算(C):基于各类样本占总样本的比例计算先验概率。

②显示。

图 8-28　"判别分析:分类"对话框

a.个案结果(E):输出每个观测量的实际类、预测类、后验概率及判别分数。

b.摘要表(U):输出分类小结表。对每一类输出判定正确和错误的观测量数。

c.留一分类(V):也就是不考虑该个案时的分类。输出每一个观测量的分类结果,所依据的判别函数为由除它之外的其他观测量导出的,因此也称为交互校验结果。

③使用协方差矩阵。

a.组内(W):使用合并组内协方差矩阵进行分析。

b.分组(P):使用各组协方差矩阵进行分析。

④图。

a.合并组(O):生成全部类的散点图,该图是据前两个判别函数值做出的。如果只有一个判别函数,则显示直方图。

b. 分组(S):对每一类生成一张散点图,这些图是据前两个判别函数值做出的。如果只有一个判别函数,则显示直方图。

c. 领域图(T):生成根据判别函数值将观测量分到各类去的边界图。图中每一类占据一个区域,各类的均值用星号标记出来,如果只有一个判别函数,则不显示该图。

(9)保存功能按钮。

在"判别分析"对话框中单击"保存(A)"按钮,打开保存对话框,如图 8-29 所示。选择建立新变量将判别分析结果保存到当前工作文件中。

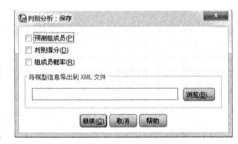

图 8-29 "判别分析:保存"对话框

①预测组成员(P):建立新变量,保存预测观测量所属类的值,系统默认的变量名为 dis-1。

②判别得分(D):建立新变量保存判别分数。该分数是由未标准化的判别系数乘自变量的值,将这些乘积求和后加上常数得来。每次运行判别分析都给出一组表明判别分数的新变量。建立几个判别函数就有几个判别分数变量。参与分析的观测量共分为 m 类,则建立 $m-1$ 个典则判别函数,指定该选项后,就可以生成 $m-1$ 个表明判别分数的新变量。第一次运行判别分析建立的新变量名为 dis1-1,dis1-2,dis1-3,…,dis1-m-1;第二次运行判别分析建立的新变量名为 dis2-1,dis2-2,dis2-3,…,dis2-m-1。

③组成员概率(R):建立新变量,保存各观测量属于各类的概率值。有 m 类,对一个观测量就会给出 m 个概率值,因此建立 m 个新变量。本案例中原始和预测分类数是3,指定该选项,在第一次运行判别分析过程结束后,给出的表明分类概率的新变量名为 dis1-1、dis1-2、dis1-3。

(10)所有选项选择好后,点击"判别分析"对话框的"确定"按钮,提交系统运行。

四、实验结果与分析

(一)分析案例摘要

表 8-16 为分析案例处理摘要,可以看出参加判别分析的观测量总数为 60,而有效观测量数为 50,占 83.3%;包含缺失值或分类变量范围之外的观测量数为 10,占 16.7%。

表 8-16 分析案例处理摘要

未加权个案数		个案数	百分比/%
有效		50	83.3
排除	缺失或超出范围组代码	0	0
	至少一个缺失判别变量	0	0
	既包括缺失或超出范围组代码,也包括至少一个缺失判别变量	0	0
	未选中	10	16.7
	总计	10	16.7
总计		60	100.0

（二）组统计量

表 8-17 为组统计量,给出了两个自变量按照区划类别及全部观测量计算的均值、标准差等描述统计量。

表 8-17　组统计量

变量		平均值	标准差	有效个案数（成列）	
				未加权	加权
1	护牙因子	−0.2912468	0.56385271	13	13.000
	美牙因子	1.4748663	0.41733306	13	13.000
2	护牙因子	−1.2185692	0.20570285	14	14.000
	美牙因子	−0.8032027	0.33515560	14	14.000
3	护牙因子	0.9513300	0.32125512	23	23.000
	美牙因子	−0.4807072	0.29613140	23	23.000
总计	护牙因子	0.0206882	1.00327503	50	50.000
	美牙因子	−0.0625568	0.98880044	50	50.000

（三）组均值相等的检验

表 8-18 为组均值的均等性的检验结果。由于"护牙因子"和"美牙因子"两个变量的威尔克 Lambda 检验和 F 值检验的显著性概率 Sig. 均显著小于 0.05,这表明,类均值均通过显著性检验,表示两个变量类内均值都存在显著差异,可以进行判别分析。

表 8-18　组均值的均等性的检验

变量	威尔克 Lambda	F	自由度 1	自由度 2	Sig.
护牙因子	0.135	151.168	2	47	0
美牙因子	0.114	181.964	2	47	0

（四）协方差矩阵的均等性的箱式检验

表 8-19 为协方差矩阵相等的博克斯 M 检验结果。M 统计量值为 18.149,显著大于 0.05,从而认为在显著性水平 0.05 下各类协方差矩阵相等。

F 检验的显著性概率为 0.010,小于 0.05,从而认为判别分析达到显著水平,说明判错率会很小。

表 8-19　检验结果

博克斯 M		18.149
F	近似	2.822
	自由度 1	6.000
	自由度 2	20550.967
	Sig.	0.010

说明:对等同群体协方差矩阵的原假设进行检验。

（五）典则判别函数的特征值

表 8-20 为典则判别函数的特征值。本例有两个判别函数用于分析，第一个判别函数的特征值为 12.276，方差百分比为 72.1%；第二个判别函数的特征值为 4.761，方差百分比为 27.9%。两个判别函数的累积方差百分比为 100.0%，正则相关系数分别为 0.962 和 0.909。

表 8-20　特征值

函数	特征值	方差百分比/%	累积百分比/%	典型相关性
1	12.276˙	72.1	72.1	0.962
2	4.761˙	27.9	100.0	0.909

注：˙表示在分析中使用了前 2 个典则判别函数。

（六）判别函数显著性的检验

表 8-21 为威尔克 Lambda 检验。两个判别函数的威尔克 Lambda 值都非常小，卡方检验的显著性概率显著小于 0.05，从而认为判别函数有效。

表 8-21　威尔克 Lambda

函数检验	威尔克 Lambda	卡方	自由度	Sig.
1 直至 2	0.013	201.673	4	0
2	0.174	81.425	1	0

（七）标准化判别系数

表 8-22 为标准化的典型判别式函数系数。根据表中的数据可知，判别函数分别如下

$$F_1 = -0.843 \times 护牙因子 + 0.957 \times 美牙因子$$
$$F_2 = 0.683 \times 护牙因子 + 0.512 \times 美牙因子$$

根据这两个判别函数，代入各变量数值可以计算出判别分数。

表 8-22　标准化的典型判别式函数系数

变量	函数	
	1	2
护牙因子	−0.843	0.683
美牙因子	0.957	0.512

（八）结构矩阵

表 8-23 为结构矩阵，在结构矩阵中，变量按照结构矩阵式判别变量与标准化判别函数之间的合并类内相关系数的绝对值大小排列，表明判别变量与判别函数之间的相关性，如本例中，"护牙因子"与第二个判别函数的相关系数最大，表明两者之间的关系最密切。

表 8-23 结构矩阵

变量	函数	
	1	2
护牙因子	−0.472	0.882
美牙因子	0.630	0.777

判别变量与标准化典则判别函数之间的汇聚组内相关性变量,按函数内相关性的绝对大小排序。每个变量与任何判别函数之间有最大绝对相关性。

(九)非标准化判别系数

表 8-24 为典型判别式函数的非标准化函数系数,根据表中的数据可以列出非标准化的判别函数为

$$F_1 = -2.242 \times 护牙因子 + 2.82 \times 美牙因子 + 0.222$$
$$F_2 = 1.819 \times 护牙因子 + 1.499 \times 美牙因子 + 0.056$$

根据这两个非标准化判别函数,代入各变量数值可以计算出判别值。

表 8-24 典型判别函数系数

变量及常量	函数	
	1	2
护牙因子	−2.242	1.819
美牙因子	2.802	1.499
(常量)	0.222	0.056

(十)判别函数各类矩心

表 8-25 列出了组质心处的函数,该数值是按照非标准化判别函数计算的函数类心,即判别函数在各类均值处的判别分数值。与所有组的散点图中的质心相对应,如图 8-30 所示。

表 8-25 组质心处的函数

类别	函数	
	1	2
1	5.007	1.737
2	0.704	−3.364
3	−3.258	1.066

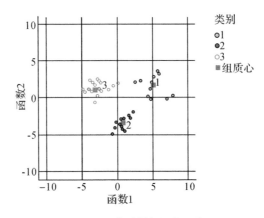

图 8-30 典则判断函数示意

(十一)组的先验概率

表 8-26 为组的先验概率值,在图 8-28 的"判别分析:分类"对话框中选择"所有组相等(A)",所以 3 个组的先验概率均为 33.3%。

表 8-26 组的先验概率

类别	先验	在分析中使用的个案	
		未加权	加权
1	0.333	13	13.000
2	0.333	14	14.000
3	0.333	23	23.000
总计	1.000	50	50.000

(十二)分类函数系数

表 8-27 为分类函数系数,也就是费希尔线性判别函数系数,根据表 8-27 中的数据可以建立各类线性判别模型,具体如下

区划 $1:q_1 = -7.673 \times$ 护牙因子 $+ 15.924 \times$ 美牙因子 $- 13.959$

区划 $2:q_2 = -7.301 \times$ 护牙因子 $- 3.774 \times$ 美牙因子 $- 7.063$

区划 $3:q_3 = 9.640 \times$ 护牙因子 $- 8.236 \times$ 美牙因子 $- 7.663$

表 8-27 分类函数系数

变量及常量	类别		
	1	2	3
护牙因子	-7.673	-7.301	9.640
美牙因子	15.924	-3.774	-8.236
(常量)	-13.959	-7.063	-7.663

利用这 3 个线性判别函数,判断未知分类案例的归属。具体方法是将位置案例的各变

量值代入此 3 个线性判别函数进行计算,对所得的 3 个数值进行比较,哪个数值大,则将此案例归入哪一类。如 q_1 最大,则归入第一类。

(十三)分类结果

表 8-28 为分类结果。在选中的个案中,对于原始数据中分别属于类别 1、类别 2 和类别 3 的各观测量,仍然归于原类,判对率为 100.0%。交叉校验的判对率也为 100.0%。对待判的 10 个观测量,有 3 个归入类别 1,3 个归入类别 2,4 个归入类别 3。

表 8-28 分类结果

个案			类别	预测组成员信息			总计
				1	2	3	
选中个案①	原始	计数	1	13	0	0	13
			2	0	14	0	14
			3	0	0	23	23
		判对率/%	1	100.0	0	0	100.0
			2	0	100.0	0	100.0
			3	0	0	100.0	100.0
未选中个案②	原始	计数	1	3	0	0	3
			2	0	3	0	3
			3	0	0	4	4
		判对率/%	1	100.0	0	0	100.0
			2	0	100.0	0	100.0
			3	0	0	100.0	100.0

注:①正确地对所有选定的原始已分组个案进行了分类。
②正确地对所有未选定的原始已分组个案进行了分类。

五、实验总结

(1)判别分析的目的主要有 4 个:①确定在两个或更多事先定义的组上的一组变量的平均得分剖面是否存在显著性差异;②确定哪些变量在各组的平均得分剖面的差异中解释最多;③在一组变量得分的基础上,建立将对象分类的步骤;④由这组变量形成的组与组之间判别维数的数目及构成。

(2)判别分析可以列出标准化的判别函数、未标准化的判别函数和费希尔线性判别函数。标准化的判别函数可以计算出判别分数,未标准化的判别函数可以计算出判别值,费希尔线性判别函数可以判别出待判案例的类群归属状况。

六、实验作业

[习题 8-4] 浙江省杭州市 1986—2020 年的固定资产投资、就业人数和 GDP 的数据如

表 8-29 所示。数值来源取值为"1"时表示该观测量的数据来源于《中国区域经济统计年鉴》，取值为"0"表示是对该年份的估计值。根据 GDP（gross domestic product，国内生产总值）与固定资产投资和就业总数之间的关系，将1986—2010 年这 25 年分成 3 个发展阶段，"1"表示就业拉动型经济发展模式阶段，"2"表示投资拉动型经济发展模式阶段，"3"表示人力资本拉动型经济发展模式阶段。请根据下面的数据进行判别分析，并判断 2011—2020 年分别属于哪种经济发展模式（基本数据见数据文件 8-3）。

表 8-29　杭州市 1986—2020 年经济指标与就业数据

年份	数值来源	分段	GDP/万元	固定资产投资/万元	就业总数/万人
1986	1	1	1053589	182398	347.90
1987	1	1	1260162	200516	347.20
1988	1	1	1525427	205967	357.40
1989	1	1	1662945	202131	360.20
1990	1	1	1896216	229214	363.50
1991	1	1	2279545	255696	382.30
1992	1	1	2900690	384136	385.50
1993	1	1	4247094	825382	393.20
1994	1	1	5855239	1059437	421.20
1995	1	1	7620055	1566280	422.60
1996	1	2	9066133	1819333	420.30
1997	1	2	10363299	2139012	420.10
1998	1	2	11348899	2681740	417.10
1999	1	2	12252795	3233609	414.20
2000	1	2	13825616	3766473	408.11
2001	1	2	15680138	4634929	413.18
2002	1	3	17818302	5623366	441.14
2003	1	3	20997744	8952090	450.59
2004	1	3	25431796	11081993	477.63
2005	1	3	29438430	12777972	481.10
2006	1	3	34434972	13734482	512.21
2007	1	3	41040117	15837775	533.09
2008	1	3	47889748	18822936	569.15
2009	1	3	50875529	21951706	597.47
2010	1	3	59491687	26518839	626.33

年份	数值来源	分段	GDP/万元	固定资产投资/万元	就业总数/万人
2011	0	3	45388917	18499098	563.61
2012	0	3	47556507	19433837	573.23
2013	0	3	49724097	20368575	582.85
2014	0	3	51891687	21303314	592.48
2015	0	3	54059278	22238053	602.10
2016	0	3	56226868	23172791	611.72
2017	0	3	58394458	24107530	621.34
2018	0	3	60562048	25042268	630.97
2019	0	3	62729638	25977007	640.59
2020	0	3	64897228	26911745	650.21

[习题 8-5] 某公司调查顾客对其产品的满意度状况,主要调查了价格满意度、质量满意度和品牌文化满意度 3 个方面,并根据顾客的人口统计学特性分为 3 类,分别用 1、2、3 表示。请根据表 8-30 的数据作判别分析,并判别另外收集的 3 个顾客的类别归属。

表 8-30 某公司顾客满意度调查数据

顾客类型	价格满意度	质量满意度	品牌文化满意度
1	46	52	62
1	53	48	65
3	50	68	66
1	51	68	64
2	61	62	55
1	66	64	54
1	71	57	60
3	66	66	75
2	62	70	88
1	62	73	81
2	67	67	79
1	70	64	70
1	72	66	61
3	71	68	61
3	79	59	62
3	84	56	54

续　表

顾客类型	价格满意度	质量满意度	品牌文化满意度
1	87	51	74
1	84	62.5	59
2	76	75	71
1	83	67.5	52
3	88	55	62
2	85	63	73
2	74	82	84
3	83	65	81
2	89	55	78
2	82	75	72
3	79	80	77
2	83	68	89
2	90	67	52
2	78	85	70
2	85	71	77
1	89	71	58
2	82	77	88.5
1	93	69	56
2	94	66	66
3	90	66	93
2	92	75	64
3	91	74	76
3	87	82	93
3	94	73	81
2	94	77	76
2	93	79	86
2	94	81	81
2	96	77	82
2	96	78	79

第九章 主成分分析和因子分析

> **本章学习目标**

- 理解主成分分析和因子分析的原理与基本思想。
- 掌握主成分分析和因子分析的实验目的、实验内容和实验步骤。
- 掌握实验结果的统计分析。
- 理解主成分分析和因子分析的异同点。

在实际研究中往往希望尽可能多地收集数据,以期能对问题有比较全面、完整的把握。但是,变量较多的时候会增加分析问题的复杂性,因为变量之间有可能存在一定的相关性,从而导致多变量之间信息出现重叠现象。为了克服这种相关性、重叠性,通常采用较少的变量来代替原来较多的变量,而这种代替可以反映原来多个变量的大部分信息,这就是一种"降维"的思想。

主成分分析(primary component analysis)主要是通过降维过程,将多个相关联的数值转化为少数几个互不相关的综合指标的统计方法,即用较少的指标代替和综合反映原来较多的信息,这些综合后的指标就是原来多指标的主要成分。主成分分析作为一种探索性的技术,便于分析者在进行多元数据分析之前对数据加以分析,可以对数据有一个大致的了解,这在实际应用中是非常重要的。因子分析(factor analysis)是主成分分析的推广和发挥,也是利用降维方法进行统计分析的一种多元统计方法。因子分析研究相关矩阵或协方差的内部依赖关系,由于它将多个变量综合为少数几个因子,以再现原始变量与因子之间的相互关系,故得到了广泛的应用。

第一节 知识准备

📄 何谓主成分
分析

一、主成分分析的基本原理

(一)主成分分析的定义与基本思想

主成分分析是利用降维的思想,在损失很少信息的前提下把多个指标转化为几个综合指标的多元统计方法。通常把转化生成的综合指标称为主成分,其中每个主成分都是原始变量的线性组合,且各个主成分之间互不相关,这就使得主成分比原始变量具有某些更优越的性能。

主成分分析的基本思想是,它通过对原始变量相关矩阵或协方差矩阵内部结构关系的研究,利用原始变量的线性组合形成几个综合指标(主成分),在保留原始变量主要信息的前提下起到降维与简化问题的作用,使得在研究复杂问题时更容易抓住主要矛盾。

(二)主成分分析的基本理论

设有 n 个样本,每个样本都有 p 个变量 $x_1, x_2, \cdots, x_p$,对其作线性组合得到

$$\begin{cases} y_1 = \mu_{11}x_1 + \mu_{12}x_2 + \cdots + \mu_{1p}x_p \\ y_2 = \mu_{21}x_1 + \mu_{22}x_2 + \cdots + \mu_{2p}x_p \\ \vdots \\ y_p = \mu_{p1}x_1 + \mu_{p2}x_2 + \cdots + \mu_{pp}x_p \end{cases} \tag{9-1}$$

其中,$\mu_{i1}^2 + \mu_{i2}^2 + \cdots + \mu_{ip}^2 = 1 (i = 1, 2, 3, \cdots, p)$。

式(9-1)的系数应按以下原则求解:y_i 与 $y_j (i \neq j; i, j = 1, 2, 3 \cdots, p)$ 互相独立。

y_1 是 $x_1, x_2, \cdots, x_p$ 的一切线性组合中方差最大的;y_2 是与 y_1 不相关的 $x_1, x_2, \cdots, x_p$ 的一切线性组合中方差最大的;y_p 是 $y_1, y_2, \cdots, y_p$ 一次原始数据 $x_1, x_2, \cdots, x_p$ 的一切线性组合中方差最大的。

根据以上原则确定变量 $y_1, y_2, \cdots, y_p$ 的一次原始变量 $x_1, x_2, \cdots, x_p$ 的第一、第二……第 p 个主成分。其中 y_1 在总方差中所占比例依次递减,原始变量的能力也依次减弱。可以证明系数向量 $(\mu_{1j}, \mu_{2j}, \cdots, \mu_{pj})(i = 1, 2, \cdots, p)$ 恰好是协方差矩阵 Σ 的特征值$(\lambda_1 \geqslant \lambda_2 \geqslant \cdots \geqslant \lambda_p)$所对应的特征向量,而且 $y_1, y_2, \cdots, y_p$ 的方差也是上述的特征值,所以主成分的名次是按特征值的顺序排序的。在主成分分析的实际应用中,一般指选取前几个方差较大的主成分,这样既减少了变量数目,又能够用较少的主成分反映原始变量的大部分信息。

第 i 个主成分的贡献率为

$$\text{第 } i \text{ 个主成分的贡献率} = \lambda_i / \sum_{i=1}^{p} \lambda_i \tag{9-2}$$

反映了相应的主成分代表原来 p 个指标所具有的信息量,有多大的综合能力。

前 k 个主成分的累计贡献率为

$$\text{前 } k \text{ 个主成分的累计贡献率} = \sum_{i=1}^{k} \lambda_i / \sum_{i=1}^{p} \lambda_i \tag{9-3}$$

表明了前 k 个主成分包含了原始变量所具有的信息量有多大的综合能力。

(三)主成分分析的基本步骤

在理论分析和具体 SPSS 操作方面,主成分分析过程需经过如下几个重要步骤。

(1)将原始数据标准化,以消除量纲的影响。

(2)建立变量之间的相关系数矩阵 A。

(3)求 R 的特征值和特征向量。

(4)写出主成分并进行分析。

SPSS 中选取主成分的方法有两种:一种是根据特征根大于等于 1 来选取,另一种是根

据用户直接规定主成分的个数来选取。

特征值的贡献还可以从 SPSS 的碎石图中看出。

可以根据第一和第二主成分的点画出一个二维图,以直观地显示它们是如何解释原来的变量的。

二、因子分析的基本原理

(一)因子分析的定义与基本思想

探索性因子分析与验证型性因子分析

因子分析是一种将多变量化简的技术,它可以被看成是主成分分析的推广。因子分析的目的是分解原始变量,从中归纳出潜在的"类别",相关性较强的指标归为一类,不同类间变量的相关性则降低。每一类变量代表了一个"共同因子",即一种内在结构,因子分析就是要寻找该结构。

因子分析一般要求提取出的公因子的实际含义,如果分析中各因子难以找到合适的意义,则可以运用适当的旋转,以改变信息量在不同因子上的分析,最终方便对结果的解释。

因子分析的基本思想是,根据相关性的大小把原始变量分组,使得同组内的变量之间相关性较高,而不同组的变量间的相关性较低。每组变量代表一个基本结构,并用一个不可观测的综合变量表示,这个综合变量即为公共因子。对于所研究的某一具体问题,原始变量可以分解成两部分之和的形式,一部分是由所有变量共同具有的少数几个不可测的所谓公共因子组成的线性函数;另一部分是每个变量独自具有的因素,即特殊因子,这一部分是与公共因子无关的。

(二)因子分析的基本理论

1.因子分析模型及基本概念

因子分析的出发点是用较少的互相独立的因子变量来代替原始变量的大部分信息,可以通过下面的数学模型来表示

$$\begin{cases} x_1 = a_{11}f_1 + a_{12}f_2 + \cdots + a_{1k}f_k + \varepsilon_1 \\ x_2 = a_{21}f_1 + a_{22}f_2 + \cdots + a_{2k}f_k + \varepsilon_2 \\ \vdots \\ x_p = a_{p1}f_1 + a_{p2}f_2 + \cdots + a_{pk}f_k + \varepsilon_p \end{cases} \tag{9-4}$$

其中,$x_1, x_2, \cdots, x_p$ 为原始的 p 个变量,且都是均值为 0、标准差为 1 的标准化变量;$f_1, f_2, \cdots, f_k(k < p)$ 为 k 个因子变量,分别是均值为 0,标准差为 1 的随机变量;$\varepsilon_1, \varepsilon_2, \cdots, \varepsilon_p$ 为 p 个特殊因子,分别是均值为 0,方差为 $\sigma_1^2, \sigma_2^2, \cdots, \sigma_p^2$ 的随机变量。表示成矩阵的形式为

$$\underset{p \times 1}{X} = \underset{p \times k}{A} \underset{k \times 1}{F} + \underset{p \times 1}{\varepsilon} \tag{9-5}$$

其中,F 称为因子变量,由于它出现在每个原始变量的线性表达式中,所以又称为公共因子,可以将它们理解为在高维空间中互相垂直的 k 个坐标轴,它的各个分量是互相独立且不可观测的随机变量。公共因子的含义必须结合实际问题的具体意义确定。A 称为因子载荷矩阵,$a_{ij}(i=1,2,\cdots,p; j=1,2,\cdots,k)$ 称为因子载荷,即第 i 个原始变量在第 j 个因子变量上的载荷;k 为公共因子的数目;ε 称为特殊因子,它的各个分量也是互相独立且不可观测的随机变量,而且它与公共因子 f 也是互相独立的,它表示了原始变量不能被公共因子解释的部

分,使用公共因子作线性组合对于原始变量的信息丢失由特殊因子来补充。

因子分析中还有几个重要的相关概念说明如下。

(1)因子载荷

因子分析表达式中各因子的系数值,它的统计意义是第 i 个变量与第 j 个因子的相关系数,用来反映公共因子与各个原始变量之间的相关程度。因子载荷绝对值越大,说明各个因子对变量影响程度越大。高载荷的变量可以帮助理解公共因子的意义并据此给公共因子命名。

(2)变量共同度

即公因子方差或公共方差,变量 x_i 的共同度是因子载荷矩阵 A 中第 i 行元素的平方和,数学定义为

$$h_i^2 = \sum_{i=1}^{m} \alpha_{ij}^2 \tag{9-6}$$

其中,h_i^2 反映了公共因子 f 对 x_i 的影响,为公共因子 f 对 x_i 的"贡献"。h_i^2 实际反映了变量 x_i 对公共因子 f 的依赖程度。

在变量 x_i 标准化时则有

$$1 = h_i^2 + \sigma_i^2 (i = 1, 2, \cdots, p) \tag{9-7}$$

可见原始变量 x_i 的方差可以分解为两部分:一部分为变量共同度,是公共因子对变量 x_i 方差解释说明的比例,体现了所有的公共因子对变量 x_i 的解释贡献程度。变量共同度接近 1,说明全体公共因子解释说明了原始变量 x_i 的较大部分方差,如果用全体公共因子描述原始变量 x_i,则信息丢失较少。另一部分为特殊因子 ε_i 所能解释的变差 σ_i^2,也称为特殊因子方差或剩余方差,反映了原始变量 x_i 方差中不能由全体公共因子解释说明的比例。其值越小,说明原始变量 x_i 的信息丢失越少。如果大部分变量的共同度都高于 0.8,则说明提取出的公共因子已经基本反映了各原始变量 80% 以上的信息,仅有较少的信息丢失,因子分析效果较好。

(3)因子的方差贡献

考虑指定的一个公共因子对各个变量 x_i 的影响。实际上 f_j 对各个变量 x_i 的影响可由因子载荷矩阵 A 中第 j 列的元素来描述,数学定义为

$$g_j^2 = \sum_{i=1}^{p} \alpha_{ij}^2 \tag{9-8}$$

其中,g_j^2 称为公共因子 f_j 对所有的原始变量 x_i 的方差贡献。它反映了因子对原始变量总方差的解释能力,显然该值越大,说明相应因子 f_j 对原始变量的影响就越大,重要性越高,g_j^2 成为衡量因子重要性的一个主要尺度。实际上因子的方差贡献和方差贡献率是衡量因子重要性的关键指标。

那么,因子载荷矩阵 A 的统计意义就非常清楚:α_{ij} 是 x_i 和 f_j 的相关系数,$h_i^2 = \sum_{i=1}^{m} \alpha_{ij}^2$

是 x_i 对公同因子 f 的依赖程度,$g_j^2 = \sum_{i=1}^{p} \alpha_{ij}^2$ 是公同因子 f_j 对 x 的各个分量总的影响。

2.因子分析前提条件检验

因子分析的目的是从众多的原始变量中构造出少数几个具有代表意义的因子变量,这必定有一个潜在的前提条件,即原始变量之间要具有较强的相关性。如果原始变量之间不

存在较强的相关关系,那么就无法从中综合出能反映某些变量共同特性的少数公共因子变量。因此,在因子分析时,需要对原始变量相关性进行分析。通常可以采取以下几种方法。

(1)计算相关系数矩阵(correlation coefficients matrix)

最简单的方法是计算原有变量的简单相关系数矩阵并进行统计检验。如果相关系数矩阵中的大部分相关系数值均小于 0.3,即各个变量间大多为弱相关,那么原则上这些变量是不适合进行因子分析的。

(2)巴特利特球形度检验(bartlett test of sphericity)

巴特利特球形度检验以原始变量的相关系数矩阵为出发点,其零假设是相关系数矩阵为单位矩阵,即相关系数矩阵主对角元素均为 1,非主对角元素均为 0。巴特利特球形度检验统计量依据相关系数矩阵的行列式计算得到,近似服从卡方分布。如果统计量值较大且对应的伴随概率 Sig. 值小于给定的显著性水平时,零假设不成立,即说明相关系数矩阵不太可能是单位矩阵,变量之间存在相关关系,适合做因子分析。

(3)计算反映像相关矩阵(anti-image correlation matrix)

反映像相关矩阵检验以变量的偏相关系数矩阵为出发点,将偏相关系数矩阵的每个元素取反,得到反映像相关矩阵。如果其主对角线外的元素大多绝对值较小,对角线上的元素值较接近 1,则说明这些变量的相关性较强,适合进行因子分析。

(4)KMO(Kaiser-Meyer-Olkin,凯泽-迈耶-奥利金)检验

KMO 检验的统计量是用于比较变量间简单相关系数矩阵和偏相关系数的指标,数学定义为

$$\mathrm{KMO} = \frac{\sum\sum_{j=1} r_{ij}^2}{\sum\sum_{j=1} r_{ij}^2 + \sum\sum_{j=1} p_{ij}^2} \tag{9-9}$$

其中,r_{ij}^2 是变量 i 和变量 j 之间的简单相关系数,p_{ij}^2 是变量 i 和变量 j 之间的偏相关系数。

KMO 的取值在 0 和 1 之间,其值越接近 1,表示变量间的相关性越强,原有变量适合做因子分析;越接近 0,表示变量间的相关性越弱,越不适合作因子分析。KMO 度量标准为:0.9 以上非常适合,0.8 表示适合,0.7 表示一般,0.6 表示不太适合,0.5 以下表示极不适合。

3.因子提取和因子载荷矩阵的求解

由上面的讨论可以知道,因子分析的关键是根据样本数据求解因子载荷矩阵。因子载荷矩阵的求解方法有基于主成分模型的主成分分析法、基于因子分析模型的主轴因子法、极大似然法、最小二乘估计法、α 因子提取法、反映像分析法等。这些方法求解因子载荷的出发点不同,所得的结果也不完全相同。

主成分分析法中的因子载荷是在进行因子分析之前先对数据进行一次主成分分析,然后把前面几个主成分作为未旋转的公共因子而确定的。相对于其他确定因子载荷的方法而言,主成分分析法比较简单。当用主成分分析法进行因子分析时,也可以借鉴确定主成分个数的准则,根据相应的特征值的大小或者累计贡献率来选择公共因子,也有直观的公共因子碎石图等,选择的标准也与主成分个数的选取类似。

第 i 个公共因子的贡献率为

$$\lambda_i / \sum_{i=1}^{p} \lambda_i \tag{9-10}$$

如果数据已经标准化,第 i 个公共因子的贡献率为

$$\lambda_i / p \tag{9-11}$$

前 k 个公共因子的累计贡献率为

$$\sum_{i=1}^{k} \lambda_i / \sum_{i=1}^{p} \lambda_i \tag{9-12}$$

如果数据已经标准化,前 k 个公共因子的累计贡献率为

$$\sum_{i=1}^{k} \lambda_i / p \tag{9-13}$$

具体选择几个公共因子还要看实际情况而定,具体问题具体分析,总之要使所选取的公共因子能够合理地描述原始变量相关矩阵的结构,同时要有利于因子模型的解释。

4.因子命名和因子载荷矩阵的旋转

因子变量的命名解释是因子分析的另外一个核心问题,对模型中的公共因子给予合理的解释,以便进行进一步的分析。在实际分析中,主要是通过对载荷矩阵 A 的值进行分析,得到因子变量和原始变量的关系,从而对新的因子变量进行命名。如果因子载荷 a_{ij} 的绝对值在第 i 行的多个列上都有较大的取值(一般大于 0.5),则表明原始变量 x_i 可能同时与多个公共因子有较大的相关关系。载荷矩阵 A 的某一列中也有可能有多个 a_{ij} 比较大,说明某个因子变量可能解释多个原始变量的信息。

因子旋转的方法主要有正交旋转和斜交旋转。而正交旋转方式通常有四次方最大法(quartmax)、最大方差法(varimax)、最大平衡值法(equamax)等,其中最常用的是最大方差法。

5.计算因子得分

因子得分是因子分析的最终体现。在因子分析的实际应用中,当因子确定以后,便可计算各因子在每个样本上的具体数值,这些数值称为因子得分,形成的变量称为因子变量。在后面的分析中就可以用因子变量代替原始变量进行建模,或利用因子变量对样本进行分类、回归、排序与评价等研究,进而实现降维和简化问题的目标。

计算因子得分首先将因子变量表示为原始变量的线性组合,即因子得分函数

$$f_j = b_{j1} x_1 + b_{j2} x_2 \cdots + b_{jp} x_p \ (j = 1, 2, \cdots, k) \tag{9-14}$$

(三)因子分析的基本步骤

1.因子分析的前提条件

因子分析前要考察变量之间是否存在较强的相关关系,因子分析的主要任务之一就是对原有变量中信息重叠的部分提取和综合成因子,最终实现减少变量个数的目的。

2.因子提取

将变量综合成少数几个因子。

3.因子旋转

将原有变量综合成少数几个公共因子后,通过正交旋转或斜交旋转使提取出的因子具有可解释性。

4.计算因子得分

因子分析的最终目的是减少变量个数,以便在进一步的分析中用较少的因子代替原有变量参与建模,通过各种方法求解各样本在各因子上的得分,为进一步分析奠定基础。

第二节　主成分分析实验

一、实验目的

(1)明确与主成分分析有关的基本概念。

(2)理解主成分分析的基本思想与原理。

(3)理解主成分分析的方法。

(4)熟练掌握应用 SPSS 软件进行主成分分析的方法。

(5)培养运用主成分分析解决实际问题的能力。

主成分分析

二、实验内容

2011 年浙江省 11 座城市国民经济主要指标如下：x_1——人均生产总值(元)，x_2——年末全社会从业人员人数(万人)，x_3——社会消费品零售总额(亿元)，x_4——固定资产投资(亿元)，x_5——出口总额(亿美元)，x_6——财政总收入(亿元)，x_7——地方财政收入，x_8——城乡居民储蓄存款年末余额(亿元)，x_9——城镇居民人均可支配收入(元)，x_{10}——农村居民人均纯收入(元)。对浙江省 11 座城市的国民经济发展水平进行主成分分析，并计算 11 个城市国民经济主要指标主成分综合得分(基本数据见数据文件 9-1)。

三、实验步骤

主成分分析的计算是由 SPSS 的因子分析子过程来实现的。在 SPSS 中，主成分分析与因子分析均在因子分析模块中完成。

数据文件 9-1

(1)准备工作。在 SPSS 25.0 中打开数据文件 9-1. sav，通过选择"文件"—"打开"命令将数据调入 SPSS 25.0 的工作文件窗口，如图 9-1 所示。

	city	x1	x2	x3	x4	x5	x6	x7	x8	x9	x10
1	杭州市	101370.00	637.77	2548.36	3100.02	415.21	1488.92	785.15	5519.17	32434.00	15245.00
2	宁波市	105334.00	493.83	2018.86	1630.56	608.32	1431.76	657.56	3696.28	34321.00	16518.00
3	嘉兴市	78202.00	321.39	948.57	1488.27	192.72	416.00	226.40	1880.45	31520.00	16707.00
4	湖州市	58349.00	180.14	609.89	804.67	73.56	219.08	122.12	954.44	29367.00	15381.00
5	绍兴市	75820.00	343.28	1006.75	1426.26	259.88	426.45	239.69	2227.67	33273.00	15861.00
6	舟山市	79765.00	68.99	251.71	476.09	74.73	127.18	76.48	461.30	30496.00	16608.00
7	温州市	43132.00	575.89	1787.64	1540.31	181.65	485.62	270.87	3566.31	31749.00	13243.00
8	金华市	52538.00	342.60	1088.95	862.83	151.46	328.35	185.77	2314.15	29729.00	11877.00
9	衢州市	36508.00	131.30	344.34	504.63	17.61	95.02	57.57	513.07	24900.00	9635.00
10	台州市	47779.00	370.81	1132.37	1007.81	170.35	370.47	200.12	2068.79	30490.00	13108.00
11	丽水市	30643.00	137.90	315.89	358.47	18.14	100.09	57.36	722.77	23391.00	7809.00
12											

图 9-1　2011 年浙江省 11 座城市国民经济主要指标

（2）选择"分析(A)"—"降维(D)"—"因子(F)"命令,如图9-2所示,打开"因子分析"对话框。

图9-2　选择"因子"命令

（3）指定参与分析的变量。在"因子分析"对话框中,从左侧的变量列表中选择参与分析的变量,单击向右的箭头按钮,使之添加到右边的变量框中,如图9-3所示。本例中从因子分析对话框左侧的变量列表中依次将变量 $x_1, x_2, \cdots, x_{10}$ 选中并点向右的箭头按钮,使这10个变量被选入右边的变量框中。

图9-3　在"因子分析"对话框中选入变量

（4）运行主成分分析过程。其他选项均为 SPSS 系统默认值。单击"因子分析"对话框左下方的"确定"按钮,即可得 SPSS 主成分分析有关的计算结果。

上面的主成分分析中,SPSS 默认是从相关矩阵出发求解主成分,且默认保留特征根大于1的主成分。

（5）主成分分析其他结果的计算。由 SPSS 软件默认选项输出的结果,直接得不到用原始变量表示出主成分的表达式及其他一些有用的结果,这就需要对因子分析模块中的设置做一些调整。单击"描述(D)"按钮,打开"因子分析:描述"对话框,选择描述统计量,如图9-4所示。

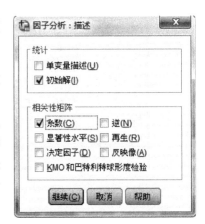

图9-4　"因子分析:描述"对话框

此对话框的"统计"选项下的原始分析结果,可以输出初始分析结果,为 SPSS 默认选择项。"相关性矩阵"选项下的系数项,可以给出原始变量之间的相关系数矩阵。

本例选择"初始解(I)""系数(C)",单击"继续(C)"按钮,回到"因子分析"对话框。

单击"提取(E)"按钮,打开"因子分析:提取"对话框,如图 9-5 所示,由分析设置可见系统默认的提取公因子的方法为主成分分析法,由分析设置可见 SPSS 默认是从相关矩阵出发求解主成分的。由"因子分析:提取"选框可以自己确定主成分的个数,默认的选择是"基于特征值(E)"提取主成分,后面的文本框可以输入数值来指定 SPSS 软件保留特征根的大小,即提取特征根大于输入数值的主成分,系统默认保留特征根大于1 的主成分;另外还可以选择"因子的固定数目(N)",其后的文本框直接确定主成分的个数。在输出复选框中的"未旋转的因子解(F)"(默认选择)即显示主成分提取的结果;"碎石图(S)"则可以显示按特征值大小排列的主成分序号与特征值为两个坐标轴的碎石图。

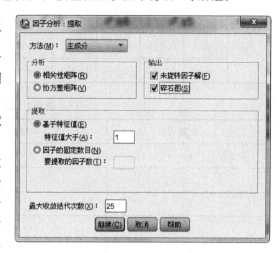

图 9-5 "因子分析:提取"对话框

本例选择的"方法(M)"选项和"分析"选项均为 SPSS 系统默认设置;选取"输出"中的"未旋转因子解(F)"和"碎石图(S)";在"提取"选框选择"基于特征值(E)",单击"继续(C)"按钮,回到"因子分析"对话框。

单击"确定"按钮,SPSS 自动完成计算。SPSS 结果输出窗口中就会给出主成分分析的有关结果。

四、实验结果与分析

表 9-1 给出的是 10 个变量之间的相关系数矩阵,可以看出这 10 个变量之间的相关性很高,因此有必要进行主成分分析。表 9-2 主要显示了主成分分析从每个原始变量中提取信息的多少。可以看出,提取的主成分包含了原始变量至少 86.5% 的信息。

表 9-1 相关性矩阵

变量		x_1	x_2	x_3	x_4	x_5	x_6	x_7	x_8	x_9	x_{10}
相关性	x_1	1.000	0.442	0.586	0.676	0.814	0.781	0.773	0.574	0.781	0.823
	x_2	0.442	1.000	0.971	0.874	0.749	0.801	0.829	0.969	0.670	0.304
	x_3	0.586	0.971	1.000	0.912	0.840	0.913	0.932	0.991	0.687	0.369
	x_4	0.676	0.874	0.912	1.000	0.743	0.861	0.903	0.935	0.665	0.474
	x_5	0.814	0.749	0.840	0.743	1.000	0.942	0.917	0.801	0.773	0.550
	x_6	0.781	0.801	0.913	0.861	0.942	1.000	0.995	0.891	0.651	0.443

续 表

变量		x_1	x_2	x_3	x_4	x_5	x_6	x_7	x_8	x_9	x_{10}
相关性	x_7	0.773	0.829	0.932	0.903	0.917	0.995	1.000	0.921	0.655	0.443
	x_8	0.574	0.969	0.991	0.935	0.801	0.891	0.921	1.000	0.662	0.341
	x_9	0.781	0.670	0.687	0.665	0.773	0.651	0.655	0.662	1.000	0.867
	x_{10}	0.823	0.304	0.369	0.474	0.550	0.443	0.443	0.341	0.867	1.000

表 9-2 公因子方差

变量	初始	提取
x_1	1.000	0.903
x_2	1.000	0.907
x_3	1.000	0.983
x_4	1.000	0.879
x_5	1.000	0.865
x_6	1.000	0.919
x_7	1.000	0.946
x_8	1.000	0.978
x_9	1.000	0.868
x_{10}	1.000	0.949

说明:提取方法为主成分分析法。

表 9-3 解释的总方差

成分	初始特征值			提取载荷平方和		
	总计	方差百分比/%	累积%	总计	方差百分比/%	累积%
1	7.791	77.911	77.911	7.791	77.911	77.911
2	1.406	14.062	91.973	1.406	14.062	91.973
3	0.498	4.980	96.953			
4	0.243	2.425	99.378			
5	0.032	0.318	99.697			
6	0.024	0.241	99.938			
7	0.005	0.053	99.990			
8	0.001	0.008	99.998			
9	0.000	0.002	100.000			
10	2.194×10^{-5}	0.000	100.000			

说明:提取方法为主成分分析法。

　　表 9-3 显示了各主成分解释原始变量总方差的情况。可以看出本例保留了两个主成分,第一个主成分对应的特征值 λ_1 为 7.791,即第一个主成分描述了 10 个原始变量中的 7.791,第一个主成分解释 10 个原始变量信息的 77.911%(即主成分贡献率);第二个主成分对应的特征值 λ_2 为 1.406,即第二个主成分描述了 10 个原始变量中的 1.406,第一个主成分解释 10 个原始变量信息的 14.062%,说明两个主成分提供了原始变量足够的信息,主成分分析的效果比较好。

　　标准化后的原始变量总的变差为

$$\sum_{i=1}^{10}\lambda_i = 7.791 + 1.406 + 0.498 + 0.243 + 0.032 + 0.024 + 0.005 + 0.001 + 0 = 10$$

第一个主成分的贡献率为

$$\left(\lambda_1 / \sum_{i=1}^{10}\lambda_1\right) \times 100\% = (7.791 \div 10) \times 100\% = 77.911\%$$

前两个主成分的累计贡献率为

$$\left[(\lambda_1 + \lambda_2) / \sum_{i=1}^{10}\lambda_i\right] \times 100\% = [(7.791 + 1.406) \div 10] \times 100\% = 91.973\%$$

　　图 9-6 是主成分碎石图,特征值的变化趋势由陡峭开始趋于平稳,有明显的转折点,可以看出本例保留 2 个主成分为宜。

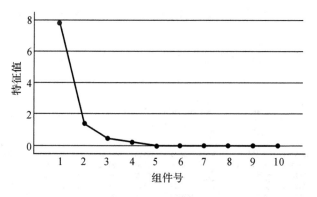

图 9-6　主成分碎石图

　　表 9-4 输出的是第一主成分、第二主成分与原始变量的关系。而两个主成分对应的特征根 $\lambda_1 = 7.791, \lambda_2 = 1.406$,可得 $\sqrt{\lambda_1} = 2.7912, \sqrt{\lambda_2} = 1.1857$,用其除以表第二列和第三列可以得到主成分表达式的系数(即每个特征值对应的单位特征向量),由此可以得到各个主成分表达式

$$y_1 = 0.289x_1 + 0.316x_2 + 0.339x_3 + 0.331x_4 + 0.332x_5 + 0.341x_6 + 0.345x_7 + 0.335x_8 + 0.295x_9 + 0.217x_{10}$$

$$y_2 = 0.421x_1 - 0.306x_2 - 0.248x_3 - 0.138x_4 + 0.062x_5 - 0.095x_6 - 0.117x_7 - 0.272x_8 + 0.367x_9 + 0.644x_{10}$$

表 9-4　成分矩阵

变量	成分	
	1	2
x_1	0.808	0.499
x_2	0.881	−0.363
x_3	0.947	−0.294
x_4	0.923	−0.164
x_5	0.927	0.073
x_6	0.952	−0.113
x_7	0.963	−0.139
x_8	0.935	−0.323
x_9	0.824	0.435
x_{10}	0.605	0.763

说明:1.提取方法为主成分分析法。
　　　2.提取了 2 个成分。

　　另外通常还可以将标准化后的原始数据代入主成分表达式计算各个样本的主成分得分。

　　首先,将原始数据由于标准化处理。选择"分析(A)"—"描述统计(E)"—"描述(D)"命令,打开"描述"对话框,如图 9-7 所示。

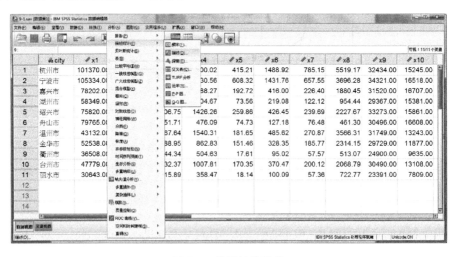

图 9-7　描述统计菜单

　　在打开的"描述"对话框中,从左端对话框中依次选择变量 $x_1,x_2,\cdots,x_{10}$,移动到对话框右端的变量中,勾选"将标准化值另存为变量(Z)",保存标准化后的结果,如图 9-8 所示。

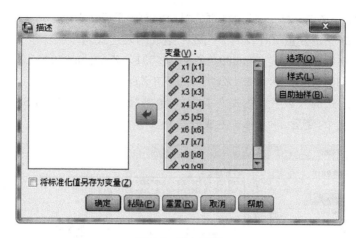

图 9-8　选入变量

标准化后的变量依次为 Zx_1，Zx_2…，Zx_{10}保存在数据编辑窗口，如图 9-9 所示。

	Zx1	Zx2	Zx3	Zx4	Zx5	Zx6	Zx7	Zx8	Zx9	Zx10
1	1.45505	1.65541	1.94951	2.43910	1.22511	2.00122	2.17471	2.12140	.68477	.47511
2	1.61147	.88712	1.23976	.55273	2.30776	1.88567	1.64455	.96505	1.25097	.89878
3	.54088	-.03329	-.19485	.37007	-.02227	-.16778	-.14681	-.18681	.41053	.96168
4	-.24249	-.78722	-.64882	-.50748	-.69033	-.56587	-.58008	-.77422	-.23549	.52037
5	.44689	.08355	-.11687	.29046	.35415	-.14666	-.09159	.03345	.93652	.68012
6	.60255	-1.38049	-1.1289	-.92929	-.68377	-.75166	-.76970	-1.08704	.10327	.92873
7	-.84294	1.32512	.90303	.43687	-.08433	-.02704	.03796	.88261	.47924	-.19119
8	-.47179	.07992	-.00669	-.43282	-.25359	-.34497	-.31562	.08830	-.12687	-.64581
9	-1.10431	-1.04791	-1.0048	-.89265	-1.00401	-.81667	-.84827	-1.05420	-1.57582	-1.39198
10	-.65957	.23049	.05151	-.24671	-.14768	-.25982	-.25600	-.06734	.10147	-.23612
11	-1.33574	-1.01268	-1.0429	-1.08028	-1.00104	-.80642	-.84914	-.92118	-2.02859	-1.99970
12										

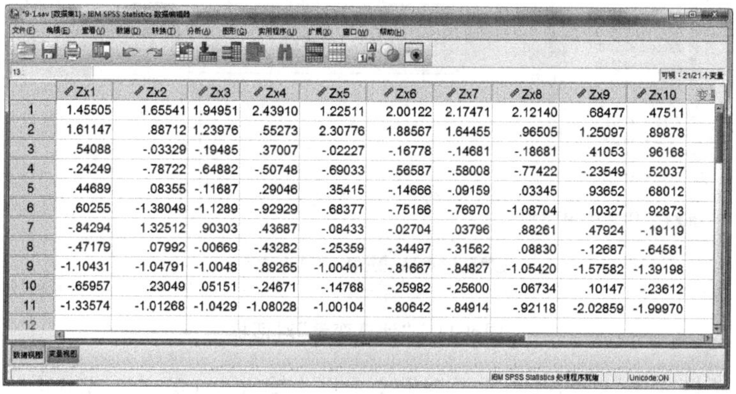

图 9-9　变量标准化得分

其次，计算各个主成分得分。本例将标准化变换以后的变量值 Zx_1，Zx_2，…，Zx_{10} 代入式(9-2)和式(9-3)中，可以计算各个样本的第一主成分得分和第二主成分得分。可以选择"转换(T)"—"计算变量(C)"命令打开计算变量对话框，如图 9-10 所示，在"计算变量"对话框中设置公式完成计算。

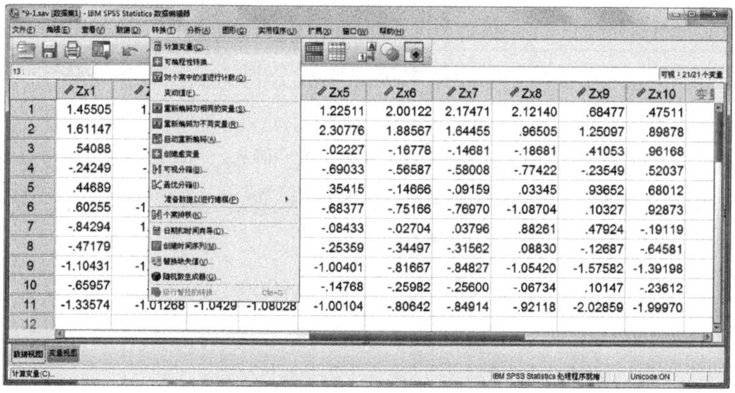

图 9-10　"计算变量"菜单

如图 9-11 所示,在"计算变量"对话框的"目标变量(T)"文本框中输入 y_1(第一主成分得分),标准化之后的原始变量 $Zx_1, Zx_2, \cdots, Zx_{10}$ 组成的表达式为

$$0.289 \times Zx_1 + 0.361 \times Zx_2 + 0.339 \times Zx_3 + 0.331 \times Zx_4 + 0.332 \times Zx_5 + 0.341 \times Zx_6 +$$
$$0.345 \times Zx_7 + 0.335 \times Zx_8 + 0.295 \times Zx_9 + 0.217 \times Zx_{10}$$

把上面的表达式键入数字表达式文本框中,单击"确定"按钮,在 SPSS 数据编辑窗口将会出现一个名为 y_1 的变量,即为第一主成分得分。

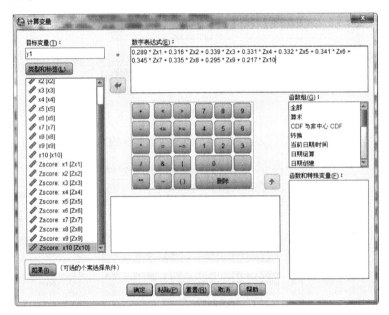

图 9-11 "计算变量"对话框

同理,在"计算变量"对话框的目标变量文本框中输入 y_2(第二主成分得分),标准化之后的原始变量 $Zx_1, Zx_2, \cdots, Zx_{10}$ 组成的表达式为

$$0.421 \times Zx_1 - 0.306 \times Zx_2 - 0.248 \times Zx_3 - 0.138 \times Zx_4 + 0.062 \times Zx_5 - 0.095 \times Zx_6 -$$
$$0.117 \times Zx_7 - 0.272 \times Zx_8 + 0.367 \times Zx_9 + 0.644 \times Zx_{10}$$

把上面的表达式键入数字表达式文本框中,单击"确定"按钮,在 SPSS 数据编辑窗口将会出现一个名为 y_2 的变量,即为第二主成分得分。

最后,计算综合得分。如果要计算各个地区的综合得分,可采用下式

$$y = 0.7791 \times y_1 + 0.1406 \times y_2$$

其中,y_1 为样本第一主成分得分,y_2 为样本第二主成分得分,由综合得分可以对各个地区国民经济主要指标进行排名。

综合得分可在计算变量对话框中完成,如图 9-12 所示。在目标变量文本框中输入综合得分,在数字表达式文本框中构造由第一主成分得分、第二主成分得分,以及第一主成分和第二主成分的贡献率构成的表达式,具体如下

$$y = 0.7791 \times y_1 + 0.1406 \times y_2$$

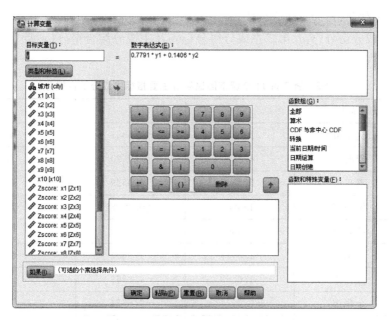

图 9-12　主成分分析综合得分表达式

第一主成分得分、第二主成分得分及主成分综合得分计算结果显示在 SPSS 数据编辑窗口 y_1、y_2、y 三列,如图 9-13 所示。

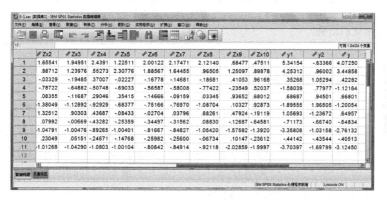

图 9-13　综合得分计算结果

注意:主成分分析和因子分析都在"因子分析"模块下进行,因此主成分得分和因子得分也容易混淆。主成分得分是精确值,具体计算是将原始数据标准化以后代入主成分表达式计算出各个样本的主成分得分,而因子分析中因子的个数一般小于变量的个数,因此不能精确计算出因子得分,只能对因子得分进行估计。所以不能用"因子得分"作为主成分值,y_1 由式(9-2)和式(9-3)计算得到,而因子分析中数据编辑窗口出现的新变量 FAC_1 和 FAC_2 是因子得分,更不能用因子得分对话框中的显示因子得分矩阵选项输出的矩阵作为主成分得分系数矩阵,它输出的是因子得分系数矩阵。也不能直接通过表 9-4 写出主成分表达式,其为主成分系数。

因为主成分系数矩阵和因子载荷矩阵元素之间的关系为

$$\alpha_{ij} = \sqrt{\lambda_i} \times \gamma_{ij} \tag{9-15}$$

其中,α_{ij} 为因子载荷,γ_{ij} 为主成分系数。

对第一主成分得分(y_1)、第二主成分得分(y_2)及主成分综合得分(y)计算进行整理,内容如表 9-5 所示。

表 9-5　浙江省 11 个城市国民经济主要指标主成分综合得分

序号	城市	y_1	y_2	y
1	杭州市	5.3415	−0.6337	4.0725
2	宁波市	4.2531	0.9600	3.4486
3	嘉兴市	0.3527	1.0529	0.4228
4	湖州市	−1.5804	0.7798	−1.1216
5	绍兴市	0.6869	0.9450	0.6680
6	舟山市	−1.8956	1.9651	−1.2005
7	温州市	1.0569	−1.2367	0.6496
8	金华市	−0.7117	−0.6674	−0.6483
9	衢州市	−3.3581	−1.0316	−2.7613
10	台州市	−0.4414	−0.4354	−0.4051
11	丽水市	−3.7040	−1.6980	−3.1245

说明:这里的正负仅表示该城市与平均水平的位置关系。所有城市国民经济主要指标平均水平作为零点,这是数据标准化的结果。

部分沿海省
(区、市)经济
综合指标的
主成分分析

五、实验总结

(1)主成分分析不能看作是研究的结果,它经常与其他方法结合使用,在主成分分析的基础上继续采用其他多元统计方法来解决实际问题。

(2)一般来说,由协方差矩阵出发求解主成分所得结果与由相关矩阵出发求解主成分所得结果有很大不同。对于度量单位不同的指标或取值范围彼此差异非常大的指标,不能直接由其协方差矩阵出发进行主成分分析,而应该考虑将数据标准化(从相关矩阵出发)。对于同度量单位或取值范围在同量级的数据还是直接从协方差矩阵求解。

(3)主成分分析适用于变量之间存在较强相关性的数据,如果原始数据相关性较弱,应用主成分分析后不能起到很好的降维作用,所得的各个主成分浓缩原始变量信息的能力相差不大。一般认为,当原始数据大部分变量的相关系数都小于 0.3 时,应用主成分分析取得的效果不理想。

(4)为了分析各样本在主成分所反映的经济方面的情况,还可以将标准化后的原始数据代入主成分表达式计算出各样本的主成分综合得分,例如可以按照主成分得分对样本进行排序、分类等。

六、实验作业

[习题9-1]　1984年洛杉矶奥运会中各个国家或地区男子若干径赛记录数据如下：x_1——100米（秒），x_2——200米（秒），x_3——400米（秒），x_4——800米（秒），x_5——1500米（秒），x_6——5000米（秒），x_7——10000米（秒），x_8——马拉松（分）。进行主成分分析，用少量的变量来描述各个国家或地区男子若干径赛运动成绩（基本数据见数据文件9-2）。[①]

📄 数据文件9-2

[习题9-2]　居民食品消费包括：粮油类、肉禽蛋水产品类、蔬菜类、调味品、糖烟酒饮料类、干鲜瓜果类、糕点奶制品类及饮食服务等。调用2009年1—2季度中国大中城市居民食品消费参见数据文件9-3，运用主成分分析法，分析各个城市食品消费支出的主成分综合得分，并对各个城市的食品消费水平进行评价。[②]

📄 数据文件9-3

第三节　因子分析

一、实验目的

(1)明确与因子分析有关的基本概念。
(2)理解因子分析的基本思想与原理。
(3)理解因子分析的方法。
(4)熟练应用SPSS软件进行因子分析。
(5)培养运用因子分析解决实际问题的能力。

🎥 因子分析

二、实验内容

2019年省会城市和计划单列市主要经济指标如下。

x_1——年末户籍人口（万人），x_2——地区生产总值（亿元），x_3——地方一般公共预算收入（亿元），x_4——住户存款余额（亿元），x_5——城镇单位在岗职工平均工资（元），x_6——年末邮政局（所或处），x_7——年末固定电话用户（万户），x_8——社会消费品零售总额（亿元），x_9——货物进出口总额（亿元），x_{10}——年末实有公共（汽）电车营运车辆（辆），x_{11}——普通本专科学生（人），x_{12}——医院数（个）；x_{13}——执业（助理）医师（人）。试作因子分析，对36个城市的经济发展水平进行评价（基本数据见数据文件9-4）。

📄 数据文件9-4

---

①　相关数据参见徐秋艳.SPSS统计分析方法与应用实验教程[M].北京:中国水利水电出版社,2011.
②　相关数据参见杨维忠,张甜,刘荣.SPSS统计分析与行业应用[M].北京:清华大学出版社,2011.

三、实验步骤

因子分析的计算是由 SPSS 的因子分析子过程来实现的。下面以案例来说明因子分析及因子分析子过程的操作过程。

(1)准备工作。在 SPSS 25.0 中打开数据文件 9-4.sav,通过选择"文件"—"打开"命令将数据调入 SPSS 25.0 的工作文件窗口,如图 9-14 所示。

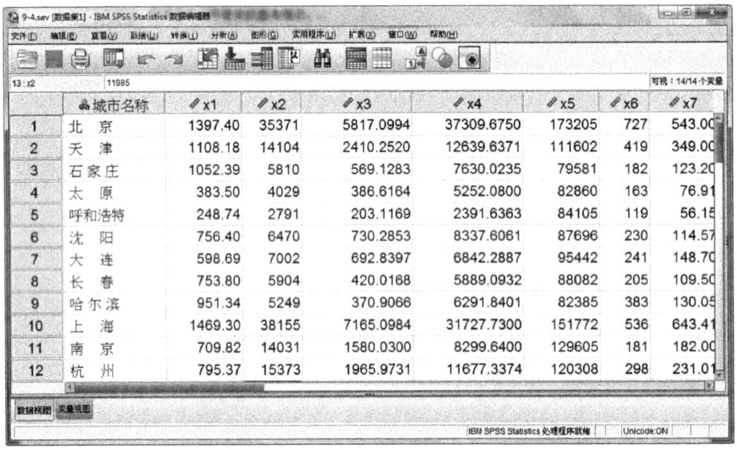

图 9-14　2019 年省会城市和计划单列市主要经济指标

(2)选择"分析(A)"—"降维(D)"—"因子(F)"命令,打开"因子分析"对话框,如图 9-15 所示。

图 9-15　选择"因子"命令

(3)选择参与因子分析的变量。在"因子分析"对话框中,从左侧的变量列表中选择参与因子分析的变量,单击向右的箭头按钮,使之添加到右边的变量框中,如图 9-16 所示。

在本例"因子分析"对话框左侧的变量列表中选择参与因子分析的变量 $x_1, x_2, \cdots, x_{14}$,单击向右的箭头按钮,使之添加到右边的变量框中。

还可以选择参与因子分析的样本,把作为条件变量的变量指定到选择变量下方的文本框中并单击"值(L)"按钮输出变量值,只有满足条件的样本数据才参与因子分析。

(4)单击"描述(D)"按钮,打开"因子分析:描述"对话框,指定输出结果,如图 9-17 所示。描述对话框各个选项如下。

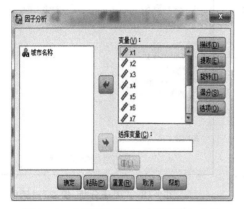
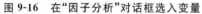

图 9-16　在"因子分析"对话框选入变量　　图 9-17　"因子分析:描述"对话框

①统计:用于选择输出相关的基本统计量。

a.单变量描述(U):表示输出各个变量的基本描述统计量(即各个变量的均值与标准差)。

b.初始解(I):表示输出因子分析的初始解,输出的是因子提取前分析变量的公因子方差。

②相关性矩阵:用于检验变量是否适合作因子分析的几种方法。

a.系数(C):表示输出相关系数矩阵 R。

b.显著性水平(S):表示输出相关系数检验的概率 Sig. 值。

c.决定因子(D):可以给出相关系数矩阵的行列式值。

d.逆(N):表示输出相关系数矩阵的逆矩阵。

e.再生(R):选择给出因子分析后的相关性矩阵,还给出残差,原始相关与再生相关之间的差值。

f.反映像(A):表示输出反映像相关矩阵。反映像相关矩阵,包括偏相关系数的取反;反映像协方差矩阵,包括偏协方差的取反。在一个好的因子分析模型中除对角线上的系数较大外,其他元素应该比较小。

g.KMO 和巴特利特球形度检验:表示进行 KMO 检验和巴特利特球形度检验。

KMO 检验给出了对采样充足度 Kaiser-Meyer-Olkin 的测度,检验变量间的偏相关是否很小,巴特利特球形度检验,检验相关矩阵是否是单位矩阵。

本例选中"单变量描述(U)"和"初始解(I)"选项,并在相关矩阵框选择"系数(C)"选项和"KMO 和巴特利特球形度检验"选项。然后单击"继续(C)"按钮,回到上一级菜单"因子分析"对话框。

(5)单击"提取(E)"按钮,打开"因子分析:提取"对话框,选择因子提取的方法,如图 9-18 所示,选项如下。

①方法(M):此选项提供了 7 种提取因子的方法,具体如下。

a.主成分分析法:这是 SPSS 默认的方法。该方法假定原变量是因子变量的线性组合。

b. 未加权的最小二乘法：该方法使观察的和再生的相关矩阵之差的平方和最小。

c. 广义最小二乘法：用变量的倒数值加权,使得观察的和再生的相关矩阵之差的平方和最小。

d. 极大似然法：此方法不要求多元正态分布,给出参数估计,如果样本来自多元正态总体,它们与原始变量的相关矩阵极为相似。

e. 主轴因子法：使用多元相关系数的平方作为对公因子方差的初始估计值。

f. 因子法：此方法把分析的变量看作来自一个潜在总体的样本,使因子的可靠性最大。

图 9-18 "因子分析：提取"对话框

g. 映像因子提取法：也称多元回归法,把部分映像(变量的公共部分)看作剩余变量的多元线性回归。

②分析：用于选择提取因子变量的依据,具体如下。

a. 相关性矩阵(R)：表示依据相关系数矩阵提取公共因子,可用于分析度量单位不同的变量,为系统默认选择项。

b. 协方差矩阵(V)：指定以分析变量的协方差矩阵为提取公共因子的依据。

③提取：给出了因子的提取数目界定的标准,具体如下

a. 基于特征值(E)：在后面的文本框中可以输入数值,以指定 SPSS 软件保留特征根的大小,SPSS 将提取特征值大于该值的因子。在此项后面的框中系统给出的默认值为 1,即要求提取那些特征值大于 1 的因子。

b. 因子的固定数目(N)：表示选取固定数量的公共因子,后面的文本框可以输入要提取因子的个数,SPSS 将提取指定个数的因子。可以根据方差累计贡献率的一定要求来输入提取的因子的数目。

④输出：指定与因子提取有关的输出项,具体如下。

a. 未旋转的因子解(F)：表示输出未经旋转的因子载荷矩阵,为系统默认选择。

b. 碎石图(S)：显示输出因子与其特征值的碎石图,按特征值的大小排列,有助于确定保留多少个因子。典型的碎石图会有一个明显的拐点,该点之前是与大的特征值对应的因子连接的陡峭折线,之后是与小的特征值对应的因子相连的缓坡折线。

⑤最大收敛性迭代次数：用于指定因子分析收敛的最大迭代次数,系统默认的最大迭代次数为 25 次。

本例中在"方法(M)"框选择主成分分析法提取公共因子;在"分析"框中,选择从相关系数矩阵出发提取公共因子;在"输出"框中选择"未旋转的因子解(F)"和"碎石图(S)"选项;在"提取"框"因子的固定数目(N)"后面的文本框中输入 3。单击"继续(C)"按钮,返回"因子分析"对话框。

(6)单击"旋转(T)"按钮,打开"因子分析：旋转"对话框,选择因子旋转方法,如图 9-19 所示,选项如下。

①方法:用于选择因子旋转方法,具体如下。

a.无(N):不作因子旋转,系统默认选项。

b.最大方差法(V):它使得每个因子上的具有最高载荷的变量数目最小,因此可以简化对因子的解释。

c.直接斜交法(O):直接斜交(非正交)旋转,指定该项可以在下面的矩形框中输入 Delta 值,此值在 0 到 1 之间。当 Delta 为零时,结果为最大斜交,产生最高的相关系数;Delta 值越小,因子斜交的程度越小。

d.四次幂极大法(Q):使需要解释每个变量的因子数最少,可以简化对观测变量的解释。

e.等量最大法(E):相等最大正交旋转法,是最大方差法与最大四次方值法的结合,对变量和因子均作旋转。

图 9-19　"因子分析:旋转"对话框

f.最优斜交法(P):斜交旋转方法,允许因子间相关。它比直接斜交旋转计算速度快,适用于大样本数据,同时给出 Kappa 值,默认值为 4。

②输出:用于选择输出与因子旋转相关的信息,具体如下。

a.旋转后的解(R):输出旋转后的因子载荷矩阵。对于正交旋转,可以显示旋转后的因子矩阵模式、因子旋转矩阵;对于斜交旋转,可以显示旋转后的因子矩阵模式、因子结构矩阵和因子间的相关矩阵。

b.载荷图(L):表示输出旋转后的因子载荷散点图。指定此项将给出两两为坐标的各个变量的载荷散点图。如果有两个因子,则给出各原始变量在因子 1 和因子 2 坐标系中的散点图;如果多于两个,则给出前 3 个因子的三维因子载荷散点图;如果只提取一个因子,则不会输出散点图。

本例中选择最大方差法,并选择旋转解和散点图项,以输出旋转后的因子载荷矩阵和载荷散点图,单击"继续(C)"按钮,返回"因子分析"对话框。

(7)单击"得分(S)"按钮进入"因子分析:因子得分"对话框,选择计算因子得分的方法,如图 9-20 所示,选项如下。

①保存为变量(S):将因子得分作为新变量保存在数据文件中,程序运行结束后,在数据编辑窗口将显示出新变量,生成几个因子便会产生几个 SPSS 变量。变量名的形式为 FACn_m,其中 n 是因子编号,m 表示是第几次分析的结果。

②方法:用于指定计算因子得分的方法,具体如下。

a.回归(R):因子得分的均值为 0,方差等于估计因子得分与实际因子得分数值之间的多元相关系数平方。

b.巴特利特(B):因子得分均值为 0,超出变量范围的因子的平方和被最小化。

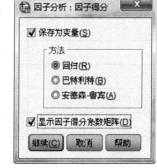

图 9-20　"因子分析:因子得分"对话框

c.安德森-鲁宾(A):为保证因子的正交性对巴特利特因子得分进行调整,因子得分的均值为 0,标准差为 1。

③显示因子得分系数矩阵(D):表示输出因子得分系数矩阵,是标准化的得分系数,原始

变量值进行标准化后,可以根据该矩阵给出的系数计算各观测变量的因子得分。

本例中因子得分选择"回归(R)";选择"最大方差法";选中"显示因子得分系数矩阵(D)",以输出因子得分系数矩阵;选择"保存为变量",把因子得分作为新变量保存在数据编辑窗口;单击"继续(C)"按钮,返回"因子分析"对话框。

(8)单击"选项(O)"按钮,进入选项对话框,指定缺失值的处理方法和因子载荷矩阵的输出方法,如图9-21所示。

①缺失值:用于指定缺失值的处理方法,具体如下。

a.成列排除个案(L):去掉所有含缺失值的个案以后再进行分析。

b.成对排除个案(P):成对剔除含有缺失值的个案以后再进行分析。

c.替换为平均值(R):用平均值替代缺失值。

②系数显示格式:用于指定因子载荷矩阵的输出方式,具体如下。

a.按大小排序(S):载荷系数按照数值的大小排列使得在同一因子上具有较高载荷的变量排列在一起,为因子解释提供了方便,便于得出结论。

b.排除小系数(U):不显示那些绝对值小于指定值的载荷系数。选中此项,需要在后面的框中输入一个选择此项可以突出载荷较大的变量。

图9-21 "因子分析:
选项"对话框

本例中选择SPSS系统默认值"成列排除个案(L)"选项,单击"继续(C)"按钮,返回"因子分析"对话框。

四、实验结果与分析

表9-6列出了13个原始变量的描述性统计结果,包括平均值、标准差和分析的样本数。

表9-6 描述统计量

变量	平均值	标准差	分析个案数
x_1	767.703300	578.9728900	36
x_2	10681.140000	9122.7870000	36
x_3	1243.549689	1512.7171603	36
x_4	8529.657569	7811.3514303	36
x_5	101292.640000	20313.8390000	36
x_6	288.860000	271.6220000	36
x_7	197.897200	172.6785800	36
x_8	4788.599433	3780.9803296	36
x_9	5113.636136	8345.1211255	36

续　表

变量	平均值	标准差	分析个案数
x_{10}	8211.780000	7234.9270000	36
x_{11}	496170.690000	291443.0260000	36
x_{12}	259.330000	178.2330000	36
x_{13}	34253.030000	22052.9960000	36

表 9-7 给出了原始变量的相关系数矩阵,可以看出 13 个变量中许多变量之间存在高度相关性,能够从中提取公共因子,故可以进行因子分析。

表 9-7　相关性矩阵

变量		x_1	x_2	x_3	x_4	x_5	x_6	x_7	x_8	x_9	x_{10}	x_{11}	x_{12}	x_{13}
相关性	x_1	1.000	0.626	0.470	0.623	0.177	0.926	0.761	0.707	0.321	0.418	0.555	0.891	0.805
	x_2	0.626	1.000	0.937	0.948	0.770	0.643	0.884	0.975	0.887	0.838	0.415	0.650	0.888
	x_3	0.470	0.937	1.000	0.932	0.827	0.520	0.804	0.889	0.947	0.763	0.195	0.516	0.787
	x_4	0.623	0.948	0.932	1.000	0.769	0.634	0.870	0.942	0.858	0.757	0.381	0.690	0.924
	x_5	0.177	0.770	0.827	0.769	1.000	0.263	0.582	0.708	0.811	0.639	0.070	0.302	0.596
	x_6	0.926	0.643	0.520	0.634	0.263	1.000	0.785	0.692	0.433	0.544	0.335	0.836	0.759
	x_7	0.761	0.884	0.804	0.870	0.582	0.785	1.000	0.883	0.746	0.769	0.383	0.775	0.885
	x_8	0.707	0.975	0.889	0.942	0.708	0.692	0.883	1.000	0.807	0.776	0.508	0.731	0.920
	x_9	0.321	0.887	0.947	0.858	0.811	0.433	0.746	0.807	1.000	0.839	0.045	0.343	0.664
	x_{10}	0.418	0.838	0.763	0.757	0.639	0.544	0.769	0.776	0.839	1.000	0.237	0.480	0.685
	x_{11}	0.555	0.415	0.195	0.381	0.070	0.335	0.383	0.508	0.045	0.237	1.000	0.592	0.581
	x_{12}	0.891	0.650	0.516	0.690	0.302	0.836	0.775	0.731	0.343	0.480	0.592	1.000	0.879
	x_{13}	0.805	0.888	0.787	0.924	0.596	0.759	0.885	0.920	0.664	0.685	0.581	0.879	1.000

表 9-8 输出的是 KMO 检验和巴特利特球形度检验的结果。KMO 检验比较了观测到的变量间的相关系数和偏相关系数的大小,用于检验指标是否适合进行因子分析。一般而言,KMO 值大于 0.6 意味着因子分析可以进行,本例的 KMO 值为 0.857,说明所选变量很适合做因子分析。同时,巴特利特球形度检验是通过转化为卡方检验来对变量之间是否独立进行检验的。可以看出,巴特利特球形度检验统计量的观测值为 825.261,相应的伴随概率 Sig. 为 0,小于显著性水平 0.05,因此拒绝巴特利特球形度检验的零假设,认为相关系数矩阵与单位矩阵有显著差异,即原有变量适合进行因子分析。

表 9-8　KMO 和巴特利特球形度检验

KMO 取样适切性量数		0.857
巴特利特球形度检验	近似卡方	825.261
	自由度	78
	Sig.	0

表 9-9 是因子分析的初始结果,显示了各个变量的 3 个因子共同度。第一列给出了 13 个原始变量名。第二列是根据因子分析的初始解给出的变量共同度,它表明对原始的 13 个变量采用主成分分析方法提取所有特征根(13 个),每个原始变量的方差都可以被因子变量解释,因此每个原始变量的共同度都为 1(原始变量标准化后的方差为 1)。第三列是根据因子分析最终解给出的变量共同度,即按指定提取条件(本例设置提取 3 个公共因子)提取特征根时的共同度,这时因子变量个数少于原始变量的个数,共同度必然小于 1。可以看出,第二行中的 0.963 表示 3 个公共因子变量共同解释了原变量 x_1 方差的 96.3%;3 个公共因子很好地解释了 13 个原始变量,因为每个原始变量的共同度都在 70% 以上。

表 9-9　公因子方差

变量	初始	提取
x_1	1.000	0.963
x_2	1.000	0.978
x_3	1.000	0.945
x_4	1.000	0.947
x_5	1.000	0.835
x_6	1.000	0.959
x_7	1.000	0.906
x_8	1.000	0.963
x_9	1.000	0.963
x_{10}	1.000	0.743
x_{11}	1.000	0.971
x_{12}	1.000	0.907
x_{13}	1.000	0.955

说明:提取方法为主成分分析法。

表 9-10 为因子分析后因子提取和因子旋转的结果,是整个输出中最重要的部分。第 1 列是因子分析 13 个初始解序号,它们按照特征值从大到小的次序排列;第 2 列是因子变量的方差贡献(特征值),它是衡量因子重要程度的指标;第 3 列是各因子变量的方差贡献率,表示该因子描述的方差占原始变量总方差的比例;第 4 列是因子分析的累计贡献率,表示前 m 个公共因子描述的方差占原始总方差的比例;第 5 列至第 7 列是从初始解中按标准(本例设置提取 3 个公共因子)得到的公共因子解的情况;第 8 列至第 10 列是旋转以后得到的公共因子对原始变量总体的说明情况。

表 9-10　总方差的解释

成分	初始特征值			提取载荷平方和			旋转载荷平方和		
	总计	方差百分比/%	累计/%	总计	方差百分比/%	累计/%	总计	方差百分比/%	累计/%
1	9.242	71.091	71.091	9.242	71.091	71.091	6.252	48.090	48.090
2	2.050	15.768	86.858	2.050	15.768	86.858	4.241	32.622	80.712
3	0.744	5.723	92.581	0.744	5.723	92.581	1.543	11.869	92.581
4	0.378	2.909	95.490						
5	0.196	1.506	96.996						
6	0.140	1.081	98.077						
7	0.099	0.760	98.837						
8	0.051	0.392	99.229						
9	0.041	0.313	99.542						
10	0.025	0.196	99.738						
11	0.014	0.110	99.848						
12	0.013	0.099	99.947						
13	0.007	0.053	100.000						

说明:提取方法为主成分分析法。

可以看出,第 1 个公共因子的特征值为 $\lambda_1 = 9.242$,解释了 13 个原始变量总方差的 71.091%;第二个公共因子的特征值为 $\lambda_2 = 2.050$,解释了 13 个原始变量总方差的 15.768%,其余数据含义类似。在初始解中提取了 13 个公共因子,原始变量总方差均被解释。由于指定提取 3 个公共因子,3 个公共因子共同解释了原始变量总方差的 92.581%,而被放弃的其他 10 个因子解释的方差仅占不到 10%,信息丢失较少,因子分析效果理想,旋转后 3 个因子累计贡献率没有变化,特征值和贡献率发生变化,即没有影响原始变量的共同度,但却重新分配了各个因子解释原始变量的方差,改变了各因子的方差贡献,使得因子易于解释。

图 9-22 给出了公共因子碎石图,实际上就是按特征值从大到小排列的主因子散点图。它的横坐标为公共因子,纵坐标为公共因子特征值,可见前 2 个公共因子特征值变化非常明显,到第 3 个特征值以后,特征值变化趋于平稳,因此提取 3 个公共因子是合适的,能够概括绝大部分信息。

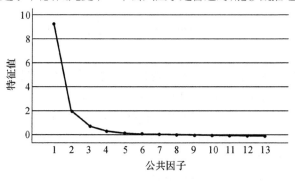

图 9-22　碎石图

表 9-11 输出的是成分矩阵,是因子分析的核心内容。由此可以得出本例的因子分析模型

$$x_1 = 0.752f_1 + 0.600f_2 - 0.196f_3$$
$$x_2 = 0.971f_1 - 0.165f_2 + 0.085f_3$$
$$\vdots$$
$$x_{13} = 0.953f_1 + 0.192f_2 + 0.092f_3$$

表 9-11　成分矩阵

变量	成分		
	1	2	3
x_1	0.752	0.600	-0.196
x_2	0.971	-0.165	0.085
x_3	0.899	-0.369	0.001
x_4	0.960	-0.143	0.066
x_5	0.707	-0.562	0.140
x_6	0.768	0.434	-0.424
x_7	0.939	0.069	-0.143
x_8	0.974	-0.024	0.118
x_9	0.822	-0.531	-0.073
x_{10}	0.815	-0.276	-0.051
x_{11}	0.458	0.567	0.663
x_{12}	0.789	0.530	-0.055
x_{13}	0.953	0.192	0.092

说明:1.提取方法为主成分分析法。
　　　2.提取了 3 个成分。

标准化后的原始变量总的方差 $= \sum_{i=1}^{13} \lambda_i = 9.242 + 2.050 + \cdots + 0.007 = 13$

公共因子 f_i 的贡献率 $= \left(\lambda_i / \sum_{i=1}^{13} \lambda_i \right) \times 100\% = (9.24183 \div 13) \times 100\% = 71.091\%$

前 3 个公共因子累计贡献率 $= \left[(\lambda_1 + \lambda_2 + \lambda_3) / \sum_{i=1}^{13} \lambda_i \right] \times 100\% = (12.03553 \div 13) \times 100\% = 92.581\%$

表 9-12 的每行数据平方以后加总可得表 9-9 中的每个原始变量的共同度。第一个变量 x_1 的共同度为 $0.752^2 + 0.600^2 + (-0.196)^2 = 0.9639$,其他变量类似。

表 9-12 输出的是最大方差法对因子载荷旋转后的结果,旋转后的因子载荷矩阵中的元素已经明显呈两极分化,与旋转前相比,公共因子实际含义更为鲜明和清晰,便于对公共因子实际意义做出合理的解释。

可以看出,公共因子 f_1 在 x_2 地区生产总值、x_3 地方一般公共预算收入;x_4 住户存款余

额;x_5 城镇单位在岗职工平均工资;x_8 社会消费品零售总额;x_9 货物进出口总额;x_{10} 年末实有公共(汽)电车营运车辆上的载荷都很大,该因子可以称为经济发展水平因子。

公共因子 f_2 在 x_1 年末户籍人口、x_6 年末邮政局、x_7 年末固定电话用户、x_{12} 医院数、x_{13} 执业(助理)医师上有很大的正载荷,该因子可以称为城市规模与健康水平因子。

公共因子 f_3 在 x_{11} 普通本专科学生上有很大的正载荷,该因子可以称为教育成就因子。

表 9-12　旋转成分矩阵

变量	成分		
	1	2	3
x_1	0.175	0.923	0.283
x_2	0.856	0.427	0.249
x_3	0.923	0.296	0.070
x_4	0.832	0.444	0.240
x_5	0.912	-0.009	0.057
x_6	0.271	0.941	0.018
x_7	0.661	0.670	0.146
x_8	0.772	0.502	0.339
x_9	0.960	0.184	-0.085
x_{10}	0.795	0.332	0.043
x_{11}	0.053	0.303	0.936
x_{12}	0.261	0.831	0.384
x_{13}	0.616	0.640	0.406

说明:1.提取方法为主成分分析法,旋转方法为凯撒正态化最大方差法。
　　　2.旋转在 5 次迭代后已收敛。

表 9-13 输出的是因子旋转中的正交变换矩阵,用来说明旋转前后主因子间的系数对应关系,据此可以对主因子进行相互转换。

表 9-13　成分转换矩阵

成分	1	2	3
1	0.765	0.591	0.255
2	-0.636	0.637	0.435
3	0.095	-0.495	0.864

说明:提取方法为主成分分析法,旋转方法为凯撒正态化最大方差法。

图 9-23 是旋转后因子载荷散点图,这里是 3 个因子的三维载荷散点图,可以看出公共因子 f_1、f_2、f_3 与 13 个原始变量之间的关系。

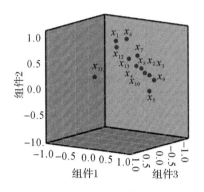

图 9-23　旋转后因子载荷散点图

表 9-14 输出的是成分(因子)得分系数矩阵,这是根据回归法计算出来的因子得分函数的系数,由此可得因子得分函数

$$f_1 = -0.149x_1 + 0.142x_2 + \cdots + 0.031x_{13}$$
$$f_2 = 0.365x_1 - 0.046x_2 + \cdots + 0.059x_{13}$$
$$f_3 = -0.080x_1 + 0.091x_2 + \cdots + 0.174x_{13}$$

表 9-14　成分得分系数矩阵

变量	成分		
	1	2	3
x_1	-0.149	0.365	-0.080
x_2	0.142	-0.046	0.091
x_3	0.189	-0.058	-0.052
x_4	0.132	-0.027	0.073
x_5	0.251	-0.223	0.063
x_6	-0.125	0.467	-0.379
x_7	0.038	0.177	-0.126
x_8	0.103	-0.024	0.158
x_9	0.224	-0.063	-0.175
x_{10}	0.147	0.001	-0.096
x_{11}	-0.053	-0.236	0.903
x_{12}	-0.106	0.252	0.071
x_{13}	0.031	0.059	0.174

说明:提取方法为主成分分析法,旋转方法为凯撒正态化最大方差法。

SPSS 将根据这 3 个因子得分函数,自动计算所有样本的 3 个因子得分,并且将 3 个因子得分作为新变量，保存在数据编辑窗口中(分别为 FACl_1,FAC2_1,FAC3_1)，如图 9-24 所示。

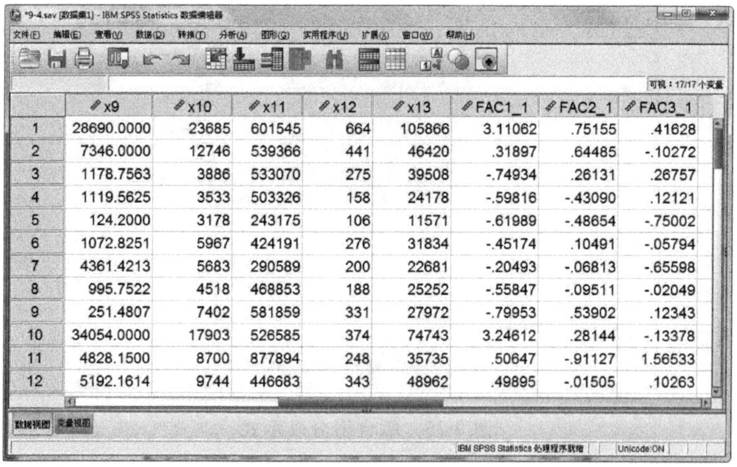

	x9	x10	x11	x12	x13	FAC1_1	FAC2_1	FAC3_1
1	28690.0000	23685	601545	664	105866	3.11062	.75155	.41628
2	7346.0000	12746	539366	441	46420	.31897	.64485	-.10272
3	1178.7563	3886	533070	275	39508	-.74934	.26131	.26757
4	1119.5625	3533	503326	158	24178	-.59816	-.43090	.12121
5	124.2000	3178	243175	106	11571	-.61989	-.48654	-.75002
6	1072.8251	5967	424191	276	31834	-.45174	.10491	-.05794
7	4361.4213	5683	290589	200	22681	-.20493	-.06813	-.65598
8	995.7522	4518	468853	188	25252	-.55847	-.09511	-.02049
9	251.4807	7402	581859	331	27972	-.79953	.53902	.12343
10	34054.0000	17903	526585	374	74743	3.24612	.28144	-.13378
11	4828.1500	8700	877894	248	35735	.50647	-.91127	1.56533
12	5192.1614	9744	446683	343	48962	.49895	-.01505	.10263

图 9-24　因子得分

另外，进行综合评价需要计算综合得分，将各因子的方差贡献率占 3 个因子总方差贡献率的比重作为权数进行加权汇总便可得到各个城市的综合得分 f，即

$$f=\frac{48.09\times f_1+32.622f_2+11.869f_3}{92.581}$$

SPSS 计算综合得分时，选择“转换”—“计算变量”命令，打开“计算变量”对话框，如图 9-25所示。

在目标变量文本框中输入 f(城市竞争力综合得分)，将数据文件通过上述因子分析产生的 3 个新变量，即第一因子得分 FAC1_1、第二因子得分 FAC2_1、第三因子得分 FAC3_1，以及第一、第二、第三公共因子对方差的贡献率组合表达式(48.090×FAC1_1＋32.622×FAC2_1＋11.869×FAC3_1)键入数字表达式文本框中，单击“继续(C)”按钮，在 SPSS 数据编辑窗口将会出现一个名为 f 的变量，即为样本的综合得分，如图 9-26 所示。一般可以应用因子得分和综合得分进行排序对各个城市的发展水平进行评价和对比研究。

表 9-15 输出的是成分(因子)得分协方差矩阵，可以看出，不同因子之间的协方差矩阵为 0，3 个因子变量之间是不相关的。

表 9-15　成分得分协方差矩阵

成分	1	2	3
1	1.000	0	0
2	0	1.000	0
3	0	0	1.000

说明：提取方法为主成分分析法，旋转方法为凯撒正态化最大方差法。

本例各个城市在 3 个 f_1、f_2、f_3 公共因子上的得分和综合得分汇总如表 9-16 所示。

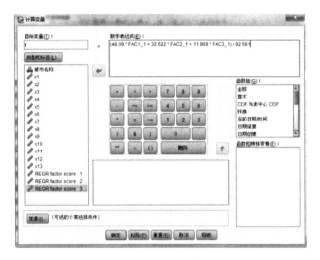

图 9-25　综合得分表示式

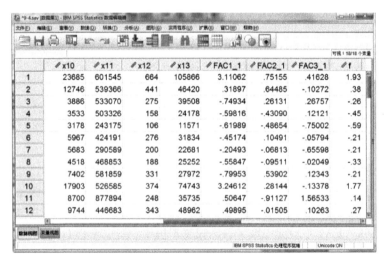

图 9-26　综合得分

表 9-16　各个城市公共因子得分和综合排名

序号	城市	f_1	f_2	f_3	f	综合排名
1	北京	3.11062	0.75155	0.41628	1.93	3.11062
2	天津	0.31897	0.64485	−0.10272	0.38	0.31897
3	石家庄	−0.74934	0.26131	0.26757	−0.26	−0.74934
4	太原	−0.59816	−0.43090	0.12121	−0.45	−0.59816
5	呼和浩特	−0.61989	−0.48654	−0.75002	−0.59	−0.61989
6	沈阳	−0.45174	0.10491	−0.05794	−0.21	−0.45174
7	大连	−0.20493	−0.06813	−0.65598	−0.21	−0.20493
8	长春	−0.55847	−0.09511	−0.02049	−0.33	−0.55847

序号	城市	f_1	f_2	f_3	f	综合排名
9	哈尔滨	−0.79953	0.53902	0.12343	−0.21	−0.79953
10	上海	3.24612	0.28144	−0.13378	1.77	3.24612
11	南京	0.50647	−0.91127	1.56533	0.14	0.50647
12	杭州	0.49895	−0.01505	0.10263	0.27	0.49895
13	宁波	0.36545	−0.07117	−1.16661	0.02	0.36545
14	合肥	−0.30567	−0.25559	0.25819	−0.22	−0.30567
15	福州	−0.32125	−0.03341	−0.48681	−0.24	−0.32125
16	厦门	−0.02395	−0.70202	−1.04180	−0.39	−0.02395
17	南昌	−0.56244	−0.54311	0.44705	−0.43	−0.56244
18	济南	−0.22303	0.01087	0.32554	−0.07	−0.22303
19	青岛	−0.04947	0.23983	−0.10591	0.05	−0.04947
20	郑州	−0.32032	−0.35053	1.99298	−0.03	−0.32032
21	武汉	−0.06687	−0.19231	1.94418	0.15	−0.06687
22	长沙	−0.10935	−0.34376	0.73475	−0.08	−0.10935
23	广州	1.01039	−0.70400	2.44663	0.59	1.01039
24	深圳	2.55434	−0.02096	−2.13660	1.05	2.55434
25	南宁	−0.60614	−0.21422	0.01972	−0.39	−0.60614
26	海口	−0.57144	−0.61030	−1.02848	−0.64	−0.57144
27	重庆	−0.91299	5.00099	−0.48988	1.23	−0.91299
28	成都	0.00031	1.66467	0.91281	0.70	0.00031
29	贵阳	−0.58405	−0.34759	−0.21778	−0.45	−0.58405
30	昆明	−0.50829	−0.07846	0.47060	−0.23	−0.50829
31	拉萨	−0.09640	−1.09563	−1.34692	−0.61	−0.09640
32	西安	−0.29013	0.11930	1.18882	0.04	−0.29013
33	兰州	−0.59591	−0.47435	−0.38056	−0.53	−0.59591
34	西宁	−0.55371	−0.49412	−1.29891	−0.63	−0.55371
35	银川	−0.49606	−0.63746	−1.08729	−0.62	−0.49606
36	乌鲁木齐	−0.43208	−0.44276	−0.82925	−0.49	−0.43208

从表 9-16 可以看出,在经济发展水平因子 f_1 上得分最高的城市依次为上海、北京、深圳、广州和南京等大城市,这些城市在规模和经济发展水平上远大于其他城市。而重庆、哈尔滨、石家庄、呼和浩特、南宁等大多数处于东北或中西部,经济发展水平较低;在公共因子 f_1 上的得分自然就比较低。城市规模和医疗资源因子 f_2 上得分最高的城市依次为重庆、成

都、北京、天津、哈尔滨等,这些城市规模较大,或者医疗资源比较好,而厦门、银川、广州、南京、拉萨等在公共因子 f_2 上得分较低,需要改进。在教育成就因子 f_3 上得分最高的城市依次为广州、郑州、武汉、南京、西安等,这些城市的高校学生人数较多,而银川、宁波、西宁、拉萨、深圳等城市的高校学生人数有待提高。综合得分较高的城市依次为上海、北京、深圳、广州、南京、杭州、宁波、成都,较低的城市有重庆、哈尔滨、石家庄、呼和浩特等。

五、实验总结

(1)因子分析和主成分分析都依赖于原始变量,也只能反映原始变量的信息。所以原始变量的选择就显得很重要,一定要符合分析所要达到的目标,不能夹杂毫不相关的变量。另外变量之间越相关,因子模型的分析效果就越好。如果原有变量相互独立,不存在信息重叠,就很难把许多独立变量由少数综合变量概括。因此,在因子分析之前,往往需要通过对变量之间相关性的分析来判断进行因子分析是否合适。

(2)主成分分析和因子分析都是多元统计分析的常用方法,两者的出发点是一致的,其目的都是降低变量的维数,即在有关信息损失最小的情况下,将多个变量指标转化为较少的几个指标。正因为如此,两者都在 SPSS 中降维、简化数据模块中完成因子分析过程。

(3)因子分析提取的公因子比主成分分析提取的主成分更具有可解释性。主成分分析不考虑观察变量的度量误差,直接用观察变量的某种线性组合来表示一个综合变量;而因子分析的潜在变量则校正了观察量的度量误差,且它还进行因子旋转,使潜在因子的实际意义更明确,分析结论更真实。

(4)因子得分的均值为 0,标准差为 1,大小没有绝对的实际意义,而有相对大小意义,正值表示高于平均水平,负值表示低于平均水平,因此可以根据因子得分大小对样本进行排序。

(5)两者的 SPSS 操作都是通过"分析(A)"—"降维(D)"—"因子分析(F)"过程实现,但主成分分析主要用"描述(D)""提取(E)""得分(S)"对话框,而因子分析除了使用这些对话框外,还可使用"旋转(T)"对话框进行因子旋转。

六、实验作业

[习题 9-3] 2007 年中国省会城市和计划单列市主要经济指标如下:年底总人口数(万人)、地区生产总值(万元)、第一产业增加值(万元)、第二产业增加值(万元)、第三产业增加值(万元)、客运量(万人)、货运量(万吨)、地方财政预算收入(万元)、地方财政预算支出(万元)、固定资产投资总额(万元)、城乡居民储蓄年末余额(万元)、在岗职工平均工资(元)、年末邮政局数(万个)、年末固定电话用户数(万户)、社会商品零售总额(万元)、货物进出口总额(万元)、年末实有公共汽车运营车辆数(辆)、影剧院数(个)、普通高等学校在校学生数(人)、医院数(个)、执业医生(人)、环境污染治理投资总额(万元)等。应用因子分析对省会城市和计划单列市的竞争力进行评

📖 数据文件 9-5
价(基本数据见数据文件 9-5)。[①]

---

① 相关数据参见杨维忠·张甜·刘荣.SPSS 统计分析与行业应用[M].北京:清华大学出版社,2011.

[**习题 9-4**]　航空意外险是一种非强制险,其销售取决于客户的购买意愿,而购买意愿又取决于诸多因素(基本数据见数据文件 9-6)。试分析以下内容。

数据文件 9-6

(1)应用因子分析法提炼公共因子,并对公共因子进行命名。

(2)建立感知风险与购买意愿的回归方程,并对模型拟合优度与变量参数进行检验,具体信息如表 9-17 所示。

表 9-17　感知风险与购买意愿量表与题项

变量		量表与题项
感知风险	财务风险	Q1:我可能会担心航空意外险的保费是否合理
		Q2:我可能会认为保险这项投资不理想
		Q3:我可能会担心航空意外险没有发挥作用而导致财务损失
		Q4:我可能会担心航空意外险的保障和我已经购买的保险的保障有重复,导致我的财产损失
	时间风险	Q5:购买航空意外险时,可能需要花费我很多时间
		Q6:我选择飞机出行是为了节约时间,购买航空意外险可能会很麻烦
		Q7:为购买航空意外险,可能会让我错过航班
		Q8:当意外发生后,进行保险索赔可能需要花费我很多时间
	社会风险	Q9:如果没有购买航空意外险,可能会损害我的形象
		Q10:如果购买航空意外险,可能会提升我的形象
		Q11:是否购买航空意外险可能代表着一个人的地位、形象
		Q12:购买的航空意外险没有发挥作用时,别人可能会嘲笑我
	功能风险	Q13:航空意外险的保险条款可能与实际不符
		Q14:航空意外险的产品性能的限制难以满足我的要求
		Q15:航空意外险可能难以对我达成保障
		Q16:航空意外险在索赔时可能会有很大的困难
	购买意愿	Q17:我认为航空意外险十分重要
		Q18:我很有可能会购买航空意外险
		Q19:航空意外险可能是我出行的必备品
		Q20:我可能会推荐我的朋友购买航空意外险

第十章　信度分析

▶ 本章学习目标

- 理解信度分析的原理与基本思想。
- 掌握信度分析的实验目的、实验内容和实验步骤。
- 掌握实验结果的统计分析。
- 理解信度分析方法的异同点。

　　信度分析又称可靠性分析,是一种标度综合评价体系是否具有一定的稳定性和可靠性的有效分析方法。例如,在教育学上可衡量教学评价过程受干扰因素影响所造成的随机误差的大小,信度与效度在教育学方面是衡量考试质量的两个重要指标。

　　综合评价问题在统计学方面可利用信度分析方法进行分析。基本方式是做出被评估对象的总体目标,然后将其分解为若干个子目标,它们是总体目标不同方面的体现,是总体特征的部分反映。进一步,再将每个子目标进行量化处理。

　　上述过程实际上是编制量表的过程。编制量表是否合理决定评价结果的信度和效度。SPSS 的信度分析的主要作用在于测量工具(量表或问卷)内在信度的分析。

第一节　知识准备

一、信度分析的概念

　　信度反映了测验工具所得到的结果的一致性或稳定性,是被测特征真实程度的指标。

　　一般而言,两次或两个测验的结果越接近,则误差越小,所得的信度越高。信度本身与测量所得结果正确与否无关,它的功用在于检验测量本身是否稳定,学者弗雷德·克林格认为信度可以衡量出工具(问卷)的可靠度、一致性与稳定性;信度值强调的是某一特定类型下的一致性,信度系数会因不同时间、不同受试者或不同评分者而出现不同的结果。在一般信度的测量容易产生误差的原因中,来自研究者的因素通常包括测量内容(遣词用句、问题形式等)不当、情境(时间长短、气氛、前言说明等)影响及研究者本身的疏忽(听错、记错等);而来自受访者的因素则可能是由于其个性、年龄、受教育程度、社会阶层及其他心理因素等,而影响其答题的正确性。在统计学分析方面,信度检验完全依赖于统计方法。

效度与信度的关系为:信度为效度的必要而非充分条件,即有效度一定有信度,但有信度不一定有效度。

研究者透过信度与效度的检验,可以了解测验工具本身是否优良适当,以作为改善修正的根据,并可避免做出错误的判断。问卷受访时间间隔的影响及内容的同构性是影响信度的两个主要因素。

根据被测试者的测试时间和测试内容,信度又可分为内在信度和外在信度:内在信度主要检验一组问题(也可称为题项)是否测量同一个概念,即这些问题(题项)的内在一致性如何,能否稳定地衡量这一概念(变量或维度),最常用的检测方法是 Cronbach's Alpha(克隆巴赫 α)信度系数;而外在信度表征对相同的测试者在不同时间测得的结果是否一致,重测信度是外在信度最常用的检验法。

信度指标是对信度的一种定量化的描述方式,信度指标的量化值称为信度系数。信度系数越大,表明测量的可信程度越大,但也无法期望两次测验结果完全一致,信度除受测验质量影响外,亦受很多其他受测者因素的影响,故没有一份测验是完全可靠的。不同研究者对信度系数的界限值有不同的看法,一般为:0.6~0.65 认为不可信;0.66~0.70 认为是最小可接受值;0.71~0.80 认为相当好;0.81~0.90 就是非常好。

因此,一份信度系数好的量表或问卷最好在 0.80 以上,0.71~0.80 还算是可以接受的范围;分量表最好在 0.70 以上;0.61~0.70 可以接受。若分量表的内部一致性系数在 0.60 以下或者总量表的信度系数在 0.80 以下,应该考虑重新修订量表或增删题目。

信度指标多以相关系数来表示,大致分为 3 类:稳定系数(跨时间的一致性)、等值系数(跨形式的一致性)和内在系数(跨项目的一致性)。

二、信度分析的基本方法

检测信度的方法有很多种,主要的方法有重测信度法、折半信度法和克隆巴赫 α 信度系数法,其中,最常用的是克隆巴赫 α 信度系数法,下面简述各种不同方法的基本含义和计算公式。

(一)重测信度法

这是用同样的问卷对同一被测者、间隔一定的时间重复测试,计算两次测试结果的相关系数的方法。显然这是稳定系数,即跨时间的一致性。重测信度法适用于事实性的问卷,也可用于不易受环境影响的态度、意见式问卷。由于重测信度需要对同一样本测试两次,而被测者容易受到各种事件、活动的影响,所以时间间隔需要适当,通常间隔两星期或一个月。

📖 内在信度
与外在信度

(二)折半信度法

折半信度系数法是指将测量项目按奇偶项分成两半分别记分,测试出两半分数之间的相关系数,再据此确定整个测量的信度系数 R_{xx}。折半信度属于内在一致性系数,测量的是两半项目间的一致性。这种方法不适合测量事实性问卷,常用于态度、意见式问卷的信度分析。在问卷调查中,态度测量最常见的形式是 5 级利克特量表。

进行折半信度分析时,如果量表中含有反义题项,应先将反义题项的得分做逆向处理,以保证各题项得分方向的一致性。一般情况下,若 $\alpha < 0$,说明该反转的题项没反转,应该检查题项,将其反转,然后将全部题项按奇偶或前后分为尽可能相等的两半,计算两者的相关系数 r_{xx},即半个量表的信度系数,最后用斯皮尔曼-布朗(Spearman-Brown)公式,具体如下

$$R_{xx} = \frac{r_{xx}}{1 + r_{xx}} \tag{10-1}$$

(三)克隆巴赫 α 信度系数法

克隆巴赫 α 信度系数是目前最常用的信度系数。其公式为

$$\alpha = \frac{k}{k-1}\left[1 - \frac{\sum_{i=1}^{k}\mathrm{var}(i)}{\mathrm{var}}\right] \tag{10-2}$$

其中,k 为量表中评估项目的总数;$\mathrm{var}(i)$ 为第 1 个项目得分的表内方差;var 为全部项目总得分的方差。从公式可以看出,克隆巴赫 α 信度系数表示量表中项目得分间的一致性,属于内在一致性系数。这种方法适用于态度、意见式问卷(量表)的信度分析。

信度的高低与克隆巴赫 α 信度系数相互对照参见表 10-1。

表 10-1　信度的高低与克隆巴赫 α 信度系数的对照

信度	克隆巴赫 α 信度系数
不可靠	$\alpha < 0.3$
勉强可信	$0.3 \leqslant \alpha < 0.4$
可信	$0.4 \leqslant \alpha < 0.5$
很可信(最常见)	$0.5 \leqslant \alpha < 0.7$
很可信(次常见)	$0.7 \leqslant \alpha < 0.9$
十分可信	$\alpha \geqslant 0.9$

(四)库德-理查森(Kuder-Richardson)信度系数法

如果一个测验全由二值记分(1、0 方式)的项目组成,α 信度系数公式中每个项目上的分数方差就会等于该项目上通过 p 与未通过 q 两者的积,该信度系数在实际中应用较少。库德-理查森公式为

$$r_{kk} = \frac{k}{k-1}\left(1 - \frac{\sum p_i q_i}{S_x^2}\right) \tag{10-3}$$

其中 k 为构成测验的题目数,p_i 为通过第 i 题人数的占比,q_i 为未通过第 i 题人数的占比,S_x^2 为测量总分的方差。

(五)平行测验的信度估计法

平行测验的信度估计法也称平行模型。对于信度,也可以定义为在两个平行测验中观察分数间的相关关系,即用一个平行测验上某被试的观察分数,去正确推论另一个平行测验

上该被试观察分数的能力,用这样能力值的大小来定义测验的信度。平行测验信度估计的条件是方差具有齐次性,且两平行测验的均值相等。

第二节 克隆巴赫 α 信度分析

一、实验目的

(1)明确与信度分析有关的基本概念。

(2)理解信度分析的基本思想与原理。

(3)掌握信度系数计算方法。

(4)熟练应用 SPSS 软件进行信度分析。

(5)培养运用信度分析解决实际问题的能力。

二、实验内容

📄 数据文件 10-1

航空意外险是一种非强制险,其销售取决于客户的购买意愿,而购买意愿又与顾客的感知风险相关联。本研究在量表设计中,感知风险借鉴了 K. B. 默雷和 J. L. 施莱克特[①]、J. 雅比和 L. B. 卡普兰的定义[②],并做了相应的修改,如表 10-2 所示。变量采取利克特量表,即"1"表示"非常不同意","2"表示"不同意","3"表示"一般","4"表示"同意","5"表示"非常同意"。试分析感知风险总量表的信度,以及各维度分量表的信度(基本数据见数据文件 10-1)

表 10-2 感知风险与购买意愿量表与题项

变量		量表与题项
感知风险	财务风险	Q1:我可能会担心航空意外险的保费是否合理
		Q2:我可能会认为保险这项投资不理想
		Q3:我可能会担心航空意外险没有发挥作用而导致财务损失
		Q4:我可能会担心航空意外险的保障和我已经购买的保险的保障有重复,导致我的财产损失
	时间风险	Q5:购买航空意外险时,可能需要花费我很多时间
		Q6:我选择飞机出行是为了节约时间,购买航空意外险可能会很麻烦
		Q7:为购买航空意外险,可能会让我错过航班
		Q8:当意外发生后,进行保险索赔可能需要花费我很多时间

---

① Murray,K. B.,Schlacter,J. L. The Impact of Services Versus Goods on Consumer's Assessment of Perceived Risk and Variability[J]. *Journal of the Academy of Marketing Science*,1990(18):51-65.

② Jacoby,J.,Kaplan,L. B. The Components of Perceived Risk [J]. *Advances in Consumer Research*,1972(3):382-383.

续　表

变量		量表与题项
感知风险	社会风险	Q9:如果没有购买航空意外险,可能会损害我的形象
		Q10:如果购买航空意外险,可能会提升我的形象
		Q11:是否购买航空意外险可能代表着一个人的地位、形象
		Q12:购买的航空意外险没有发挥作用时,别人可能会嘲笑我
	功能风险	Q13:航空意外险的保险条款可能与实际不符
		Q14:航空意外险的产品性能的限制难以满足我的要求
		Q15:航空意外险可能难以对我达成保障
		Q16:航空意外险在索赔时可能会有很大的困难
	购买意愿	Q17:我认为航空意外险十分重要
		Q18:我很有可能会购买航空意外险
		Q19:航空意外险可能是我出行的必备品
		Q20:我可能会推荐我的朋友购买航空意外险

三、实验步骤

信度分析的计算是由 SPSS 的可靠性分析来实现的。

(1)准备工作。在 SPSS 25.0 中打开数据文件 10-1. sav,通过选择"文件"—"打开"命令将数据调入 SPSS 25.0 的工作文件窗口,如图 10-1 所示。

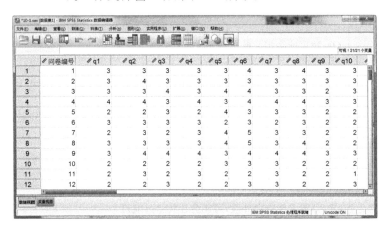

图 10-1　航空意外险的感知风险

(2)选择"分析(A)"—"标度(A)"—"可靠性分析(R)"命令,如图 10-2 所示,打开"可靠性分析"对话框。

图 10-2 选择"可靠性分析"命令

（3）指定参与分析的变量。在"可靠性分析"对话框中，从左侧的变量列表中选择参与分析的变量，单击向右的箭头按钮，将变量添加到右边的变量框中，如图 10-3 所示。本例中从"可靠性分析"对话框左侧的变量列表中依次将变量 $q_1, q_2, q_3, \cdots, q_{16}$ 选中并点向右的箭头按钮，使这 16 个变量被选入右边的变量框中。

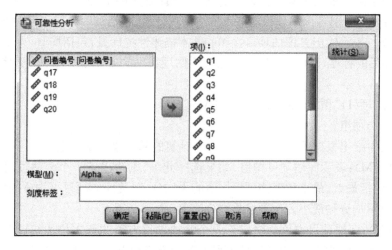

图 10-3 在"可靠性分析"对话框选入变量与 Alpha 模型

"模型"选项用于选择信度系数的方法，具体如下。

①Alpha：克隆巴赫 α 信度系数法，用于计算标度内部一致性，为系统默认选项。

②折半：对应折半信度系数模型，用于计算标度外在信度的表间相关程度的折半信度系数。

③Guttman：对应于哥特曼模型法，用于计算最低下限的真实信度法。

④平行：对应平行模型法，用于计算各评估项目变异数同质时的最大概率信度。

⑤严格平行：对应于严格平行模型，用于假设评估项目具有相等均值的平行模型。

本例选择"Alpha"选项。

（4）单击"统计（S）"选项，出现如图 10-4 所示对话框。

图 10-4 "可靠性分析:统计"对话框

①"描述"选项组。

该选项组中给出根据个案产生的尺度或评估项目的描述性统计。

a. 项(I):表示输出各评估项目的基本描述性统计量,包括项内均值和标准差等。

b. 标度(S):表示输出各评估项目之和的基本描述性统计量,包括均值、方差等。

c. 删除项后的标度(A):表示输出剔除某评估项目后的基本统计量,以便对各评估项目逐个评价。

本例选择"项(I)"和"删除项后的标度(A)"。

②"摘要"选项组。

该选项组中给出根据所有评估项目的分布计算的基本描述统计量。

a. 平均值(M):表示评估项目均值,如果选择此项,则输出若干个评估项目平分的基本描述统计量,包括最大、最小和评估项目均值的平均分,以及评估项目平均分的极差和方差,最大评估项目平均分和最小评估项目平均分比率。

b. 方差(V):评估项目方差。输出若干个评估项目方差的基本描述统计量,包括最大、最小和评估项目均值的方差,以及评估项目方差的极差和方差,最大评估项目方差和最小评估项目方差的比率。

c. 协方差(O):评估项目内在协方差。输出若干个评估项目协方差矩阵的基本描述统计量,包括最大、最小方差和评估项目的内在协方差,以及评估项目内在协方差的极差和方差、最大评估项目内在协方差和最小评估项目内在协方差的比率。

d. 相关性(R):评估项目内在相关系数。输出若干个评估项目相关系数矩阵的基本描述统计量,包括最大、最小和评估项目的内在相关系数,以及评估项目内在相关系数的极差和方差,最大评估项目内在相关系数和最小评估项目内在相关系数的比率。

③"项之间"选项组。

该选项组中给出输出项内统计量的选项。

a. 相关性(L):表示项内相关系数矩阵,如果选择此项,则会输出相关系数矩阵的基本描述性统计。

b. 协方差(E):表示项内协方差矩阵,如果选择此项,则会输出协方差矩阵的基本描述统计量。

本例选择"相关性(L)"选项。

④"ANOVA 表"选项组。

该选项组中给出用于检验同一被评估项目在各评估项目上的得分是否一致性的方法,有 4 个选项。

a. 无(N):表述不做检验。

b. F 检验:表示重复测试的方差分析,适应于数据为定距型且服从正态布的情况。

c. 傅莱德曼卡方(Q):即 Friedman 卡方分析,表示进行非参数检验中的配对样本傅莱德曼检验,适合非正态分布的数据或定序型数据,计算傅莱德曼和肯德尔一致性。在 ANOVA 表中,利用卡方检验代替 F 检验。

d. 柯克兰卡方(H):即计算 Cochran's Q 检验值,表示进行非参数检验中的多配对样本柯克兰卡方检验,适合数据为二值型,在 ANOVA 表中,利用 Q 统计量代替 F 检验。

⑤其他复选项。

在该对话框中,还给出下列对评估项目检验和计算的选项。

a. 霍特林 T 平方(G):表示 Hotelling T 平方检验,是检验所有项目的均值是否相等的多变量检验。

b. 图基可加性检验(K):表示可加性的 Tukey 检验,用于检验评估项目中是否存在倍增交互作业。

c. 同类相关系数(T):表示组内相关系数,用于进行一致性测度,对个案数值的一致性进行检验。

在选择"同类相关系数"复选框后,下列选项变为可用。

模型(D):下拉列表框中给出用于选择计算组内相关系数的方法,这里给出 3 个模型,一是"双向混合",为系统默认选项,当个案效应和评估项目效应均为固定时选择此项;二是"双向随机",当个案效应和评估项目效应均为随机时选择此项;三是"单项随机",当个案效应随机时选择此项。

类型(P):下拉列表框中用于选择指示类型,可选择类型有以下两个:"一致性"为系统默认选项,另一个为"绝对一致"。

置信区间(C):文本框中用于指定置信区间的水平,默认值为 95%。

检验值(U):文本框中用于指定假设检验过程的检验值,默认值为 0,可输入 0~1 的数值,用于类间相关系数的比较。

(3)单击"继续(C)"按钮,返回可靠性分析对话框,单击"确定"按钮,SPSS 自动完成计算。SPSS 结果输出窗口查看器就会给出所需要的结果。

四、实验结果与分析

表 10-3 显示了信度分析过程中参与分析的个案数量和缺失值数量。本例中共有 100 个个案参与信度分析,不含缺失值。

表 10-3　个案摘要

		个案数	占比/%
个案	有效	100	100
	排除①	0	0
	总计	100	100

注：①基于过程中所有变量的成列删除。

表 10-4 显示克隆巴赫 α 信度系数为 0.872，大于 0.80，因此总体上感知风险内在信度是比较理想的。

表 10-4　可靠性统计量

克隆巴赫 α 信度系数	基于标准化项的克隆巴赫 α 信度系数	项数
0.872	0.872	16

表 10-5 所示为信度分析的评估项目基本描述性统计量。表中给出了所有项目的平均值、标准差、参与分析的个案数。可以看出，表中大部分题项的感知风险平均值低于 2.5，而个别题项平均值超过 3，感知风险程度相对较高。

表 10-5　评估项目的基本描述性统计量

变量	平均值	标准差	个案数
q_1	2.95	0.744	100
q_2	2.91	0.668	100
q_3	2.89	0.709	100
q_4	3.09	0.753	100
q_5	2.96	0.764	100
q_6	3.08	0.800	100
q_7	2.88	0.769	100
q_8	3.08	0.813	100
q_9	2.03	0.658	100
q_{10}	2.20	0.725	100
q_{11}	2.06	0.776	100
q_{12}	2.18	0.869	100
q_{13}	2.04	0.751	100
q_{14}	2.33	0.853	100
q_{15}	2.12	0.782	100
q_{16}	2.18	0.744	100

表 10-6 所示的是评估项目的相关系数矩阵。可以看出，同一维度题项的相关系数相对较大，而与其他维度题项的相关系数相对较小，说明同一维度题项内在效度结构较好。

表 10-6　评估项目的相关系数矩阵

变量	q_1	q_2	q_3	q_4	q_5	q_6	q_7	q_8	q_9	q_{10}	q_{11}	q_{12}	q_{13}	q_{14}	q_{15}	q_{16}
q_1	1.000	0.397	0.430	0.459	0.156	0.177	0.201	0.425	0.086	0.094	0.268	0.155	0.203	0.233	0.219	0.254
q_2	0.397	1.000	0.405	0.518	0.171	0.373	0.333	0.367	0.167	0.204	0.283	0.220	0.370	0.371	0.369	0.338
q_3	0.430	0.405	1.000	0.416	0.234	0.318	0.364	0.331	-0.079	0.083	0.177	0.147	0.179	0.394	0.279	0.210
q_4	0.459	0.518	0.416	1.000	0.182	0.256	0.211	0.351	-0.067	0.022	0.094	0.098	0.154	0.362	0.307	0.151
q_5	0.156	0.171	0.234	0.182	1.000	0.517	0.301	0.396	0.063	0.088	0.208	0.057	0.108	0.284	0.414	0.262
q_6	0.177	0.373	0.318	0.256	0.517	1.000	0.377	0.394	0.226	0.233	0.366	0.270	0.264	0.227	0.372	0.264
q_7	0.201	0.333	0.364	0.211	0.301	0.377	1.000	0.500	0.227	0.279	0.452	0.365	0.411	0.353	0.394	0.250
q_8	0.425	0.367	0.331	0.351	0.396	0.394	0.500	1.000	0.090	0.264	0.297	0.308	0.193	0.224	0.430	0.294
q_9	0.086	0.167	-0.079	-0.067	0.063	0.226	0.227	0.090	1.000	0.622	0.669	0.502	0.508	0.126	0.287	0.360
q_{10}	0.094	0.204	0.083	0.022	0.088	0.233	0.279	0.264	0.622	1.000	0.517	0.680	0.356	0.137	0.314	0.326
q_{11}	0.268	0.283	0.177	0.094	0.208	0.366	0.452	0.297	0.669	0.517	1.000	0.598	0.602	0.412	0.421	0.366
q_{12}	0.155	0.220	0.147	0.098	0.057	0.270	0.365	0.308	0.502	0.680	0.598	1.000	0.298	0.205	0.250	0.278
q_{13}	0.203	0.370	0.179	0.154	0.108	0.264	0.411	0.193	0.508	0.356	0.602	0.298	1.000	0.436	0.473	0.349
q_{14}	0.233	0.371	0.394	0.362	0.284	0.227	0.353	0.224	0.126	0.137	0.412	0.205	0.436	1.000	0.394	0.510
q_{15}	0.219	0.369	0.279	0.307	0.414	0.372	0.394	0.430	0.287	0.314	0.421	0.250	0.473	0.394	1.000	0.362
q_{16}	0.254	0.338	0.210	0.151	0.262	0.264	0.250	0.294	0.360	0.326	0.366	0.278	0.349	0.510	0.362	1.000

表 10-7 所示的是项总统计量。可以看出,最后一列"删除项后的克隆巴赫 α 信度系数"均小于表 10-4 可靠性统计量中的克隆巴赫 α 信度系数 0.872,即删除项后不能改善总项目的信度系数,因此没有必要删除题项。

除了最后一列,还有第 4 列和第 5 列值得参考。"修正后的项与总计相关性"指的是单个问题与其他 15 个问题间的相关系数,以 q_1 为例,q_1 与其他 15 个题目的相关性为 0.420。

"平方多重相关性"类似于线性回归中的决定系数,越大说明该题目与其他题目的一致性越高。本例中 q_3 这题目最低。

综合以上信息,没有必要删除题项,优化评估项目。

表 10-7　项总统计量

变量	删除项后的标度平均值	删除项后的标度方差	修正后的项与总计相关性	平方多重相关性	删除项后的克隆巴赫 α 信度系数
q_1	38.03	46.231	0.420	0.415	0.868
q_2	38.07	45.561	0.557	0.444	0.863
q_3	38.09	46.265	0.442	0.405	0.867
q_4	37.89	46.422	0.394	0.448	0.869
q_5	38.02	46.383	0.390	0.420	0.870
q_6	37.90	44.758	0.526	0.435	0.864
q_7	38.10	44.515	0.577	0.444	0.861
q_8	37.90	44.354	0.556	0.497	0.862
q_9	38.95	46.735	0.429	0.653	0.868
q_{10}	38.78	45.810	0.479	0.593	0.866
q_{11}	38.92	43.650	0.661	0.696	0.857
q_{12}	38.80	44.505	0.498	0.587	0.865
q_{13}	38.94	44.865	0.557	0.534	0.862
q_{14}	38.65	44.290	0.529	0.533	0.864
q_{15}	38.86	44.122	0.606	0.448	0.860
q_{16}	38.80	45.273	0.520	0.424	0.864

第三节　折半信度系数模型

为了得到一个准确的项目评估信度估计值,一个可选择的方法就是利用重测信度法,即在一定的时间间隔下,对同一组被访者进行两次相同的问卷调查,分析两次结构之间的相关关系。然而,在实践中,这种方法的实现往往受一定条件的限制。为此,可以将评估项目拆分为两组,进行相关性分析和折半信度系数的计算,这就是信度分析的另一种重要方法:折半信度分析法。

本节实验目的、实验背景与实验数据等，与第二节"克隆巴赫 α 信度分析"相同。折半信度系数模型中部分实验步骤与第二节"克隆巴赫 α 信度分析"相同，本部分不再重复。

一、实验步骤

信度分析的计算是由 SPSS 的可靠性分析来实现的。

(1)准备工作。在 SPSS 25.0 中打开数据文件 10-1.sav，通过选择"文件"—"打开"命令将数据调入 SPSS 25.0 的工作文件窗口，如图 10-5 所示。

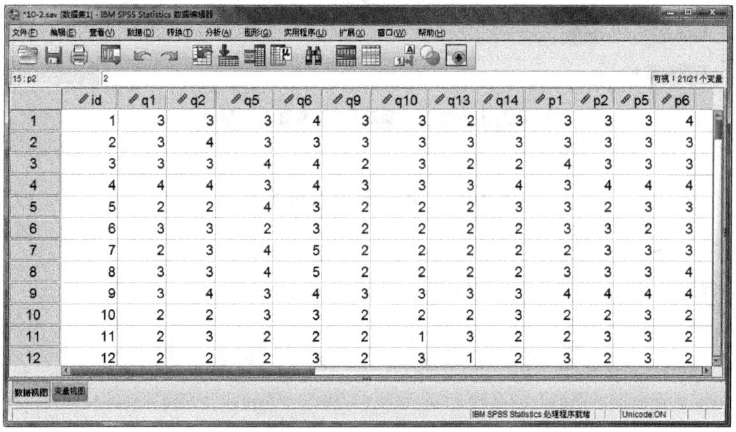

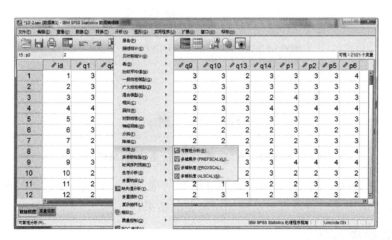

图 10-5　折半信度的数据

(2)选择"分析(A)"—"标度(A)"—"可靠性分析(R)"命令，如图 10-6 所示，打开可靠性分析。

图 10-6　选择"可靠性分析"命令

(3)指定参与分析的变量。在"可靠性分析"对话框中，从左侧的变量列表中选择参与分析的变量，单击向右的箭头按钮，使之添加到右边的变量框中，如图 10-7 所示。本例中从可靠性分析对话框左侧的变量列表中依次将变量 $q_1, q_2, q_3, \cdots, q_{16}$ 选中并点向右的箭头按钮，使这 16 个变量被选入右边的变量框中。

本例"模型"选择"折半"。

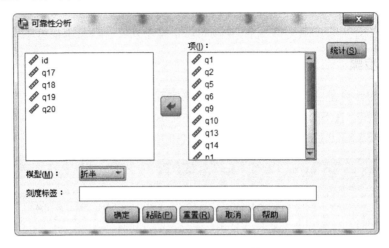

图 10-7　选择变量与折半模型

(4)单击"统计(S)"选项,出现如图 10-8 所示对话框。

本例选择"摘要"中的"平均值(M)"。

图 10-8　在"摘要"中选择"平均值(M)"

(4)单击"继续(C)"按钮,返回可靠性分析对话框,单击"确定"按钮,SPSS 自动完成计算。SPSS 结果输出窗口查看器就会给出所需要的结果。

二、实验结果与分析

表 10-8 是折半信度分析的基本描述性统计量列表,表中给出折半后的统计量描述,16个评估项目拆分时按照各维度顺序进行,其中第一部分包括 4 个维度中的前两个题项,变量为:q_1、q_2、q_5、q_6、q_9、q_{10}、q_{13}、q_{14};第二部分包括 4 个维度中的后两个题项,变量为:p_1、p_2、p_5、p_6、p_9、p_{10}、p_{13}、p_{14}。

第一组项目的平均值为 2.563,方差为 0.206;第二组项目的平均值为 2.560,方差为 0.214。

表 10-8　折半信度分析的基本描述性统计量

项目	平均值	最小值	最大值	全距	最大值/最小值	方差	项数
第一部分	2.563	2.030	3.080	1.050	1.517	0.206	8[①]
第二部分	2.560	2.060	3.090	1.030	1.500	0.214	8[②]
两部分	2.561	2.030	3.090	1.060	1.522	0.196	16

注：①该项为 $q_1 \cdot q_2 \cdot q_5 \cdot q_6 \cdot q_9 \cdot q_{10} \cdot q_{13} \cdot q_{14}$。
②该项为 $p_1 \cdot p_2 \cdot p_5 \cdot p_6 \cdot p_9 \cdot p_{10} \cdot p_{13} \cdot p_{14}$。

　　表 10-9 所示为折半信度的信度系数。表格之间的相关性是两部分表总分的相关系数，为 0.836，相关程度较高。而斯皮尔曼-布朗系数为 0.911，是利用两部分的标准化 α 系数计算得到的。哥特曼折半系数是利用两组项目的克隆巴赫 α 信度系数计算得到的，为 0.908.

　　项目不同的折半会产生不同的信度系数估计值。在折半过程中，如果使具有高相关性的项目分在一组，这时折半系数将接近其最小值。当高相关性的项目成对拆分时，折半系数将达到其最大值。

表 10-9　折半信度分析的信度系数

克隆巴赫 α 信度系数	第一部分	值	0.732
		项数	8[①]
	第二部分	值	0.783
		项数	8[②]
	总项数		16
形态之间的相关性			0.836
斯皮尔曼-布朗系数	等长		0.911
	不等长		0.911
哥特曼折半系数			0.908

注：①该项为 $q_1 \cdot q_2 \cdot q_5 \cdot q_6 \cdot q_9 \cdot q_{10} \cdot q_{13} \cdot q_{14}$。
②该项为 $p_1 \cdot p_2 \cdot p_5 \cdot p_6 \cdot p_9 \cdot p_{10} \cdot p_{13} \cdot p_{14}$。

第四节　哥特曼模型

一、实验步聚

本节实验目的、实验背景与第二节"克隆巴赫 α 信度分析"相同，本部分不再重复。

在信度分析操作中,在"可靠性分析"对话框中选择"Guttman"选项作为信度分析的模型(见图 10-3),在"描述"选项中选择"标度(S)"选项,在"可靠性分析"对话框中单击"确定"按钮,执行哥特曼信度分析操作。

二、实验结果与分析

表 10-10 给出了 6 种不同的哥特曼信度系数。从表中可以看出,l_2 要好于 l_1 和 l_3,这里的 l 等于克隆巴赫 α 信度系数。虽然 l_2 好于 l_1 和 l_3,但由于计算较为复杂,所以在应用中受到一定的限制。

表 10-10 哥特曼信度分析的基本描述性统计量

变量	λ
l_1	0.817
l_2	0.878
l_3	0.872
l_4	0.908
l_5	0.855
l_6	0.909
项数	16

表 10-11 给出了计算第一部分和第二部分的基本描述性统计量。

表 10-11 哥特曼模型的基本描述性统计量

项目	平均值	方差	标准差	项数
第一部分	20.50	12.455	3.529	8[①]
第二部分	20.48	15.404	3.925	8[②]
两部分	40.98	51.030	7.144	16

注:①该项为 $q_1 \cdot q_2 \cdot q_5 \cdot q_6 \cdot q_9 \cdot q_{10} \cdot q_{13} \cdot q_{14}$。
②该项为 $p_1 \cdot p_2 \cdot p_5 \cdot p_6 \cdot p_9 \cdot p_{10} \cdot p_{13} \cdot p_{14}$。

第五节　平行模型

一、实验步骤

本节实验目的、实验背景与第二节"克隆巴赫 α 信度分析"相同,本部分不再重复。

在信度分析操作中,在"可靠性分析"对话框中选择"平行"选项作为信度分析的模型(见图 10-3),在"描述"选项中选择"标度(S)"选项,在"可靠性分析"对话框中单击"确定"按钮,执行平行信度分析操作。

二、实验结果与分析

平行(严格平行)模型可以检验均值和方差是否相等。严格平行模型假设真实的项目得分应该具有相等的均值和方差,而平行模型假设相等的方差。表 10-12 给出的是平行模型的检验结果。从表中可以看出,计算检验统计量概率 p 值为 0,远小于 0.05,拒绝方差相等的假设。

表 10-12　平行模型的优度拟合检验

统计指标		结果
卡方	值	341.585
	自由度	134
	Sig.	0
矩阵的决定因子的对数	无约束矩阵	−15.919
	受约束矩阵	−12.263

说明:按平行模型假定。

表 10-13 给出的是平行模型的信度分析结果。注意到平行模型的信度估计值为 0.872,等价于克隆巴赫 α 信度系数,但由于平行模型被拒绝,故严格平行模型自然也被拒绝。实际上,大多数信度分析的平行模型的等方差性都不满足,也就是说平行模型假设被拒绝,但该模型仍然是有意义的,因为模型结构中提供了其他模型分析中没有的方差估计。

表 10-13　平行模型的信度分析结果

统计指标	结果
公共方差	0.582
真方差	0.174
误差方差	0.409
公共项间相关性	0.298
标度的可靠性	0.872
标度的可靠性(无偏)	0.874

表 10-14 给出了平行模型的基本描述性统计,平均值为 40.98,方差为 51.030,标准差为 7.144。

表 10-14　平行模型的基本描述性统计

平均值	方差	标准差	项数
40.98	51.030	7.144	16

第六节　信度分析小结

一、实验总结

(1)信度分析主要用于对量表内在信度的研究。它首先进行各个评估项目基本描述统计,计算各个项目的简单相关系数及删除一个项目后其他项目之间的相关系数,对内在信度进行初步分析。然后采用各种信度分析系数对内在信度或外在信度做进一步的研究。信度系数主要方法有克隆巴赫 α 信度系数法和折半信度系数法。

(2)信度系数使用条件有所不同。信度分析主要有重测信度法、系数法、哥特曼模型、平行模型等几种方法。这些方法的使用条件有所不同,例如折半信度法,不适合测量事实性问卷,而常用于态度、意见式问卷的信度分析。因此,要根据测量项目的特点,选择合适的信度系数。

(3)折半信度法分析项目测量方向的一致性。如果量表中含有反义题项,应先将反义题项的得分作逆向处理,以保证各题项得分方向的一致性,然后将全部题项按奇偶或前后分为尽可能相等的两半。

二、实验作业

进行 C2C(customer to customer,个人对个人)电子商务顾客信任影响因素研究。以 C2C 电子商务顾客信任程度(Y)为因变量,构建包括卖家品牌形象(X_1)、卖家服务质量(X_2)、商品信息披露(X_3)、电商平台保障(X_4)和其他买家反馈(X_5)五大方面影响因素的 C2C 电子商务顾客信任影响因素理论模型:$Y = f(X_1, X_2, X_3, X_4, X_5)$。表 10-15 为 C2C 电子商务顾客信任影响因素。[①]

试分析以下内容。

(1)分别分析解释变量(自变量)的克隆巴赫 α 信度系数、哥特曼信度系数、平行(严格平行)模型系数。

(2)解释变量总体的克隆巴赫 α 信度系数。

表 10-15　C2C 电子商务顾客信任影响因素

变量	子变量
卖家品牌形象	卖家的品牌知名度对信任程度的影响
	卖家的品牌美誉度对信任程度的影响
卖家服务质量	卖家在买家沟通交流过程中响应的速度对信任程度的影响
	卖家在买家沟通交流过程中响应服务态度对信任程度的影响
	卖家在买家沟通交流过程中解决问题效果对信任程度的影响

---

① 相关数据参见杨维忠,张甜,刘荣.SPSS 统计分析与行业应用[M].北京:清华大学出版社,2011.

变量	子变量
商品信息披露	卖家商品展示的真实性对信任程度的影响
	卖家商品展示的完整性对信任程度的影响
	卖家商品展示的吸引力对信任程度的影响
电商平台保障	卖家信用处罚制度对信任程度的影响
	卖家准入与退出机制对信任程度的影响
	资金监管账户对信任程度的影响
其他买家反馈	历史顾客对于交易的满意度程度对信任程度的影响
	历史顾客评价的真实程度对信任程度的影响

第十一章 SPSS 在社会经济综合评价及实证分析中的应用

- 理解 SPSS 在社会经济综合评价中的广泛应用。
- 掌握 SPSS 在论文实证研究中的应用。

第一节 城镇居民消费结构系统聚类分析

消费结构是在一定的社会经济条件下人民在消费过程中所消费的各种不同类型的消费资料的比例关系,消费结构的差异是理解地区经济发展状况的重要指标之一。因此,本书利用聚类分析法对我国 31 个省(区、市)的城镇居民消费结构进行聚类分析,以期发现我国各区域之间城镇居民消费结构的差异,从而为引导我国区域消费结构向着协调方向发展,为各地区政府根据地区间消费结构差异制定更加合理的引导性政策提供更加有效的依据。

一、实验内容

根据国家统计局的统计口径,本实验选取食品烟酒、衣着、居住、生活用品及服务、交通通信、教育文化娱乐、医疗保健、其他用品及服务 8 个统计项目作为聚类分析的指标,选取的是 2019 年的统计数据(基础数据见数据文件 11-1)。[①]

数据文件 11-1

聚类分析步骤和方法如下。

第一步,系统聚类。系统聚类过程如下:选择聚类变量—选择聚类统计量—选择类间距离计算方法—定义输出结果保存选项。

第二步,K-均值聚类。选择聚类变量—确定聚类数—定义输出结果保存选项。

---

① 相关数据参见国家统计局.中国统计年鉴:2020[M].北京:中国统计出版社,2020.

二、实验步骤——系统聚类

选择菜单"分析(A)"—"分类(F)"—"系统聚类(H)",则弹出"系统聚类分析"对话框,如图11-1所示。选择食品烟酒、衣着、居住、生活用品及服务、交通通信、教育文化娱乐、医疗保健、其他用品及服务8个变量移入右侧的"变量(V)"选项栏;选择"地区"变量移入"个案标注依据(C)"选项栏;"聚类"选项栏下选择"个案(E)"选项,在"显示"选项栏下选择"统计""图"两个选项。

单击右侧"统计(S)"功能按钮,弹出"统计"对话框。选择"集中计划",聚类成员选项栏下选择"解的范围",最小聚类数下输入"2",最大聚类数下输入"6"。

单击右侧"图(T)"功能按钮,弹出"图"对话框。选择"谱系图",其他选项用系统默认选项。

单击右侧"方法(M)"功能按钮,弹出"方法"对话框。"聚类方法"选项栏选择"瓦尔德","测量"选项栏选择"平方欧氏距离",其他选项用系统默认选项。

图 11-1　"系统聚类分析"对话框

设计完成以后单击主对话框中的"确定"按钮进行分析,分析结果如下。

三、实验结果与分析

(一)集中计划

表11-1是集中计划表,展示的是聚类的迭代过程,共31个样本,聚类了30次。

表 11-1　集中计划

阶段	组合聚类		系数	首次出现聚类的阶段		下一个阶段
	聚类 1	聚类 2		聚类 1	聚类 2	
1	22	23	132079.642	0	0	17
2	7	27	385917.317	0	0	13
3	15	17	667708.808	0	0	14
4	29	31	1022287.101	0	0	8
5	6	18	1390703.877	0	0	14
6	12	14	1759803.112	0	0	10
7	3	16	2166099.567	0	0	12
8	5	29	2572876.839	0	4	21
9	4	8	2987960.612	0	0	13
10	12	28	3424058.408	6	0	19

续　表

| 阶段 | 组合聚类 | | 系数 | 首次出现聚类的阶段 | | 下一个阶段 |
	聚类 1	聚类 2		聚类 1	聚类 2	
11	20	24	3939013.099	0	0	20
12	3	25	4675317.719	7	0	19
13	4	7	5445653.204	9	2	15
14	6	15	6675957.851	5	3	21
15	4	30	8020326.681	13	0	20
16	11	19	9493464.914	0	0	25
17	21	22	11196601.423	0	1	23
18	10	13	12939069.901	0	0	22
19	3	12	14684559.313	12	10	26
20	4	20	16521219.469	15	11	26
21	5	6	19801576.114	8	14	23
22	2	10	23251264.448	0	18	25
23	5	21	27276834.422	21	17	27
24	1	9	31596526.338	0	0	29
25	2	11	36553765.017	22	16	29
26	3	4	41954063.957	19	20	28
27	5	26	51139894.949	23	0	28
28	3	5	67406339.535	26	27	30
29	1	2	164336442.419	24	25	30
30	1	3	437893460.457	29	28	0

(二)聚类成员

表 11-2 是聚类成员归属表,展示了聚类为 2～6 类时的个案归属情况。如划分为 6 类,第一类包括北京、上海两个地区;第二类包括天津、江苏、浙江、福建、广东 5 个地区;第三类包括河北、安徽、江西、河南、云南、甘肃 6 个地区;第四类包括山西、吉林、黑龙江、广西、贵州、陕西、宁夏 7 个地区;第五类包括内蒙古、辽宁、山东、湖北、湖南、海南、重庆、四川、青海、新疆 10 个地区;第六类包括西藏地区。

表 11-2　聚类成员

序号	个案	6 个聚类	5 个聚类	4 个聚类	3 个聚类	2 个聚类
1	北京	1	1	1	1	1
2	天津	2	2	2	2	1

序号	个案	6个聚类	5个聚类	4个聚类	3个聚类	2个聚类
3	河北	3	3	3	3	2
4	山西	4	3	3	3	2
5	内蒙古	5	4	4	3	2
6	辽宁	5	4	4	3	2
7	吉林	4	3	3	3	2
8	黑龙江	4	3	3	3	2
9	上海	1	1	1	1	1
10	江苏	2	2	2	2	1
11	浙江	2	2	2	2	1
12	安徽	3	3	3	3	2
13	福建	2	2	2	2	1
14	江西	3	3	3	3	2
15	山东	5	4	4	3	2
16	河南	3	3	3	3	2
17	湖北	5	4	4	3	2
18	湖南	5	4	4	3	2
19	广东	2	2	2	2	1
20	广西	4	3	3	3	2
21	海南	5	4	4	3	2
22	重庆	5	4	4	3	2
23	四川	5	4	4	3	2
24	贵州	4	3	3	3	2
25	云南	3	3	3	3	2
26	西藏	6	5	4	3	2
27	陕西	4	3	3	3	2
28	甘肃	3	3	3	3	2
29	青海	5	4	4	3	2
30	宁夏	4	3	3	3	2
31	新疆	5	4	4	3	2

(三)谱系图

图 11-2 为系统聚类谱系图,从谱系图中可以看出,划分为 4 类比较清晰,为了了解各类的特点,第二步进行 K-均值聚类。

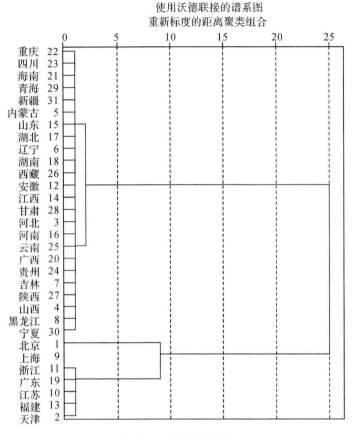

图 11-2　系统聚类谱系

第二节　城镇居民消费结构 *K*-均值聚类分析

一、实验步骤

选择菜单"分析（A）"—"分类（F）"—"*K*-均值聚类"，则弹出"*K*-均值聚类分析"对话框（见图 11-3）。选择食品烟酒、衣着、居住、生活用品及服务、交通通信、教育文化娱乐、医疗保健、其他用品及服务 8 个变量移入右侧的"变量（V）"选项栏；将"地区"变量移入"个案标注依据（B）"选项栏；在"聚类数（U）"右侧的方框中输入"4"，这是因为，系统聚类结果显示，31 个省（区、市）依据消费结构可以划分为 4 个类别。

图 11-3　"*K*-均值聚类分析"主对话框

单击"保存(S)"功能按钮,打开"保存"功能子对话框,选择"聚类成员(C)"与"与聚类中心的聚类(D)"两个选项。单击"选项(O)"功能按钮,打开"选项(C)"子对话框,选择"初始聚类中心(I)""ANOVA 表""每个个案的聚类信息(C)"3 个选项。

设置完后单击"继续(C)"按钮返回"K-均值聚类分析"对话框,单击"确定"按钮提交系统运行。

二、实验结果与分析

(一)初始聚类中心

K-均值聚类分析结果显示,通过两次迭代,实现了聚类中心中不存在变动或者仅有小幅变动的状态,因此实现了收敛。初始中心之间的最小距离为 5310.280。初始聚类中心的数据如表 11-3 所示。从表中的数据可以看出第一类群的食品烟酒消费量为 8951.0 元处于中等的水平;衣着消费为 2391.0 元,中等偏低;居住消费 17234.8 元,处于最高的居住消费水平;生活用品及服务、教育文化娱乐、医疗保健、其他用品及服务等指标都处于最高的消费水平。交通通信的消费水平居于第二。这表明第一类群样本的总体消费水平除食品烟酒、衣着两类消费处于中等或偏低外,其他类型的消费都比较高。依此类推可以分析其他 3 类地区的消费特点。

表 11-3　初始聚类中心

变量	聚类			
	1	2	3	4
食品烟酒	8951.0	10161.6	9682.1	5072.9
衣着	2391.0	2258.8	2419.3	1801.4
居住	17234.8	9977.2	5226.1	4333.3
生活用品及服务	2568.9	2075.2	1758.3	1264.7
交通通信	5229.2	5368.0	3621.8	2776.4
教育文化娱乐	4738.4	4342.2	1265.8	2937.9
医疗保健	3973.9	2300.3	965.8	2383.4
其他用品及服务	1271.0	1024.5	697.4	588.8

(二)最终聚类中心

表 11-4 为最终聚类中心。第一类地区的所有类型消费都是最高值,表明这类地区的消费水平最高。第二类地区的所有消费都处于第二高的水平,但居住消费水平远低于第一类地区,此外,与第一类地区的消费差距比较大的依次为医疗保健、教育文化娱乐、交通通信等。第三类地区的所有消费均低于第二类地区,且相差幅度较大。第四类地区的衣着、医疗保健、教育文化娱乐水平高于第三类地区,居住、交通通信、其他用品及服务等方面的消费与第三类地区没有显著差异。

表 11-4　最终聚类中心

变量	聚类			
	1	2	3	4
食品烟酒	10111.7	9631.3	8671.8	6536.2
衣着	2276.3	1904.9	1783.3	1838.8
居住	16743.9	8876.5	5050.4	4996.4
生活用品及服务	2392.1	1857.8	1566.8	1512.7
交通通信	5427.5	4465.6	3499.6	3232.0
教育文化娱乐	5352.4	3812.1	2490.6	2939.0
医疗保健	3652.8	2294.8	1803.9	2265.6
其他用品及服务	1358.1	960.5	660.2	652.2

（三）最终聚类中心之间的距离

表 11-5 为最终聚类中心之间的距离。从表中的数据可以看出，第一类地区与第二类地区之间的距离较小，但与第三类和第四类之间的距离较大，说明第一类地区的消费水平远远高于第三类和第四类地区，而第三类和第四类之间的距离最短，说明这两类地区之间的消费差异远低于与第一类之间的差异。

表 11-5　最终聚类中心之间的距离

聚类	1	2	3	4
1		8237.176	12471.941	12838.328
2	8237.176		4320.863	5209.467
3	12471.941	4320.863		2248.448
4	12838.328	5209.467	2248.448	

（四）聚类成员

表 11-6 为 4 类地区的类别归属信息表。从表中的信息可以看到，第一类地区包括北京、上海两个直辖市；第二类地区包括天津、浙江、江苏、福建、广东 5 个地区；第三类包括海南、重庆、四川、西藏 4 个地区；其余地区为第五类地区。

表 11-6　聚类成员

个案号	地区	聚类	距离
1	北京	1	1469.641
2	天津	2	1578.377
3	河北	4	1127.613
4	山西	4	1693.822
5	内蒙古	4	898.341

个案号	地区	聚类	距离
6	辽宁	4	1394.400
7	吉林	4	917.653
8	黑龙江	4	1368.886
9	上海	1	1469.641
10	江苏	2	1730.945
11	浙江	2	1662.806
12	安徽	4	1180.165
13	福建	2	1299.080
14	江西	4	981.463
15	山东	4	1296.010
16	河南	4	1197.919
17	湖北	4	1297.443
18	湖南	4	1649.363
19	广东	2	1297.134
20	广西	4	1132.297
21	海南	3	1203.959
22	重庆	3	1046.838
23	四川	3	726.031
24	贵州	4	1291.463
25	云南	4	630.481
26	西藏	3	1926.623
27	陕西	4	598.646
28	甘肃	4	891.764
29	青海	4	775.306
30	宁夏	4	1329.328
31	新疆	4	1215.061

第三节　可支配收入和消费性支出之间的回归分析

数据文件 11-2

一、实验内容

为了考察我国 31 个省(区、市)可支配收入和消费性支出之间的关系,应用回归分析法对 2019 年度统计数据进行分析(基本数据见数据文件 11-2),如表 11-7所示。

表 11-7　我国 31 个省(区、市)可支配收入和消费性支出

序号	地区	人均可支配收入/元	人均消费支出/元	序号	地区	人均可支配收入/元	人均消费支出/元
1	北京	67755.9	43038.3	17	湖北	28319.5	21567.0
2	天津	42404.1	31853.6	18	湖南	27679.7	20478.9
3	河北	25664.7	17987.2	19	广东	39014.3	28994.7
4	山西	23828.5	15862.6	20	广西	23328.2	16418.3
5	内蒙古	30555.0	20743.4	21	海南	26679.5	19554.9
6	辽宁	31819.7	22202.8	22	重庆	28920.4	20773.9
7	吉林	24562.9	18075.4	23	四川	24703.1	19338.3
8	黑龙江	24253.6	18111.5	24	贵州	20397.4	14780.0
9	上海	69441.6	45605.1	25	云南	22082.4	15779.8
10	江苏	41399.7	26697.3	26	西藏	19501.3	13029.2
11	浙江	49898.8	32025.8	27	陕西	24666.3	17464.9
12	安徽	26415.1	19137.4	28	甘肃	19139.0	15879.1
13	福建	35616.1	25314.3	29	青海	22617.7	17544.8
14	江西	26262.4	17650.5	30	宁夏	24411.9	18296.8
15	山东	31597.0	20427.5	31	新疆	23103.4	17396.6
16	河南	23902.7	16331.8				

二、实验步骤

以可支配收入为自变量、消费性支出为因变量,试用最小二乘估计法确定回归方程,并就各地区可支配收入计算消费支出的估计值。对方程的显著性进行检验,解析各参数的经济意义(显著性水平取 0.05)。

(1)选择菜单"分析(A)"—"回归(R)"—"线性(L)",弹出图 11-4 的"线性回归"对话框。

在左侧源变量框中,选择"人均消费支出"变量,移入"因变量(D)"选项栏中,选择"人均可支配收入"变量,移入"自变量(I)"选项框中。单击"线性回归"对话框右侧的"统计(S)"功能按钮,打开"线性回归:统计"对话框,选择"估计值"和"置信区间"两个选项,因为本案例不是时间序列数据,不需要计算自相关性,只有一个自变量,不需要检验多重共线性。单击"继续(C)"返回"线性回归"对话框。

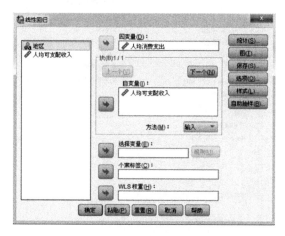

图 11-4 "线性回归"对话框

(2)单击"线性回归"对话框右侧的"图(T)"功能按钮,打开"线性回归:图"对话框,如图11-5所示。选择"标准化残差图"功能区的"直方图(H)"和"正态概率图(R)"两个选项。从左侧源变量框中选择"DEPENDNT"变量和"ZRESID"变量进入 X 和 Y 选项框。单击"继续(C)"返回"线性回归"对话框。

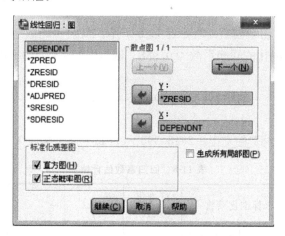

图 11-5 "线性回归:图"对话框

(3)单击"线性回归"对话框右侧的"保存(S)"功能按钮,打开"线性回归:保存"对话框,如图11-6所示。选择"预测值"部分的"未标准化(U)"和"标准化(R)"两个选项,"预测区间"部分选择"平均值(M)"和"单值(I)"两个选项,"残差"部分选择"未标准化(N)"和"标准化(A)"两个选项。单击"继续(C)"返回"线性回归"对话框。其他选项按照系统默认选项,在"线性回归"对话框中单击"确定"按钮提交系统运行。

图 11-6 "线性回归:保存"对话框

三、实验结果与分析

(一)回归系数

回归分析结果的回归系数估计值如表 11-8 所示。从表中的数据可以看出,未标准化的回归系数为 0.611,标准化的回归系数为 0.988。依据回归系数表中的数据可以列出标准化回归方程

$$消费性支出=0.988×可支配收入$$

未标准化回归方程

$$消费性支出=2846.390+0.611×可支配收入$$

表 11-8 回归系数估计值

模型		未标准化系数		标准化系数	t	Sig.	B 的 95.0% 置信区间	
		B	标准错误	Beta			下限	上限
1	(常量)	2846.390	586.690		4.852	0	1646.475	4046.306
	人均可支配收入	0.611	0.018	0.988	34.319	0	0.574	0.647

说明:因变量为人均消费支出。

表 11-9 为回归方程总体显著性检验表,即 ANOVA 检验,从表中的数据可以看出,F 检

验值为 1177.790,显著性概率远小于 0.05,因此可以显著拒绝总体上回归系数为 0 的假设。总体而言,回归方程达到了统计上的显著水平。

表 11-9　ANOVA 检验

模型		平方和	自由度	均方	F	Sig.
1	回归	1711198149.473	1	1711198149.473	1177.790	0
	残差	42133787.463	29	1452889.223		
	总计	1753331936.936	30			

说明:1.因变量为人均消费支出。
　　 2.预测变量为(常量)、人均可支配收入。

(二)拟合优度

表 11-10 为回归模型的拟合优度分析结果,从表中的数据可以看出,样本拟合优度 R^2 为 0.976,接近 1,表明回归方程的拟合优度很好,调整后的 R^2 为 0.975,再一次证明回归方程的拟合效果很好。

表 11-10　模型摘要

模型	R	R^2	调整后的 R^2	标准估算的错误
1	0.988	0.976	0.975	1205.3585

说明:1.因变量为人均消费支出。
　　 2.预测变量为(常量)、人均可支配收入。

(三)残差分析

图 11-7 为残差直方图,并同时绘制类正态性曲线,可以看出残差基本符合正态性分布。但也存在一个比较大的偏差,即坐标 3 处的直方。

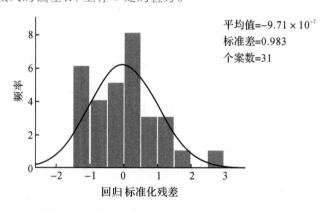

注:因变量为人均消费支出。

图 11-7　残差直方图

第四节 数据分析在论文实证研究中的应用

一、实证类学术论文的基本结构

数据分析在实证分析类学术论文当中有广泛的应用。下面以某企业员工工作满意度与工作绩效关系分析为例,介绍如何应用调查数据进行实证分析。实证类学术论文一般包括选题的背景、变量的基本假设、数据获得、实证分析四部分内容。

在选题背景部分,需要阐述为什么选这个主题,选择这个主题进行研究是为了达到什么目的;为了达到该目的,需要从哪些方面来进行研究;这些研究有什么意义;关于这个主题,前人都做了哪些方面的研究。也就是说,在选题背景部分,一般还包括已有研究的综述。

从已有研究文献的综述可以推演出本研究的基本假设。如选择哪些自变量、哪些因变量,是否会存在中介变量、控制变量,各个变量之间的关系又是什么……这些都是通过文献综述梳理以后推导出来的。例如,本案例要研究的是工作满意度和工作绩效之间的关系,因此自变量就是工作满意度。工作满意度又是一个多维度的概念,包括工作本身满意度、工资收入满意度、职业发展满意度、人际关系满意度等。因变量为工作绩效。文献研究的结论大多支持工作满意度和工作绩效之间的正相关关系。因此,可以假设:工作满意度和工作绩效之间存在显著的正相关关系。

获得数据的方法有很多,可以通过统计调研的方法来获得一手的数据;也可以通过统计年鉴检索来获得相应的统计数据。在大数据时代,也可以利用海量的网络数据进行分析。

在实证分析部分,一般情况下会分析现状、特点、规律。考察这些现象产生的原因,现状和原因之间是否存在一定的关系,能否用一个数据模型来表示现状和原因之间的数量关系。因此,在实证分析部分,一般包括 3 个方面的分析:样本的基本结构分析、调查量表的测量学特性分析、数据分析等。

(1)样本的基本结构分析。在样本结构分析部分,首先需要对人口统计学变量的分布情况进行分析。人口统计学变量一般包括性别、年龄、职业、学历、地区、民族、宗教信仰等。通过样本结构分析可以得到这样的结论:样本的结构分布和总体的结构分布是相一致的,表明抽样的科学性与合理性,是决定数据质量的基本保障之一。

(2)调查量表的测量学特性分析。这主要是对测量量表的质量来进行评价。有一些统计指标是无法直接应用工具测量的,但是这些特性又是现实存在的,因此,可以通过开发一定的测量量表,测量这些无法直接测量却又真实存在的变量,统计上称这样的变量为潜变量,例如情商、逆商等。要准确地测量此类潜变量,就要求测量的量表具有较高的质量。如何评价一个量表的质量,主要有两个指标,一个是量表的信度,另一个就是量表的效度。

信度是指测量的一致性,即如果多次问同一个问题,答案的波动越大,信度越低;回答的一致性越好,信度越高。量表的信度可以应用重复测量法、折半信度法、克隆巴赫 α 信度系数法来测量。

量表的效度是指测量的有效性,即能否应用该量表测量出要测量的概念,效度有效标效度、结构效度等。结构效度可以应用探索性因子分析或者验证性因子分析进行检验。量表的测量学特性分析结果显示量表工具的质量,高质量的工具是获得高质量数据的基本保障。

(3)数据分析。获得数据以后,就可以开始进行数据的分析,数据分析包括现状分析及现状和原因之间的关系分析两部分。

①现状分析。可以从总体现状、不同类群的现状两个角度进行分析。通过现状分析可以看出关注的统计指标的位置特征、离散特征和分布特征、规律、特点及存在的问题等。接下来需要分析现状和原因之间是否存在关系,如果自变量与因变量之间在统计上存在显著关联性,则需要构建模型分析两者之间的数量关系。例如可以用线性回归模型、逻辑斯蒂回归模型、曲线回归模型、结构方程模型等分析方法。

具体统计分析方法的选择要根据自变量和因变量的测度水平来决定。在分析总体现状时,如果统计指标是定比数据,一般应选择均值来描述其位置特征,选择方差来描述离散特征,选择峰度和偏度来描述分布特征。如果统计指标是定类数据,则需要用众数来描述位置特征,用异众比率来描述离散特征。对于定序数据,则应该选择中位数来描述位置特征。如果要进行各类群现状的比较,比较的变量是一个定比数据,可以应用均值比较方法;如果统计指标是定类数据,则需要应用交叉表的分析方法得到列联表。

②现状和原因之间的关系分析。在判断现状和原因之间是否存在关系时,如果原因是定类数据,结果也是定类数据,即判断两个定类数据之间是否具有相互关联性,则需要应用卡方检验;如果原因是定类数据且只有两类,而结果是定比数据,则需要用独立样本 t 检验的方法来判断两者之间是否具有相关关系;如果原因是定类数据且类别多于 3 类,而结果变量是定比数据,则需要应用方差分析的方法来进行分析;如果原因是定比数据,结果也是定比数据,则需要应用皮尔逊相关系数法来进行判断。

二、样本的基本结构分析

(一)实验目的

(1)了解验证数据质量的可靠性的方法。

(2)了解样本结构分析的方法。

(二)实验内容

案例调研主题:幸福指数及其影响因素调查。运用问卷调查的方法获取 156 个有效数据(基本数据见数据文件 11-3)。

问卷包括 3 个部分。

第一部分为样本基本信息,包括性别、年龄、学历 3 个变量。

第二部分为幸福影响因素调查,主要包括 3 个维度,每个维度有 3 个测量题项,调查问卷应用 5 个维度的利科特量表。"1"表示"非常不满意","2"表示"不满意","3"表示"一般","4"表示"满意","5"表示"非常满意"。

第三部分为幸福指数调查,包括目前幸福指数、未来幸福指数预期及 5 年前幸福指数 3 个题项。

在进行实证分析之前,一定要保证所获得的数据质量,而要证明数据质量高,就要保证用正确的工具调查正确的人。样本结构分析就是证明选对了人,量表的测量学特性分析就是证明工具是正确的。因此,通过调查数据质量分析,可以得到一个结论,即调查样本是在要研究的总体中抽取的,调查方法是科学的,调查工具质量是好的,这些条件如果都得到满足,则自然能推导出"调查数据是真实的"这样的结论。而真实数据是进行后续实证分析的前提条件。只有对真实数据进行分析所得到的结果才具有决策指导价值。

因此,应分析样本结构是否与总体结构分布相一致,测量量表的信度、效度是否较好。

(三)实验步骤

案例中人口统计学指标只测量了性别、年龄、学历 3 个指标,性别和学历指标是分类型数据,也就是定类数据,因此需要应用"频率"和"描述"两个命令。具体的 SPSS 统计操作如下。

选择菜单"分析(A)"—"描述统计(E)"—"频率(F)",则弹出图 11-8 所示的对话框,把"性别""学历"两个变量选入"变量"选项栏。

选择菜单"分析(A)"—"描述统计(E)"—"描述(D)",则弹出图 11-9 所示的对话框,把"年龄"变量选入"变量"选项栏。

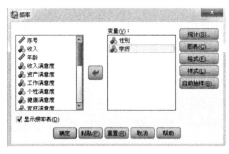

图 11-8　"频率"对话框

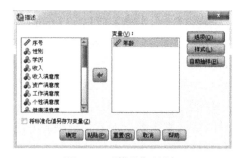

图 11-9　"描述"对话框

单击"频率"对话框中的"统计(S)"按钮,选择"集中趋势"中的"众数(O)"选项。然后单击"继续(C)"按钮,返回"频率"对话框,单击"确定"按钮,得到表 11-11 到表 11-13 的统计分析结果。

单击"描述"对话框中的"选项(O)"按钮,弹出"选项"对话框,在选项对话框中选择"平均值(M)""标准差(T)""峰度(K)""偏度(W)"等统计量,得到表 11-14 的统计分析结果。

(四)实验结果与分析

表 11-11 表示个案统计。从表中的数据可以看出,性别变量的众数是 2(数据文件 11-3 中,用 1 表示男性,2 表示女性),表明所调查的样本中,女性比重较大。而学历变量的众数是 2,表明大专学历的样本所占的比重是最大的。

表 11-11　个案统计

统计对象		性别	学历
个案数	有效	156	156
	缺失	0	0
众数		2	2

表 11-12 表示性别频率分析。男性占 30.8%,女性占 69.2%,男女的性别比大概

是3∶7。

表 11-12　性别变量频率

性别		频率	百分比/%	有效百分比/%	累计百分比/%
有效	男性	48	30.8	30.8	30.8
	女性	108	69.2	69.2	100.0
	总计	156	100.0	100.0	

表 11-13 表示学历分布。高中及以下学历占 26.3%,大专学历占 42.3%,本科学历占 18.6%,研究生学历占 12.8%。

表 11-13　学历变量频率

学历		频率	百分比/%	有效百分比/%	累计百分比/%
有效	高中及以下学历	41	26.3	26.3	26.3
	大专学历	66	42.3	42.3	68.6
	本科学历	29	18.6	18.6	87.2
	研究生学历	20	12.8	12.8	100.0
	总计	156	100.0	100.0	

在样本分析的基础上,要与总体的性别和学历结构分布进行比较,例如如果研究的总体是浙江财经大学,由于总体男女性别比例为 3∶7,因此抽样样本的性别结构是合理的。因此,进行样本结构分析的时候,需要考虑总体的结构来判断抽样样本是否合理。

表 11-14 为年龄变量的描述统计分析结果,从表中的数据可以看出年龄、收入的基本情况,如调查样本中,最小年龄为 18 岁,最大年龄是 60 岁,平均年龄为 37.72 岁。同理可以分析收入的基本情况,看看这些人口统计学变量的分布状况与总体是否一致。

表 11-14　年龄变量的描述统计分析

变量	N	最小值	最大值	均值	标准差	偏度		峰度	
	统计	统计	统计	统计	统计	统计	标准误差	统计	标准误差
年龄	156	18	60	37.72	11.760	0.078	0.194	−0.814	0.386
有效个案数	(成列)	156							

通过样本结构分析可以得出结论:调查的样本结构与总体结构基本一致。即抽样调查是在所要分析的总体中进行的随机的、合理的抽样,而不是有偏抽样。

对于数据类型为定比数据的人口统计学变量,也可以把定比数据定类化,然后进行频率分析。定比数据定类化后,再应用频率分析命令对年龄变量进行结构分析,应用这样的方法就可以把连续性的定比数据转化为定类数据,然后分析样本结构的分布情况。

总之,对样本结构进行分析的主要目的,在于通过分析抽样样本是否来源于所要研究的总体,来判断抽样是否科学合理。只有选择了正确的样本,应用了正确的工具才能获得有价值的数据。

三、调查量表的测量学特性分析

(一)信度分析和效度分析

样本选取科学合理并不是保证获得优质数据的充分条件,还需要证明测量工具是否合适,需要应用信度和效度分析进行量表的测量学特性分析。

如果要得到结构效度良好的结论,首先要了解理论结构是什么,然后应用探索性因子分析的方法进行结构效度分析,通过探索性因子分析可以提取出几个公共因子,分析哪些题项对所提取的公因子的载荷系数比较大,理论结构和实证结构是否一致。只有理论结构和实证结构完全一致,才能得到量表的结构效度较好的结论。

1. 信度分析

信度就是测量的内在一致性,也就是多次测量的结果稳定性。例如用一个测量身高的工具多次测量一个人的身高,第一次测量是 190 厘米,再测一次是 160 厘米。两个测量值差距非常大,最终以哪次测量的结果为准呢? 这就显示了测量工具的不一致性和不稳定性,说明测量工具不准。同样的道理,如果要测量一个无法测量的潜在变量,可以用能直接回答的题项来汇总,但这些直接提问的题项,能不能得到稳定的答案呢? 这个信度问题就直接决定了这个量表的好坏。

如要测量样本对个体状况满意度的评价,可通过对个性满意度、家庭满意度、健康满意度 3 个题项的题目进行汇总。请被调查者自我评价自己在这三方面的满意度情况。如果每次测量的结果都具有内在一致性和稳定性,就表明这种提问方式是可以测量出满意状况的。否则表明需要修正提问方式。

2. 效度分析

效度用来评价测验是否达到测量的目的,即是否测到了要想测量的对象。如果用体重计来测量身高,就无法达到测量的目的。

信度和效度的区别在于,信度只能表示每次测量的结果是否具有一致性或稳定性,效度表示是否测量到想要测量的内容。即使量表信度很好也需要进行效度评价。以下是稳定但无效的智力测验示例。

1. 你几岁了?

2. 今天天气如何?

3. $1+1=$?

4. 一年有几天?

5. 下面哪个是三角形?

A. □   B. ○   C. ▲

在这个测验的 5 个问题中,都可以得到稳定的答案,因此问卷的信度非常好,但无法测量出智力水平。因此,验证了问卷的信度水平后还需要验证问卷的效度水平。

下面分析本案例中的测量量表。在幸福指数及其影响因素的测量中,幸福影响因子的 3 个维度都是潜变量,每个维度有 3 个测量题项,具体的量表理论结构如表 11-15 所示。

表 11-15　幸福影响因素测量量表理论结构

维度	测量题项
个体状况满意度	健康满意度
	个性满意度
	家庭满意度
经济状况满意度	收入满意度
	资产满意度
	工作满意度
社会状况满意度	社会地位状况满意度
	社会公正状况满意度
	社会安全状况满意度

说明：自变量为幸福影响因素。

因子分析的主要功能是从量表全部变量(题项)中提取一些公共因子,各公共因子分别与某一群特定变量高度关联,这些公共因子即代表了量表的基本结构。通过因子分析可以考察问卷是否能够测量出研究者设计问卷时假设的某种结构。在因子分析的结果中,用于评价结构效度的主要指标有累积贡献率、共同度和因子载荷。累积贡献率反映公共因子对量表或问卷的累积有效程度,共同度反映了由公共因子解释原变量的有效程度,因子载荷反映了原变量与某个公共因子的相关程度。

(二)实验目的

(1)熟练掌握量表信度分析方法。

(2)熟练掌握量表结构效度分析方法。

(三)实验内容

1. 信度分析

信度分析的 SPSS 统计操作比较简单,在"分析(A)"主菜单中选择"标度(A)"命令下的"可靠性分析(R)"命令,打开"可靠性分析"对话框,如图 11-10 所示。在"可靠性分析"对话框中,把幸福指数影响因素的指标选入右侧"项(I)"变量框中。在"模型(M)"中选择 Alpha方法计算克隆巴赫 α 系数,在"可靠性分析:统计"选项对话框(见图 11-11)中,在"描述"选项栏中选择"项(I)""删除项后的标度(A)","摘要"选项栏中选择"平均值(M)"和"方差(V)"。单击"继续(C)"返回"可靠性分析"对话框,在对话框中单击"确定"。

2. 结构效度分析

选择菜单"分析(A)"—"降维(D)"—"因子(F)",则弹出如图 11-12 的"因子分析"对话框。把"收入满意度""资产满意度""工作满意度"等 9 个幸福影响因子移入右侧变量框中。

图 11-10 "可靠性分析"主对话框

图 11-11 "可靠性分析"中"统计"设置对话框

单击主界面中的"描述(D)"按钮,弹出图 11-13 所示的对话框。在"相关性矩阵"选项栏中选择"KMO 和巴特利特球形度检验"。然后单击"继续(C)"按钮返回"因子分析"主对话框。

图 11-12 "因子分析"对话框

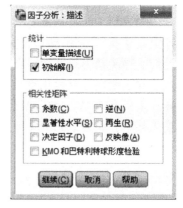

图 11-13 "因子分析:描述"对话框

单击"因子分析"对话框中的"提取(E)"按钮,弹开如图 11-14 所示的对话框,在"因子分析:提取"对话框中,选择"主成分"分析方法,提取方法选择"基于特征值(E)",在"特征值大于(A)"后输入"1"。因为是探索性因子分析,所以提取方法选择"基于特征值(E)"选项;如果是验证性因子分析,事先知道可以提取出 k 个公共因子,因此选择"因子的固定数目(N)"选项。

图 11-14 "因子分析:提取"对话框

（四）实验结果与分析

1. 信度分析结果与分析

表 11-16 为可靠性统计表，从表中的数据可以看出，克隆巴赫 α 信度系数为 0.765，这表明量表所选择的影响幸福指数的 9 个题项的内在一致性较好。

表 11-16　可靠性统计

克隆巴赫 α 信度系数	基于标准化项的克隆巴赫 α 信度系数	项数
0.765	0.751	9

表 11-17 为 9 个题项的描述统计分析，分别统计 9 个题项的平均值、标准差和个案数。

表 11-17　项统计

题项	平均值	标准差	个案数
健康满意度	2.81	0.965	156
个性满意度	3.21	0.928	156
家庭满意度	3.01	0.930	156
收入满意度	3.27	1.037	156
资产满意度	3.40	0.995	156
工作满意度	3.29	1.126	156
社会地位满意度	2.59	0.794	156
社会公正满意度	2.47	0.799	156
社会安全满意度	2.99	0.842	156

表 11-18 为项总计统计，表中的最后一列为删除项后的克隆巴赫 α 信度系数，如克隆巴赫 α 信度系数为 0.765。如果删除社会公正满意度变量，剩余的 8 个题项的克隆巴赫 α 信度系数为 0.780。如果总体克隆巴赫 α 信度系数较小，但删除项后的克隆巴赫 α 信度系数相对于总体克隆巴赫 α 信度系数有显著的提高，则表明该题项对总体信度水平影响较大，可以考虑删除该题项以提高总体信度水平，但还要以该题项对研究主题的重要性为取舍的标准，或者考虑对该题项的提问方式进行修改以减少歧义。

表 11-18　项总计统计

题项	删除项后的标度平均值	删除项后的标度方差	修正后的项与总计相关性	平方多重相关性	删除项后的克隆巴赫 α 信度系数
健康满意度	24.23	18.721	0.624	0.662	0.713
个性满意度	23.83	19.340	0.571	0.732	0.723
家庭满意度	24.03	19.419	0.559	0.532	0.725
收入满意度	23.77	18.888	0.544	0.482	0.726

续　表

题项	删除项后的标度平均值	删除项后的标度方差	修正后的项与总计相关性	平方多重相关性	删除项后的克隆巴赫 α 信度系数
资产满意度	23.64	19.406	0.510	0.467	0.732
工作满意度	23.74	17.831	0.606	0.494	0.713
社会地位满意度	24.45	22.649	0.209	0.641	0.773
社会公正满意度	24.56	23.099	0.147	0.588	0.780
社会安全满意度	24.05	22.655	0.187	0.284	0.777

2.结构效度分析结果

验证性因子分析结果见表 11-19 到表 11-20。表 11-19 为 KMO 和巴特利特球形度检验。从表中的数据可以看出，KMO 值为 0.697，从 KMO 值判定表可以看出，所选择的 9 个题项适合进行因子分析。巴特利特球形度检验结果也显示，这 9 个题项适合进行因子分析。

表 11-19　KMO 和巴特利特球形度检验

KMO 取样适切性量数		0.697
巴特利特球形度检验	近似卡方	640.933
	自由度	36
	显著性	0

通过相关性系数表来判定是否适合进行因子分析，即判断所选择的题项之间是否具有显著的相关关系，只有表象之间有相互关联性，才能找到背后的主因，如果相关性不显著，则找不到主因，也就是提取出的公共因子对每一个指标的影响不大，用这样的公因子代替原始指标进行分析损失的信息量较大。损失的信息和能解释原始变量的信息数据如表 11-20 所示。从表中的数据看出，本例共选择了 9 个变量进行因子分析，根据特征值大于 1 的标准可以提 3 个公共因子，3 个公因子可以累计解释原有 9 个变量的 72.899% 的信息。也就是说，如果用提取出的 3 个公共因子来代替 9 个原始变量，损失的信息量约为 27%。

表 11-20　总方差解释

成分	初始特征值			提取载荷平方和			旋转载荷平方和		
	总计	方差百分比/%	累计/%	总计	方差百分比/%	累计/%	总计	方差百分比/%	累计/%
1	3.475	38.608	38.608	3.475	38.608	38.608	2.398	26.646	26.646
2	2.036	22.621	61.229	2.036	22.621	61.229	2.137	23.742	50.388
3	1.050	11.670	72.899	1.050	11.670	72.899	2.026	22.511	72.899
4	0.835	9.274	82.173						
5	0.467	5.192	87.366						

成分	初始特征值			提取载荷平方和			旋转载荷平方和		
	总计	方差百分比/%	累计/%	总计	方差百分比/%	累计/%	总计	方差百分比/%	累计/%
6	0.412	4.574	91.940						
7	0.351	3.905	95.844						
8	0.212	2.350	98.195						
9	0.162	1.805	100.000						

说明:提取方法为主成分分析法。

如果用统计语言来描述的话,可以这样表述:具有相关关系的多个指标,之所以会有现在这样的表现,是因为有公共因素和特殊因素两种类型的因素在起作用。即这些表象之间,之所以会存在显著的相关关系,是因为有一个共同的因素在起作用。而这些表象之间之所以不是完全一致的,那是因为还有一些特殊的因素会导致某一个指标有别于其他的指标。也就是说我们从多个具有相关关系的多个指标当中,能够抽取出影响这些表象的两种类型的因素,一种是起公共作用的,一种是起特殊作用的。

建立因子分析模型的目的不仅在于要找到公因子,更重要的是要知道每一个公共因子的意义,以便对实际问题进行分析。然而我们得到的初始因子解,各主因子的典型代表变量不是很突出,容易使因子的意义含糊不清。因此可以对初始因子进行旋转,经旋转后,公共因子对题项 X_i 的贡献,也就是公共度并不改变,但由于载荷矩阵发生变化,公共因子本身就可能发生很大的变化,每一个公共因子对原始变量的贡献 V_j 不再与原来相同,从而经过适当的旋转就可以得到比较令人满意的公共因子。

因素转轴的方法较多,最常用的有直交转轴法(orthogonal rotation)和斜交转轴法(oblique rotation)。直交转轴是在"所有因素彼此间是独立的"前提下进行转轴。此种方法是为后续的回归分析和预测等做准备的。比如在回归分析中,要求自变量之间是独立的,否则会产生多重共线性问题。这时,如果在进行因子分析时采用直交转轴法,所得到的公共因子就会满足公共因子彼此间独立的特性。

斜交转轴是在"因素彼此之间允许有些微的相关性"的前提下进行转轴的。

本案例中,采用直交转轴法。而直交转轴法主要有四方最大法(quartimax)和变异数最大法(varimax)两种。案例中,我们选用四方最大法进行旋转。这是因为,四方最大法的转轴准则是使因素矩阵同一横列(即变数)上高负荷量和低负荷量的数目尽量多,而中等负荷量的数目尽量少,以符合简单结构的原则。

表 11-21 为旋转后载荷矩阵中荷系数矩阵,从表中的数据可以看出,每一列的载荷系数出现了两极分化的趋势,如第一个公共因子对健康满意度、个性满意度、家庭满意度 3 个变量的载荷系数均大于 0.6,且远大于其他载荷系数。因此我们可以得到一个结论:第一个共因子可以解释这三个变量的信息远多于对其他变量的解释能力。换句话说,第一个公共因子是由健康满意度、个性满意度、家庭满意度 3 个变量所提取出的。因此可以根据这 3 个变量的含义,为第一个公共因子命名为"个体状况满意度"。因为这 3 个变量都与个体自身状

况密切相关。同样的道理,可以为第二个公因子命名为"经济状况满意度",第三个公因子命名为"社会状况满意度"。

表 11-21　旋转后的成分矩阵

题项	成分		
	1	2	3
健康满意度	0.797	0.330	0.056
个性满意度	0.869	0.284	−0.139
家庭满意度	0.853	0.155	0.093
资产满意度	0.121	0.868	−0.007
工作满意度	0.280	0.784	0.135
收入满意度	0.358	0.733	−0.096
社会地位满意度	−0.095	0.105	0.904
社会公正满意度	−0.101	0.029	0.882
社会安全满意度	0.200	−0.083	0.610

说明:1. 提取方法为主成分分析法,旋转方法为凯撒正态化最大方差法。
　　　2. 旋转在 5 次迭代后已收敛。

从因子分析所提取出的 3 个公共因子可以看出,分别与 3 个公共因子密切相关的变量结构与我们前面所提出的理论结构完全一致,因此,可以得到结论:量表的结构效度非常好。这里的例子中的数据不是真实的数据,实际上,真实的数据很难得到这么完美的分析结论,一般因子分析所提取出的公共因子结构和理论结构会有些差异,这时需要分析差异是否合理,是否需要对理论结构进行调整。

通过前面的分析,可以得到这样 3 个结论:第一,样本结构合理;第二,测量量表的信度较好;第三,测量量表的结构效度较好。即选取的样本是总体中的一个无偏的抽样。调查所用的工具也是合理的,即所获得的数据质量较好,用这些数据进行分析得到的结论是可信的。

四、数据分析

(一)现状分析

从上面的分析,可以得到这样的结论,即所获得的数据质量较好,用这些数据进行分析得到的结论是可信的。

现状分析一般包括两方面的内容:一是总体现状分析,二是不同类群的现状比较。

本案例关注的主要问题是幸福指数及影响幸福指数的原因。因此,所分析的现状就包括两个方面:一个是目前所调查的 156 个样本的幸福指数的总体状况,二是幸福指数影响素的现状。影响幸福指数的原因有 3 个方面:个体状况、经济状况及社会状况,因此现状分析就包括 3 个方面,不同类群的比较可以分析不同学历、不同年龄、不同性别、不同收入等人群的幸福指数之间是否存在显著差异。本案例以目前幸福指数现状分析与不同学历、不同性别人群目前幸福指数均值比较为例,说明如何应用 SPSS 统计分析软件进行总体现状分析和不同类群现状的比较。

1. 实验目的

(1)了解总体现状分析的方法。

(2)掌握不同类群现状分析的方法。

2. 实验过程

(1)总体现状分析

由于目前幸福指数是一个定比数据,因此应用"描述"命令进行分析。

首先打开数据文件,选择"分析(A)"—"描述统计(E)"—"描述(D)"命令,打开"描述"对话框,如图 11-15 所示。单击右侧"选项(O)"功能按钮,在"描述:选项"对话框中,选择"平均值(M)""标准差(T)""最小值(N)""最大值(X)""峰度(K)""偏度(W)"6 个选项,如图 11-16 所示。单击"继续(C)"按钮,返回"描述"对话框,单击"确定"按钮,提交系统运行。

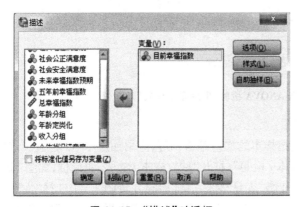

图 11-15　"描述"对话框　　　　　图 11-16　"描述:选项"对话框

(2)不同学历人群的幸福指数比较

由于学历有 4 个水平,因此比较 4 组样本的均值是否相等,应用单因素方差分析法。选择"分析(A)"—"比较平均值(M)"—"单因素 ANOVA 检验",打开"单因素 ANOVA 检验"对话框,如图 11-17 所示。

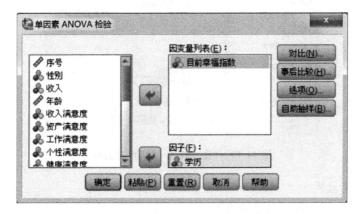

图 11-17　"单因素 ANOVA 检验"对话框

从左侧源变量框中选择"目前幸福指数"变量移入右侧"因变量列表(E)"中,选择"学历"

变量移入右下方"因子(F)"选项框中。单击右侧"事后比较(H)"功能按钮,打开"单因素 ANOVA 检验:事后多重比较"对话框(见图 11-18)。选择"LSD"和"塔姆黑尼 T2(M)"两个选项,单击"继续(C)"按钮,返回"单因素 ANOVA 检验"主对话框。单击"选项(O)"按钮,打开"单因素 ANOVA 检验:选项"对话框,选择"描述性(D)""方差同质性检验(H)""平均值图(M)"3 个选项,单击"继续(C)"按钮,返回"单因素 ANOVA 检验"对话框。单击"确定"按钮,提交系统运行。

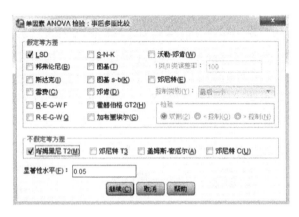

图 11-18 "单因素 ANOVA 检验:事后多重比较"对话框

（3）不同性别人群的幸福指数比较

由于性别有两个水平,因此比较两组样本的均值是否相等,应用独立样本 t 检验。选择"分析(A)"—"比较平均值(M)"—"独立样本 t 检验",打开"独立样本 t 检验"对话框,如图 11-19 所示。从左侧源变量框中选择"目前幸福指数"变量移入右侧"检验变量(T)"中,选择"性别"变量移入右下方"分组变量(G)"选项框中,单击"定义组(D)",定义"使用指定的值"中的"组 1"和"组 2"的变量值。案例中性别变量的取值为 1、2,因此在"组 1"和"组 2"右侧分别输入 1 和 2。单击"继续(C)"按钮,返回"独立样本 t 检验"对话框。单击"确定"按钮,提交系统运行。

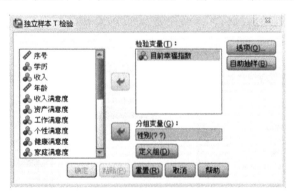

图 11-19 "独立样本 t 检验"对话框

3. 实验结果与分析

（1）幸福指数变量的现状描述分析

表 11-22 是目前幸福指数变量的现状描述分析结果,从表中的数据可以看出,156 个样本的平均目前幸福指数为 2.84,处于中等水平,因为最大值是 5,最小值是 1,标准差为

0.758,表明离散度较低,峰度和偏度均较小,说明该变量取值的分布特点符合正态分布。

表 11-22　描述统计

题项	N	最小值	最大值	均值	标准差	偏度		峰度	
	统计	统计	统计	统计	统计	统计	标准误差	统计	标准误差
目前幸福指数	156	1	5	2.84	0.758	0.097	0.194	1.077	0.386
有效个案数(成列)	156								

(2)幸福指数变量单因素方差分析

表 11-23 是单因素方差分析的不同学历人群目前幸福指数描述现状,从表中的数据可以看出不同学历人群的总体幸福指数现状,比如,高中及以下学历人群的平均幸福指数是3.10,而研究生学历人群的平均幸福指数是 2.35,可以看出不同学历人群的平均目前幸福指数存在差异。于是进一步分析这些均值之间的差异有没有达到统计上的显著水平。

表 11-23　描述现状

目前幸福指数	个案数	平均值	标准差	标准错误	平均值的95%置信区间		最小值	最大值
					下限	上限		
高中及以下学历	41	3.10	0.995	0.155	2.78	3.41	1	5
大专学历	66	2.83	0.646	0.080	2.67	2.99	1	4
本科学历	29	2.83	0.384	0.071	2.68	2.97	2	3
研究生学历	20	2.35	0.745	0.167	2.00	2.70	1	3
总计	156	2.84	0.758	0.061	2.72	2.96	1	5

需要进行单因素方差分析的 F 检验。而要进行单因素方差分析,首先要了解 3 组样本所代表的总体的方差的差异性是否达到了统计上的显著水平。因为,单因素方差分析的 F 检验的前提条件是方差齐性。方差齐性检验的结果(见表 11-24)显示,显著性概率均小于0.05,于是我们得到一个结论:4 组样本所代表的总体的方差是不相等的。也就是说,方差之间的差异已经达到了统计上的显著水平,即样本数据不适合进行单因素方差分析的 F 检验。因此需要进行多重比较,如表 11-25 所示。

表 11-24　方差齐性检验

	题项	莱文统计	自由度1	自由度2	Sig.
目前幸福指数	基于平均值	7.245	3	152.000	0
	基于中位数	7.523	3	152.000	0
	基于中位数并具有调整后自由度	7.523	3	130.935	0
	基于剪除后平均值	7.409	3	152.000	0

表 11-25　ANOVA 检验

统计类别	平方和	自由度	均方	F	Sig.
组间	7.529	3	2.510	4.683	0.004
组内	81.464	152	0.536		
总计	88.994	155			

（3）幸福指数变量多重比较

表 11-26 为多重比较结果。在这个表中既有方差相等时进行的 LSD 检验，也有方差不等时进行的塔姆黑尼检验。从前面的分析，可以看出方差是不具有齐性的，因此需要分析塔姆黑尼检验的结果。从塔姆黑尼检验结果可以看出，高中及以下学历人群和研究生学历人群的目前幸福指数之间的差异达到了统计上的显著水平。因为 t 检验的显著性概率等于 0.011，远远小于 0.05 的检验水平，拒绝均值相等的假设，得到结论：高中及以下学历人群和研究生学历人群的目前幸福指数之间的差异达到了统计上的显著水平。而其他学历人群之间的目前幸福指数均值之间的差异均没有达到统计上的显著水平。这一点也可以从均值图（见图 11-20）中看出。

表 11-26　多重比较

检验方法	（I）学历	（J）学历	平均值差值(I-J)	标准误差	Sig.	95%置信区间下限	95%置信区间上限
LSD	高中及以下学历	大专学历	0.264	0.146	0.071	−0.02	0.55
		本科学历	0.270	0.178	0.131	−0.08	0.62
		研究生学历	0.748*	0.200	0.000	0.35	1.14
	大专学历	高中及以下学历	−0.264	0.146	0.071	−0.55	0.02
		本科学历	0.006	0.163	0.972	−0.32	0.33
		研究生学历	0.483*	0.187	0.011	0.11	0.85
	本科学历	高中及以下学历	−0.270	0.178	0.131	−0.62	0.08
		大专学历	−0.006	0.163	0.972	−0.33	0.32
		研究生学历	0.478*	0.213	0.026	0.06	0.90
	研究生学历	高中及以下学历	−0.748*	0.200	0.000	−1.14	−0.35
		大专学历	−0.483*	0.187	0.011	−0.85	−0.11
		本科学历	−0.478*	0.213	0.026	−0.90	−0.06
塔姆黑尼	高中及以下学历	大专学历	0.264	0.175	0.582	−0.21	0.74
		本科学历	0.270	0.171	0.536	−0.20	0.74
		研究生学历	0.748*	0.228	0.011	0.12	1.37

续　表

检验方法	(I)学历	(J)学历	平均值差值(I-J)	标准误差	Sig.	95%置信区间	
						下限	上限
塔姆黑尼	大专学历	中及以下学历	−0.264	0.175	0.582	−0.74	0.21
		本科学历	0.006	0.107	1.000	−0.28	0.29
		研究生学历	0.483	0.185	0.082	−0.04	1.01
	本科学历	高中及以下学历	−0.270	0.171	0.536	−0.74	0.20
		大专学历	−0.006	0.107	1.000	−0.29	0.28
		研究生学历	0.478	0.181	0.081	−0.04	0.99
	研究生学历	高中及以下学历	−0.748*	0.228	0.011	−1.37	−0.12
		大专学历	−0.483	0.185	0.082	−1.01	0.04
		本科学历	−0.478	0.181	0.081	−0.99	0.04

注：＊表示平均值差值的显著性水平为 0.05。

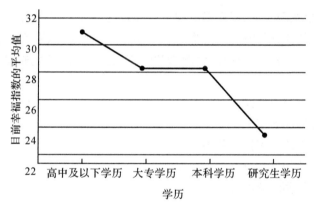

图 11-20　平均值图

（4）幸福指数变量独立样本 t 检验

表 11-27 为独立样本 t 检验组统计结果，从表中的数据可以看出，男性和女性的目前幸福指数的均值分别为 2.92 和 2.81，也可以看出两个样本的标准差和平均值标准误差。表 11-28 为独立样本 t 检验结果，从表中的数据可以看出，莱文方差齐性检验结果显示，F 值为 1.581，显著性概率为 0.210，远大于 0.05，这表明两组样本的方差是不存在显著差异的，因此选择"假定等方差"一行的 t 检验结果，$t=0.845$，显著性概率为 0.400，远大于 0.05，这表明两组样本的均值之间的差异没有达到统计上的显著水平。

表 11-27　独立样本 t 检验组统计

变量	性别	个案数	平均值	标准差	平均值标准误差
目前幸福指数	男性	48	2.92	0.679	0.098
	女性	108	2.81	0.791	0.076

表 11-28　独立样本 t 检验

变量		莱文方差齐性检验		平均值齐性 t 检验						
		F	Sig.	t	自由度	Sig.（双尾）	平均值差值	标准误差差值	差值95%置信区间	
									下限	上限
目前幸福指数	假定等方差	1.581	0.210	0.845	154	0.400	0.111	0.132	−0.149	0.371
	不假定等方差			0.896	104.134	0.373	0.111	0.124	−0.135	0.357

幸福指数
假设检验分析

（二）现状和原因之间的关系分析

从以上因子分析的结果可以看出,案例中幸福指数影响因素有 3 个公共因子,分别为个体状况满意度、经济状况满意度和社会状况满意度,因此这一节以这 3 个公共因子为自变量,目前幸福指数为因变量,建立一个多元线性回归模型。自变量的取值由因子分析中旋转后的载荷系数较大的题项计算加权平均数进行汇总,如在旋转后的载荷矩阵中,公共因子"个体状况满意度"对健康满意度、个性满意度、家庭满意度 3 个变量的载荷系数均大于 0.6,且远大于其他载荷系数。所以应用"计算"功能,计算健康满意度、个性满意度、家庭满意度 3 个变量的算数平均数。用同样的方法可获得经济状况满意度和社会状况满意度的取值。

1. 实验目的

(1)掌握相关分析的统计操作。

(2)掌握回归分析的 SPSS 统计操作。

(3)掌握回归方差的显著性检验方法。

(4)掌握回归方差的参数含义。

(5)掌握因变量的预测值的计算。

2. 实验过程

以个体状况满意度、经济状况满意度、社会状况满意度 3 个变量为自变量,以目前幸福指数变量为因变量,选用最小二乘估计法确定回归方程,对方程的显著性进行检验,解析各参数的经济意义(显著性水平取 0.05)。

(1)选择菜单"分析(A)"—"回归(R)"—"线性(L)",弹出图 11-21 所示的"线性回归"对话框。在左侧源变量框中,选择"目前幸福指数"变量,移入"因变量(D)"选项框中,选择"个体状况满意度""经济状况满意度""社会状况满意度"3 个变量,移入"自变量(I)"选项栏中。单击"自变量(I)"选项栏下面的"方法(M)"后的下拉菜单,选择"步进"方法。

(2)单击"线性回归"对话框右侧的"统计(S)"功能按钮,打开"线性回归:统计"对话框,选择"估算值(E)"和"置信区间(N)"两个选项,因为本案例不是时间序列数据,不需要计算自相关性,本案例有 3 个自变量,因此需要检验多重共线,选择"共线性诊断(L)"。单击"继续(C)"返回"线性回归"。

(3)单击"线性回归"对话框右侧的"保存(S)"功能按钮,打开"线性回归:保存"对话框(见图 11-22)。选择"预测值"部分的"未标准化(U)"和"标准化(R)"两个选项,"预测区间"

部分选择"平均值(M)"和"单值(I)"两个选项,"残差"部分选择"未标准化(N)"和"标准化(A)"两个选项。单击"继续(C)"返回"线性回归"对话框。其他选项采用系统默认设置,在"线性回归"对话框中单击"确定"按钮,提交系统运行。

图 11-21 "线性回归"对话框

图 11-22 "线性回归:保存"对话框

3. 实验结果与分析

(1)回归系数分析

首先分析回归系数的估计值。回归系数的估计值如表 11-29 所示。因为本案例应用逐步回归方法,所以回归系数表里展示了逐步回归的回归过程。系数表中的数据显示,本次回归进行了两步,两步回归的回归系数分别显示在模型 1 和模型 2 中。

表 11-29　回归系数估计值

模型		未标准化系数		标准化系数	t	Sig.	B 的 95.0% 置信区间		共线性统计	
		B	标准误差	β			下限	上限	容差	VIF
1	(常量)	2.216	0.150		14.816	0	1.921	2.512		
	个体状况满意度	0.219	0.048	0.345	4.557	0	0.124	0.313	1.000	1.000
2	(常量)	1.495	0.208		7.718	0	1.084	1.906		
	个体状况满意度	0.219	0.045	0.345	4.861	0	0.130	0.307	1.000	1.000
	社会状况满意度	0.269	0.057	0.333	4.688	0	0.156	0.382	1.000	1.000

说明:因变量为总幸福指数。

第一步,选择个体状况满意度,分析结果见模型 1。同时可以参照下面排除的变量表格(见表 11-30),从排除的变量表中可以看到,既然在 3 个自变量中选择了"个体状况满意度"作为自变量纳入模型中,因此排除了另外两个变量,即"经济状况满意度"和"社会状况满意度",这是第一步的回归。第二步回归结果显示在模型 2 中。模型 2 的结果显示,第二步选择了"个体状况满意度"和"社会状况满意度",这表明"个体状况满意度"和"社会状况满意度"对总体幸福指数的影响都达到了统计上的显著水平,而排除的变量是"经济状况满意度"。逐步回归模型只进行了两步回归,这表明"经济状况满意度"没有纳入回归模型中。

表 11-30　排除的变量

模型		输入 Beta	t	Sig.	偏相关	共线性统计		
						容差	VIF	最小容差
1	经济状况满意度	0.162[1]	1.801	0.074	0.144	0.698	1.433	0.698
	社会状况满意度	0.333[1]	4.688	0	0.354	1.000	1.000	1.000
2	经济状况满意度	0.140[2]	1.657	0.100	0.133	0.696	1.438	0.696

注:①模型中的预测变量为(常量)、个体状况满意度。
　　②模型中的预测变量为(常量)、个体状况满意度、社会状况满意度。
说明:因变量为总幸福指数。

最终的回归模型为

总体幸福指数＝1.495＋0.219×个体状况满意度＋0.269×社会状况满意度

这个回归方程是未标准化的回归方程。看到这个回归方程我们也许会产生这样的疑问:为什么个体状况满意度的回归系数 0.219 小于社会状况满意度的回归系数 0.269,但第一步逐步回归却先选择了个体状况满意度? 因为这是没有标准化的回归系数,如果多个自变量之间进行横向比较,则需要列出标准化的回归系数。系数表中同时也展示了标准化的回归系数,因此也可以列出标准化的回归方程

总体幸福指数＝0.345×个体状况满意度＋0.333×社会状况满意度

从回归系数值可以看出,个体状况满意度每增加一个单位,总体幸福指数会增加 0.345个单位,而社会状况满意度每增加一个单位,总体幸福指数会增加 0.333 个单位。这里展示的是回归系数的点估计值,在分析结果的系数表中,倒数第三、四两列是回归系数的 95％置信区间。模型 1 中,b_1 的 95％置信区间为(0.124,0.313);模型 2 中,b_1 的 95％置信区间为(0.130,0.307),b_2 的 95％置信区间为(0.156,0.382)。

回归方程显著性检验包括 3 个基本检验标准:回归方程总体显著、回归系数都显著、样本拟合优度也很好。只有这 3 个基础检测指标都理想的情况下才能应用所建立的回归模型进行预测或者决策指导。

(2)回归方程显著性分析

首先检测回归方程总体是否显著。统计检验的原始假设是:所有回归系数同时等于 0。用数学表达式可表示为:$b_1＝b_2＝0$。

为了检验所有的回归系数是不是同时等于 0,可选择 F 检验统计量。F 检验统计量的输出结果如表 11-31 所示,从表中的数据可以看出,模型 2 的 F 值为 10.146,显著性概率远小于 0.05。因此拒绝原假设。这表明拒绝原始假设 $b_1＝b_2＝0$,即回归方程中的两个自变量的回归系数不同时等于 0,即至少有一个回归系数不为 0。这表明回归方程总体是有效的。但所有的回归系数不同时等于 0,并不能保证所有的回归系数都分别不等于 0。回归方程总体有效,并不能够保证选择的所有自变量对因变量都有预测作用。这是因为我们要建立的

回归方程要满足两个条件：一是对所选择的自变量要对因变量有预测的作用，二是要保证选择的所有的自变量都对因变量有预测作用，也就是说这个模型要预测得准，同时也要尽可能简单。

表 11-31　方差分析检验

模型		平方和	自由度	均方	F	Sig.
1	回归	6.101	1	6.101	11.335	0.001①
	残差	82.892	154	0.538		
	总计	88.994	155			
2	回归	10.421	2	5.211	10.146	0②
	残差	78.572	153	0.514		
	总计	88.994	155			

注：①预测变量为（常量）、社会状况满意度。
　　②预测变量为（常量）、社会状况满意度、个体状况满意度。
说明：因变量为目前幸福指数。

因此还要分别对模型中的自变量的回归系数是否显著进行检验。在所得到的回归方程中，有两个自变量，要分别检验 b_1、b_2 是否等于 0。为了检验这两个基本假设，需要应用 t 统计检验法。分析的结果系数如表 11-29 所示，从系数表中的数据可以看出：$t_1 = 4.861$，$t_2 = 4.688$。两个 t 检验的显著性概率均小于 0.05，因此拒绝两个原假设，即 b_1，b_2 显著不等于 0。这表明回归方程中的两个自变量的回归系数分别都不等于 0，也就是都达到了统计上的显著水平。

通过 F 检验和 t 检验，可以得到这样一个结论：整体上回归方程是显著的，且回归方程中的所有自变量都对因变量有较好的预测作用，这说明回归方程是有效的。

（3）模型拟合优度分析

虽然证明了回归方程总体上是显著的，且没有干扰自变量，但并不能保证这个回归方程的效果。这里所说的回归方程的效果是指，如果已知自变量的取值，用所构建的回归方程去估计因变量 y 的值，估计值与真实值之间的差距较小，这个差距称为残差。即如果回归方程效果好，则残差必然小。最好的回归方程是残差为 0。但是，事实上几乎不可能得到这么好的估计效果。为了评价回归方程的效果，需要计算回归方程的拟合优度值。拟合优度检验结果如表 11-32 所示。从表中的数据可以看出，第二步逐步回归所得到的回归模型的拟合优度 R^2 等于 0.220。这表明回归方程的整体效果并不是很好。即在因变量的所有变异中，回归方程可以解释总变异的 22.0%。但也不能完全依据拟合优度的值，因为 R^2 的大小会受到样本容量等其他因素的影响。

表 11-32　模型摘要

模型	R	R^2	调整后的 R^2	标准估算的错误
1	0.345①	0.119	0.113	0.49708

续　表

模型	R	R^2	调整后的 R^2	标准估算的错误
2	0.397[2]	0.230	0.220	0.46633

注：①预测变量为（常量）、社会状况满意度。
　　②预测变量为（常量）、社会状况满意度、个体状况满意度。
说明：因变量为目前幸福指数。

　　通过上面的回归模型分析可以得到以下结论：在幸福指数影响因素中，个体状况满意度和社会状况满意度对幸福指数的影响达到了统计上的显著水平，三者之间所构建的回归方程总体上是显著的，但回归方程拟合效果并不好，只能解释因变量总体变异中的 22.0%，信息的损失量很大。

　　(4)预测分析

　　如果构建的回归方程总体上是显著的，且拟合效果很好，则可以利用这个回归方程进行预测。预测的方法是先在数据文件中输入一个新的观测量的自变量的值，然后再调用 SPSS 统计分析软件中的回归分析命令进行回归分析，在"回归分析"对话框的右侧，点击"保存(S)"功能按钮，并勾选"预测值"和"预测区间"下面的两个复选项。回归分析结束后，在数据文件中就会多出几个新变量，如图 11-23 所示。

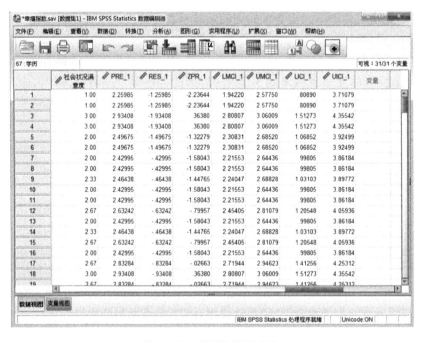

图 11-23　预测值及残差值

参考文献

Jacoby, J. , Kaplan, L. B. The Components of Perceived Risk[J]. *Advances in Consumer Research* ,1972(3):382-383.

Murray, K. B. , Schlacter, J. L. The Impact of Services Versus Goods on Consumer's Assessment of Perceived Risk and Variability [J]. *Journal of the Academy of Marketing Science* ,1990(18):51-65.

戴维·R.安德森,丹尼斯·J.斯威尼,托马斯·A.威廉斯. 商务与经济统计(英文版第 11 版)[M]. 北京:机械工业出版社,2013.

戴维·莱文,凯瑟琳·赛贝特,戴维·斯蒂芬. 商务统计学(英文版第 7 版)[M]. 北京:中国人民大学出版社,2020.

杜琳琳,时立文,薛晓光. SPSS 统计分析从入门到精通[M]. 2 版. 北京:清华大学出版社,2020.

冯力. 统计学实验[M]. 大连:东北财经大学出版社,2008.

郝黎仁,樊元,郝哲欧,等. SPSS 实用统计分析[M]. 北京:中国水利水电出版社,2003.

侯杰泰,温忠麟,成子娟. 结构方程模型及其应用[M]. 北京:教育科学出版社,2004.

赖国毅,陈超. SPSS 17.0 中文版常用功能与应用实例精解[M]. 北京:电子工业出版社,2011.

李卫东. 应用多元统计分析[M]. 北京:北京大学出版社,2008.

卢纹岱. SPSS for Windows 统计分析[M]. 3 版. 北京:电子工业出版社,2007.

马庆国. 管理统计[M]. 北京:科学出版社,2006.

荣泰生. AMOS 研究方法[M]. 重庆:重庆大学出版社,2009.

沈渊,董永茂. 市场调研与分析[M]. 杭州:浙江人民出版社,2007.

沈渊,吴丽民,许胜江. SPSS 17.0(中文版)统计分析及应用实验教程[M]. 杭州:浙江大学出版社,2013.

吴明隆. SPSS 统计应用实务[M]. 北京:科学出版社,2003.

吴明隆. 问卷统计分析实务:SPSS 操作与应用[M]. 重庆:重庆大学出版社,2010.

谢龙汉,蔡思祺. SPSS 统计分析与数据挖掘[M]. 3 版. 北京:电子工业出版社,2017.

徐艳秋,毛军,朱辉. SPSS 统计分析方法及应用实验教程[M]. 北京:中国水利水电出版社,2011.

薛薇. SPSS 统计分析方法及应用[M]. 北京:电子工业出版社,2009.

杨维忠,张甜. SPSS 统计分析与行业应用案例详解[M]. 北京:清华大学出版社,2011.

杨维忠. SPSS 数据挖掘与行业案例分析[M]. 北京:机械工业出版社,2020.

宇传华. SPSS 与统计分析[M]. 北京:电子工业出版社,2007.

袁卫,庞皓,曾五一,等.统计学[M].3 版.北京:高等教育出版社,2009.

张文彤,钟云飞.IBM SPSS 数据分析与挖掘实战案例精粹[M].北京:清华大学出版社,2013.

周俊.问卷数据分析:破解 SPSS 软件的六类分析思路[M].2 版.北京:电子工业出版社,2020.

图书在版编目（CIP）数据

商务统计实验教程：SPSS 25.0 应用 / 沈渊，吴丽
民主编. — 杭州：浙江大学出版社，2023.3(2024.7 重印)
　ISBN 978-7-308-23054-4

　Ⅰ. ①商… Ⅱ. ①沈… ②吴… Ⅲ. ①商业统计－统
计分析－应用软件－实验－教材 Ⅳ. ①F712.3-39

　中国版本图书馆 CIP 数据核字(2022)第 170974 号

商务统计实验教程——SPSS 25.0 应用

SHANGWU TONGJI SHIYAN JIAOCHENG——SPSS 25.0 YINGYONG

主编　沈　渊　吴丽民

责任编辑	曾　熙
责任校对	沈巧华
封面设计	周　灵
出版发行	浙江大学出版社
	（杭州市天目山路 148 号　邮政编码 310007）
	（网址：http://www.zjupress.com）
排　　版	杭州朝曦图文设计有限公司
印　　刷	浙江新华数码印务有限公司
开　　本	787mm×1092mm　1/16
印　　张	19.5
字　　数	470 千
版 印 次	2023 年 3 月第 1 版　2024 年 7 月第 2 次印刷
书　　号	ISBN 978-7-308-23054-4
定　　价	59.00 元